岩井淳 編

複合国家から読み解く世界史

「国民国家史観」再考

山川出版社

複合国家から読み解く世界史

「国民国家史観」再考

目　次

序　章　複合国家とは何か　　　　　　　　　　　　　　岩井　淳　3

第Ⅰ部　中世から16世紀へ ……………………………… 15

第1章　中世の複合政体　　　　　　　　　　　　　　藤井真生　16
　　　　──アンジュー帝国と神聖ローマ帝国

第2章　宗教改革──カトリックからプロテスタント諸派へ　野々瀬浩司　29

第3章　大航海時代のスペイン　　　　　　　　　　　内村俊太　44
　　　　──地中海から大西洋世界へ

Column#01　中世後期の東中欧における政体と同君連合　藤井真生　56

Column#02　カタルーニャとバスク　　　　　　　　　内村俊太　58

第Ⅱ部　形成期の複合国家 ……………………………… 61

第4章　フランスの複合政体──ブルボン王権と地域権力　仲松優子　62

第5章　ネーデルラントの複合国家　　　　　　　　　望月秀人　72
　　　　──反乱からオランダ独立へ

第6章　ブリテン諸島の複合国家　　　　　　　　　　岩井　淳　85
　　　　──ウェールズ合同からピューリタン革命へ

Column#03　近世思想と複合国家　　　　　　　　　　竹澤祐丈　99

Column#04　ウェストファリアの神話　　　　　　　　伊藤宏二　101

第Ⅲ部　転換期の複合国家 ……………………………… 103

第7章　三つのブリテン革命　　　　　　　　　　　　岩井　淳　104
　　　　──ピューリタン革命・名誉革命・独立革命

第8章　連邦国家アメリカ──新大陸への入植　　　　石川敬史　118

第9章　フランス革命と県制度──複合政体から国民国家へ　山﨑耕一　133

| Column#05 | 複合国家イギリスの〈軋み〉とアイルランド 社会改革論 | 桑島秀樹 | 147 |
| Column#06 | イングランドとスコットランドの合同 ——軍事力から主権議会の同意、そして住民投票による同意へ | 富田理恵 | 149 |

第Ⅳ部　ユーラシアと日本の複合政体 ……………… 151

第10章	ムガル帝国とイギリス支配	粟屋利江	152
第11章	大清帝国——ユーラシア東部の複合国家	杉山清彦	167
第12章	近世日本の「複合的構成」と公のゆくえ	杉本史子	179
Column#07	東南アジアの複合政体	桃木至朗	193
Column#08	明治維新——双頭連邦国家から単頭国民国家へ	三谷　博	195

第Ⅴ部　近現代の複合政体 ……………… 197

第13章	ドイツの連邦国家——国民国家の実態	衣笠太朗	198
第14章	ロシア帝国——19世紀から第一次革命へ	池田嘉郎	213
第15章	現代の複合的広域秩序——英連邦と欧州統合	小川浩之	225
Column#09	多人種・多文化社会ブラジルの国家形成	鈴木　茂	239
Column#10	オーストラリアのコモンウェルス	岩井　淳	241
Column#11	フランス植民地帝国とフランコフォニー ——帝国崩壊後の変遷をたどる	平野千果子	243

あとがき　　　　　　　　　　　　　　　　　　　　　　　246

複合国家から読み解く世界史
──「国民国家史観」再考

序 章

複合国家とは何か

岩井　淳

1 ｜ 本書の目的

高校での「歴史総合」導入

　本書は、大学で学ぶ皆さんや世界史に関心をもつ読者のために編まれたテキストである。読者としては、学生や社会人だけでなく歴史学や歴史教育の動向に敏感な中学・高校の先生方も想定している。だが、世界史に関する書物は、巷にあふれている。そのなかで本書を世に問う意味は、どこにあるのだろうか。本書には、類書の内容と異なるところがあるので、まずは、その特色を簡潔に記しておきたい。

　皆さんが世界史の大枠にふれたのは、高校時代の世界史の教科書であったかもしれない。従来の教科書は、前近代では地域世界を舞台としてローマ帝国やイスラーム帝国、ムガル帝国、中華帝国といった諸帝国の興亡を描き、近代以降では、ヨーロッパにおいて主権国家や国民国家が誕生し、その原理が世界中に浸透したことを強調していた。この点は、近年の学習指導要領の改訂によって導入された「歴史総合」でも、標準的な見方となっている。2022年4月から、高等学校地理歴史科の必修科目として世界史と日本史を統合した「歴史総合」が設置された。日本の高等教育では、世界史と日本史が長らく別々に教えられてきたので、この科目の導入を歓迎する声は大きかった。

　「歴史総合」は入門科目であり、授業時間の制約もあって、古い時代から現在まで歴史を通して論じることは難しい。そのため近現代史を対象としている。2019年3月に出版された『高等学校学習指導要領解説・地理歴史編』（文部科学省）によれば、「歴史総合」は、大きく「近代化」「国際秩序の変化や大衆化」「グローバル化」に区分される。「近代化」は18世紀後半の産業革命とフランス革命から説き起こされ、19世紀の工業化の進展と国民国家の形

成に力点がおかれる。

「国民国家史観」再考

　ところが実際の教科書を手に取ってみると、「近代化」の前段階として16世紀ヨーロッパから始めるものがかなりあった。ここで注目すべきは、16〜18世紀のヨーロッパ近世の特質を主権国家や主権国家体制という言葉で提示していることである。教科書の多くは、主権国家が君主を主権者としていることにふれた後、近世の主権国家体制が近現代の国際秩序の出発点となったことを強調する。この主権国家は、フランス革命をへて、19世紀になると国民国家に受け継がれる。権利をもち義務を負った国民は、君主や貴族にかわって近現代の世界の主人公になると説かれる。

　もちろん教科書は、学習指導要領に従って書かれており、教科書執筆者の苦労は、筆者もよくわかる。ただ、教科書記述の背後に「国民国家史観」とでもいえるような一つの見方が潜んでいることは否定できないだろう。それは、国民国家の系譜をヨーロッパ近世の主権国家まで遡り、現在に至るまで、その枠組みを標準とする考え方である。さらにいえば、この考え方は、他地域に先駆けて主権国家や国民国家を確立させたヨーロッパの先進性を示す一方で、主権国家や国民国家の形成が不十分で、植民地や従属地となった地域が、一定の基準に達していない「遅れた」地域であることを暗に示唆していないだろうか。この見方は、基準となる主権国家や国民国家を整備した国が「進んで」いて、そうでない地域は「劣っている」というような国家の「優生学」に陥っていないだろうか。本書は、国民国家の系譜と浸透に力点がおかれる国民国家史観というような見方を、少しでも相対化できればと考え、最初にヨーロッパ近世史を再検討し、そこからユーラシアの諸国家に視野を広げ、最後にヨーロッパ近現代史に立ち返るという編成をとっている。

2 ｜ 複合国家の定義

ヨーロッパ近世の複合国家

　最近の潮流をみると、新しい研究は近世や近現代の歴史を具体的に探究し、国民国家史観ではうまく説明できない史実を照らし出している。例えばヨーロッパ近世史では、16〜17世紀の主権国家にみられる中央集権化や、17世紀

における主権国家体制の成立という見方に異議申し立てをおこなっている。その批判をまとめると、集権化したのは、あくまで特定の国家や中央のレベルであり、周辺地域まで含めて考えると、君主の権力は十分におよんでいるとはいえない。中央集権的な国家は支配者側の理念にあったとしても、実態をみる限り、決してそうではなかったということになる。

　ヨーロッパ近世史の研究者たちが、主権国家にかわって新たに案出したのは「複合国家」という概念である。もちろん研究者によって用語は違っており、「複合君主政」や「多元的王国」、「礫岩のような国家」など多様であるが、本書では、それらを総称して「複合国家」という言葉を用いる。「君主政」や「王国」でなく「複合国家」としたのは、ヨーロッパ近世史上では、オランダやポーランドのように君主政でなかった国も「複合国家」に含まれるからである。複合国家は、ある国の主権者（君主など）が、法的・政治的・文化的に異なる複数の地域を同時に支配する体制である。

　近年の研究は「複合国家」を用いて、近現代との連続性よりも、ヨーロッパ近世の独自性を指摘するようになった。ヨーロッパ近世では、宗教が無視できない役割を果たし、時には紛争の原因になり、時には和解の材料ともなった。また、大航海時代以降、国家をこえたグローバルな活動が目立ち、商業だけでなく宗教もその推進力となった。わけても、複合国家は、多様な特色をもつ諸地域をまとめるシステムとして機能した。もちろん、それは平和共存を保障するものではなく、場合によっては対立を引き起こし、さらに戦争を誘発することもあった。本書では、近世の宗教性・グローバル性・複合国家性といった特色に注目し、必ずしも近代の国民国家につながらない、独自の歴史像を描いていきたい。

近現代の連邦国家と帝国

　19世紀以降の歴史においても、国民国家を別の側面から捉えれば、ドイツやアメリカ合衆国のように連邦国家の姿が立ち現れることが指摘されている。19世紀以降、ヨーロッパにはハプスブルク帝国やロシア帝国のような多民族国家が存在した。アジアを見渡せば、オスマン帝国やムガル帝国、清帝国のような多民族の帝国も存続していた。20世紀になると英連邦やヨーロッパ連合のような国際組織が生まれ、国民国家とは異なる複合的な政体が一定の役割を果たすようになった。これらによって、国民国家だけが近現代の主要な

序章　複合国家とは何か　5

アクターとならず、それ以外の複合政体も考慮すべき対象であることが認識されはじめている。

ただし、19世紀以降の歴史において国民国家の形成が実際に進展したことは否定できないだろう。それは、フランス革命以降のフランス近代史や、明治維新以降の日本近代史をみれば、明らかである。近世以来の主権国家が、現代の国際秩序につながったというのも、もっともな主張であろう。本書は主権国家や国民国家が、歴史上大きな役割を果たしたことを認めたうえで、別の観点から世界史を眺めようとするものである。国民国家論も複合国家論も、ともに歴史の見方であり、実際の諸国家は、両者のブレンドの上に成り立っているというのが、より正確な言い方かもしれない。

主権国家・国民国家モデルからの脱却

これまでの歴史学を顧みれば、国民国家の成立・普及を語ることが圧倒的に有力であった。その背景には、イギリスやフランス、ドイツといった国民国家の成立史が、19世紀ヨーロッパで生まれた近代歴史学において標準的な見方になったという事実がある。日本でも、明治期にヨーロッパ史学が移植され、日本史は「国史」と呼ばれ、近代史は国民国家モデルで論じられることが圧倒的に多かった。しかしながら、列強といわれたイギリス、フランス、アメリカ合衆国、ドイツ、イタリア、日本といった国民国家同士の争いが、20世紀の二つの世界大戦の大きな要因となり、人類を未曽有の惨禍へ導いたことは忘れてはならないだろう。その反省もあって、国際連合やヨーロッパ連合のような国際組織が形成されたのは、周知の事実である。

歴史学では、20世紀後半になると、支配者ではなく民衆の生活や地域の歴史に光をあてた「社会史」が登場し、国家内部の多様性を解明してきた。フランスのアナール学派や日本の網野善彦らの研究が、その代表的なものである。同じく20世紀後半には、イマニュエル・ウォーラーステインらによる「世界システム論」や「グローバル・ヒストリー」が現れ、国家を相対化する歴史像によって一国単位の歴史は厳しく批判されるようになった。このような歴史学の変遷を考えるならば、21世紀の歴史に求められるのは、主権国家から国民国家への進展を必ずしも標準モデルにしない見方ではないだろうか。それは、世界史のなかで、どのようなかたちをとり、近現代史では、どのような歴史像を提示するのだろうか。

複合国家から考える世界史

　本書では、その手がかりを「複合国家」という概念に求める。この言葉は、前述したように、ヨーロッパ近世史研究から生まれた。この概念は、ヨーロッパ史では、19世紀のドイツ帝国やロシア帝国にも適用されており、国民国家を相対化する見方として注目されている。さらに、本書は、複合国家をヨーロッパ史に限定せず、ユーラシア史や世界史にも拡大できると考える。ある国の支配者が、異なる複数の地域を支配するという状況は、世界史上、広くみられた現象であった。ただし、この場合であっても、すべての時代を通して「複合国家」を用いることは、あまりに概念を拡張しており、混乱を招くだろう。

　そのため、本書では、ヨーロッパ史で「複合国家」が論じられる16世紀以降を主要な磁場として設定する。この時期になると国家間の関係は緊密になり、各国の統治者は、対外関係に苦慮しながら国内の統合に向き合うことを余儀なくされた。複雑な民族問題をかかえたオスマン帝国やムガル帝国、清帝国などは、ヨーロッパの動向をみながら、国内統合の実現を大きな課題とした。こうした背景から、本書では、複合国家の概念をやや広くとり、15世紀以降のユーラシアや世界の諸帝国、また20世紀の英連邦やヨーロッパ連合といった「複合政体」をも取り扱うことにした。「複合政体」とは、複合国家と明確にはいえないが、それと近似した政体であり、中世や近現代において、積極的な役割を果たした。また、本書はタイトルに「世界史」と冠しながらも、前近代は含まず、16世紀以降の世界史を中心としていることを断っておく。以下では、「複合国家」や「複合政体」に注目した場合、何がみえてくるかを6点ほどに整理し、そのうえで本書の構成を示しておこう。

3 ｜ 複合国家からみえる景色

複合国家の展開領域

　本書は「複合国家」や「複合政体」を一貫した視点として採用するが、それによって何がみえてくるだろうか。本書の展開領域は、つぎのような6点に整理することができるだろう。

　第一に主権国家や国民国家を基準とせず、複合国家や複合政体という少しゆるい国家概念を用いることによって、これまでは「遅れている」とみなさ

れた国家の再評価が可能となるだろう。例えば、近世の神聖ローマ帝国や、19世紀のハプスブルク帝国は近代化に乗り遅れた「不十分さ」ばかりが指摘されてきたが、むしろ、多地域や多民族を包摂した国家の先駆として、別の見方をすることができるだろう。もちろん、過大な評価は慎まなければならないが、神聖ローマ帝国やハプスブルク帝国がかかえる問題点やその対応策は、現在でも参考になる。また、アメリカ合衆国史でも人種や民族の一体性を強調する「坩堝論」は影を潜め、多様性を拠り所とする「サラダボウル論」に道を譲っている。その意味するところは、人種や民族が融合するというのは幻想であり、異質なものが共存し、時には衝突することもあるという現実の反映にほかならない。

　第二に、中央集権的な国家形成を基準としないことによって、国家形成に至らなかった多様な地域に光があたるだろう。フランスやオランダのように、近世の国家がそのまま国民国家に発展した例はあるが、国家を形成しなかった、あるいはできなかった地域も多数存在する。それらを含めた世界史像が求められるだろう。複合国家論を説くスペイン史家のジョン・エリオットは、つぎのように主張している［エリオット 2016年，55-56頁］。

　1500年には「約500前後の独立した政治単位」からなっていたヨーロッパは、1900年には「約25カ国」のヨーロッパに姿を変えた。そこで最強国とみなされたのは成熟した国民国家として最高度の統合を遂げていた国々だった。…(中略)…

　しかし、時代が変わればものの見方も変わる。19世紀末には論理的・必然的で、望ましいとすら考えられていたものが、21世紀初頭には論理性も必然性も減じ、いくぶん望ましくないものになっているようだ。一方では多国間の政治・経済機構が発展し、他方では「抑圧されてきた」民族やなかば隠されていた地域的アイデンティティが復活したことで、国民国家への上下からの圧力が同時に生じている。将来の歴史家が間違いなく結びつけて研究するだろうこれら二つの現象は、ヨーロッパ史とは主権を備えた国民国家のシステムに不可避的に向かってゆくものである、という標準的な解釈を揺さぶっている。

　近世以来、戦争や国際条約をへることによって、スペイン、フランス、オ

ランダ、イギリス、プロイセンといった大国中心の「主権国家体制」が整備されたことは否定できない。しかし、近世の初めには王国や公国でありながら、主権国家を形成できなかった多数の地域が存在したことにも目を向ける必要がある。例えば、神聖ローマ帝国内のバイエルン、ザクセン、ボヘミア、スペイン王国内のナバーラ、アラゴン、カタルーニャ、ブリテン諸島のスコットランド、アイルランド、ウェールズなどがそれに該当する。日本の琉球王国もあてはまるだろう。また、大国の狭間にあって頻繁に帰属先を変えた地域も存在する。それは、ドイツ・フランス国境のアルザスであり、ドイツとポーランドに挟まれたシレジア（シュレージエン）であり、ポーランドとロシアに挟まれたウクライナでもある。主権国家や国民国家だけに目を向けると、こうした諸地域は、どうしても見過ごされてしまうが、複合国家という見方をとれば、諸地域を含めた国家の姿が浮かび上がってくるだろう。

帝国や複合政体の再評価

　第三に、複合国家に着目することによって、多数の民族をかかえる帝国や、諸国家にまたがる複合政体を再評価することが可能になる。国家や地域を束ねる複合的な政体には、現在の英連邦やヨーロッパ連合が含まれるだろう。これまでは、近代の帝国として、統合性や均質性を高めた「国民帝国」という見方が一つの基準になっていた。しかし、それは19世紀ヨーロッパの諸帝国には妥当するかもしれないが、近世ヨーロッパの諸帝国やユーラシアの諸帝国にはあてはまらないだろう。

　例えば、19世紀のロシア帝国はウクライナを支配していた。この事実もあって、現在、ロシア連邦のプーチン大統領は、ロシアとウクライナの「歴史的一体性」を主張する。ところが、その前世紀にまで遡ると、プーチンの主張は、まったく妥当しないことが露呈する。なぜなら、現在のウクライナ地域は16〜18世紀までリトアニア・ポーランド連合国家の一部を構成しており、ロシアとは別の国に属していたからである。その影響もあり、ウクライナには、東欧に広がる東方教会の信徒と並んで、カトリック教徒が存在する。この史実からみても、ロシアとウクライナの「歴史的一体性」は到底、説明できないことがわかるだろう。

　第四に、ヨーロッパ史に限らず、幅広く複合国家を捉えることによって、ユーラシア史や日本史との対話が新たに進展する可能性がある。本書は、

序章　複合国家とは何か　　9

『複合国家から読み解く世界史』というタイトルを掲げ、ユーラシアの諸帝国や近世日本にも視野を広げた。これにより、従来は「不十分」とされた西アジアや東アジアの帝国国制の特色を再考し、ヨーロッパとも部分的に共通性をもつ、多民族「共存」のあり方が浮かび上がるだろう。そこから欧米史との新たな対話の可能性がみえてくるかもしれない。比較史とは、最初から優劣が決まっているもの同士の比較ではなく、対等に位置づけられるもの同士の比較でなければならない。本書は、従来の国民国家史観から「遅れている」とみなされたユーラシアの諸帝国との対話の糸口を模索している。

地方統治・少数言語・女性の役割

　第五に、複合国家の実態をみることによって、地方統治のあり方やマイノリティの文化・宗教の保護、少数言語への対応策などに新たな光が投じられるだろう。これまで、国民国家論が国民統合の進展や均質な国民形成、統一的な国語の誕生に着目したのに対して、それとは違った角度から近現代の歴史が示されるかもしれない。例えば、言語の観点からヨーロッパ各国の歴史をたどった歴史家ピーター・バークは、ハプスブルク帝国の言語政策を評して、つぎのように述べている［バーク 2009年，239頁］。

　　ハプスブルク帝国では、さまざまな言語の話し手たちが、まずは言語の自立を、続いて政治的自治を要求したので、言語的多様性は帝国にとって負担となっていた。19世紀前半はこの帝国内の諸言語にとって重要な時代だった。多くの学者、作家の努力に支えられて、それぞれの標準語化が進んだのである。…（中略）…スロヴェニア語のコピタルは、ロシア語的要素の排除を目指したが、スルビア語のヴィダコヴィッチは、トルコ語、マジャール語、ドイツ語由来の単語の除去を進めた。1850年、スルビア語とフルヴァツカ語の作家たちが、ウィーンという両者に属さない中立的場所で公式の協定を結び、スルビア＝フルヴァツカ語という共通標準語の運用が決まった。

　このように19世紀のハプスブルク帝国の言語政策は、決して一つの言語への収斂ではなく、各言語それぞれにとっての「標準語化」だった。スイスやベルギーの例を出すまでもなく、近代の言語は、必ずしも「一国家一言語」

に限られないのである。

　第六に、国民国家の成立期に唱えられた人権の擁護は、アメリカ独立宣言やフランス人権宣言のように、継承され尊重されなければならない。だが、その実態は男性の家父長中心の人権であったことが指摘されて久しい。これに対して、ヨーロッパでも、アジアでも、16〜18世紀にかけて成熟した宮廷社会が出現し、そのなかで女性が重要な役割を担ったことが知られる。その事実から、これまでに女性が、伝統社会において独自の役割をもち、時には権力の座に就くこともあったという論点が浮かび上がる。もちろん、伝統社会の過大評価は慎まなければならないが、単に「前近代的」とみなされた宮廷社会、女帝や皇太后の役割は、ジェンダーの視点から再評価できるかもしれない。

　日本では、これまでに女性天皇は 8 人いて、再即位を数えると10代になるが、このうち二人は江戸時代に足跡を残している。それは、明正天皇（在位1629〜43）と後桜町天皇（在位1762〜71）である。二人とも死去するまで天皇であったのではなく、生前に退位している。天皇が男系と決められたのは、明治期の1889年に制定された皇室典範によってである。この点から考えても、近代にはない特色が近世国家にあったことが理解できる。

4 ｜ 本書の構成と読み方

全 5 部からなる本書

　このように複合国家に着目することによって、多くの新しい論点が現れてくるだろう。新しい論点は、新しい歴史の見方にも連なるものである。本書では、これらの論点や見方をより鮮明に打ち出すため、以下のような構成をとった。

　第Ⅰ部では、中世末から16世紀までのヨーロッパを舞台とし、近世の複合国家形成の前提をアンジュー帝国と神聖ローマ帝国に探り、さらに宗教改革、大航海時代の意味を複合国家の観点から解き明かす。

　第Ⅱ部では、ヨーロッパ近世において形成された複合国家の諸相を探る。そこでは、君主政をとったフランス、連邦共和国に帰結したオランダ、君主政だけでなく議会による統治を重視したブリテンの順に具体的に考察することになる。

第Ⅲ部では、17〜18世紀にかけての転換期の複合国家を取り扱う。そこでは、通常は国民国家形成の契機とされる諸革命、つまり、イギリスのピューリタン革命と名誉革命、アメリカ合衆国の起点となった独立革命、典型的な市民革命といわれるフランス革命を俎上に載せ、それらが複合国家や複合政体とも関わっていたことを照らし出す。

　第Ⅳ部では、ユーラシアの諸帝国まで視野を広げ、近世以降のムガル帝国、清帝国について、それらが、どのような複合政体であったかを解明する。従来、欧米の諸国家とユーラシアの諸帝国では、両者の相違点が強調されてきた。しかし本書では、ヨーロッパの複合国家とユーラシアの複合政体の類似点も浮かび上がるだろう。その後、近世の日本を取り上げ、「複合的構成」をとっていた日本の江戸時代の特質を掘り下げる。

　第Ⅴ部では、再びヨーロッパに戻り、19〜20世紀を中心とした複合政体を対象に、ドイツ第二帝政、ロシア帝国について検討する。ここでは、国民国家の視点から描かれた従来の19世紀像を再考することになるだろう。最後の章では、現代の複合的広域秩序の代表として英連邦とヨーロッパ連合を取り上げる。

本書の読み方・読まれ方

　これらの考察をとおして、16世紀以降の世界史のなかで、複合国家や複合政体が無視できない存在であったことをお伝えできればと思っている。本書によって、国民国家から眺めるのとは、また違った景色が展望できるならば、編者として望外の喜びである。

　本書は、時系列に従って第Ⅰ部から読まれることを想定しているが、もちろん興味のある部や章から読み進めていただいても問題はない。さらに、世界史上の多様かつ魅力的なテーマを扱った多数の「コラム」もおさめており、そこから読みはじめていただいても、一向に差し支えない。本書の読み方は、読者の関心と用途に応じて、まったく自由である。

　始まったばかりの「歴史総合」は、世界史と日本史をつなげるという重要なテーマに取り組んでいる。その際、世界史と日本史を結びつける主要な接着剤となるのは、「工業化」や「国民国家」である。本書は、「歴史総合」と同じく、世界史と日本史の、あるいは欧米史とアジア史の接合というテーマに立ち向かったが、その方法は「歴史総合」とは違っており、複合国家や複

合政体から歴史を捉えるというものである。高校の必修科目である「歴史総合」では見落とされがちな側面から、あえて世界史の再構成に挑んだといえるかもしれない。世界史と日本史の統合は、これからも必須の課題となるだろう。本書が、大学で歴史を学ぶ学生の皆さんや、歴史教育の現場で奮闘する教師の皆さんの一助となることを、心から願っている。

参考文献

岩井淳編『複合国家イギリスの宗教と社会——ブリテン国家の創出』ミネルヴァ書房、2012年

――・竹澤祐丈編『ヨーロッパ複合国家論の可能性——歴史学と思想史の対話』ミネルヴァ書房、2021年

――・道重一郎編『複合国家イギリスの地域と紐帯』刀水書房、2022年

――『ヨーロッパ近世史』(ちくま新書)筑摩書房、2024年

J・H・エリオット(内村俊太訳)「複合君主政のヨーロッパ」古谷大輔・近藤和彦編『礫岩のようなヨーロッパ』山川出版社、2016年

大津留厚編『「民族自決」という幻影——ハプスブルク帝国の崩壊と新生諸国家の成立』昭和堂、2020年

小川幸司・成田龍一編『シリーズ歴史総合を学ぶ①　世界史の考え方』(岩波新書)岩波書店、2022年

近藤和彦『近世ヨーロッパ』(世界史リブレット114)山川出版社、2018年

立石博高編『スペイン帝国と複合君主政』昭和堂、2018年

ピーター・バーク(原聖訳)『近世ヨーロッパの言語と社会』岩波書店、2009年

第Ⅰ部
中世から16世紀へ

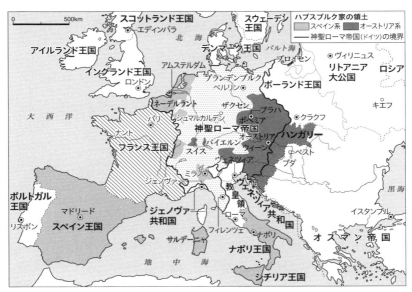

16世紀半ばのヨーロッパ

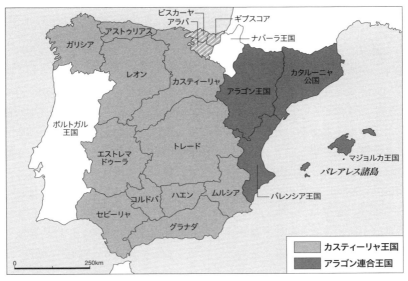

イベリア半島の諸地域（1500年時点）

第1章

中世の複合政体
アンジュー帝国と神聖ローマ帝国

藤井真生

1 ｜ 中世の政体

中世政体の特徴

　中世の国家。これを語ることの是非についてはかねてから議論があるものの、アニェス・ジェラールも述べるように(1)、定義の多様性を考慮に入れるならば、決してその存在を否定することはできないだろう。ただし、近代国家——教科書的・辞書的な定義に従えば主権・領土・人民から構成される——と質を大きく異にする。ジェラールの言葉を援用するならば、中世のそれは支配者・支配機構と被支配者の関係性の総体と捉えられるものである。両者を同一の呼称「国家」で表現することは、前近代ヨーロッパの歴史になじみのない読者に混乱をもたらすかもしれない。そのため、ここでは政体と呼ぶことにする。

　さて、現代人にとって中世政体は捉えがたい点がある。その理由として、第一に君主家産(所領)と政体の区別の曖昧さ、そして、第二にその複合性と重層性、があげられる。中世のほとんどの政体は君主が支配しているが、彼らの家産と領有される政体は同一視される傾向にあり、一人の君主が、自身の領有する政体から一部の所領を誰かに分与することもあれば、新たな所領を併合することもある。近代国家にとって領土は本質的なものであり、敗戦による割譲や独立革命による分離といった暴力的な手段以外には、所領が贈与されたり、あるいは売却されたり、さらには抵当に入れられたりすることは基本的にない。それが安易になされるならば、それはもはや国家とは呼べないだろう。しかし、中世においては、君主のそうした行為により政体としての本質がそこなわれることはなかった。君主が領有する所領は彼の財産だったからである。逆に、君主が所領を集積することにより、政体の規模が拡大したり、新たな枠組みの政体が立ち現れたりすることもあった。つまり、

16　第Ⅰ部　中世から16世紀へ

君主を戴く中世の政体は、君主家産から出発し、場合によって集合体となる。そうであるがゆえに、ある君主の領有する政体が、既存の政体の枠組みをこえて形成されることもあった。

君主と政体

こうした可変性をもつ政体は、当然の帰結として、必ずしも統一的な法体系や統治機構に統合されておらず、さまざまな形態をもち、そして政体同士が重なり合う場合があった。ある政体が複数の政体から構成される複合体であり、そして、その構成要素たる政体もまた複数の政体からなることもありえた（もちろん、規模や歴史的独自性の有無によっては完全に統合される事例もあった）。中世社会を覆うこうしたシステムのなかでは、君主は複数の政体を領有しているにすぎず、均質的な一つの政体を領有しているわけではない。したがって、既述のように、一部の家産／政体を切り離しても君主たりえるのである。しかし一方では、君主も、政体を一定の領域的凝集性をもつ実質的なものに転換すべく、不断の努力を続けていたことも忘れてはならない。

以下では具体的な例として、アンジュー帝国と神聖ローマ帝国を取り上げていく。前者は家産／政体の集積により形成された帝国の事例（君主家産の政体の区別の曖昧さ）として、後者は複数の政体からなり——いわゆる七選帝侯はその頂点——、それらの政体君主である各諸侯もさらに複数の政体を領有している事例（政体の複合性と重層性）として、説明を加えていきたい。ただし、二つの問題は密接に関連しており、アンジュー帝国の事例でも後者の要素はみられるし、その逆もまたしかりである。それらを踏まえたうえで、最後に中世政体の複合性の問題をまとめたい。なお、文脈によって帝国内部の政体を領邦と呼ぶことにする。

2 ｜ アンジュー帝国

アンジュー帝国の形成

アンジュー家(2)の「帝国」は、当時の史料に登場する言葉ではなく、後世の歴史家による呼称である。中世にアンジュー家の皇帝が支配する帝国が存在していたわけではなく、あくまでアンジュー家——イングランド王家としてはプランタジネット家と呼ばれる——が国王・公・伯などの地位を領有

第1章　中世の複合政体　　17

していた領域（ドミニオン）の集合体であり、その支配領域のなかに複数の地域権力（公・伯など）を包摂しているため、近年では「帝国」と捉えられるようになっている（3）。

　フランス王国北西部の地域権力にすぎなかったアンジュー伯家がのちに帝国とまで呼ばれるような広大な支配圏を築くのは、1154年にノルマン公家と結んだ婚姻関係に端を発する。ノルマン家は、いわゆるノルマン征服（コンクエスト）（4）により、ノルマンディ公兼イングランド王となっていた。男子相続人のなかったイングランド王ヘンリ1世（在位1100～35）は、娘マティルダをアンジュー伯ジョフロワと結婚させ、彼らの息子アンリをヘンリ2世（在位1154～89）として即位させた。これによりアンリ／ヘンリ（5）は母方からイングランド王国とノルマンディ公領を、父方からアンジュー伯領とこれに隣接するメーヌ伯領――ジョフロワの母の相続所領――を継承することになった。彼はさらに、フランス王ルイ7世（在位1137～80）と離婚した直後のアキテーヌ公領相続人アリエノール（6）と結婚した。アキテーヌ公領はフランス南西部の大諸侯領の一つであり、ポワティエ家出身のアリエノールはポワトゥ伯領やガスコーニュ公領なども相続していた。その結果、一躍、フランス王家であるカペー家の直轄領を上回る「帝国」が出現したのである。さらに、ヘンリ2世は三男ジョフロワ／ジェフリーをブルターニュ公領の相続人コンスタンスと結婚させ、ブルターニュもアンジュー帝国に組み込んだ。また、ブリテン諸島ではウェールズやスコットランドの支配を強化し、アイルランド遠征時には「アイルランド太守」の称号を得ている。

　これらの相続所領は統一的な国制をもたず、王国・公領・伯領などの集合体でしかない。それらの領邦はアンジュー家が歴史的経過のなかで婚姻などにより集積したものであり、政体としての一体性をもつ必然性はなかった。そのため、アンジュー帝国の各政体は、ヘンリ2世とアリエノールの子どもたちが別個に統治した。事実上の長男――実際の長男は夭折――である若アンリ／ヘンリがイングランドおよびアンジューの後継者として位置づけられ、次男リシャール／リチャードは母アリエノールからアキテーヌを相続した。三男ジョフロワは婚姻によりブルターニュを継承したが、末子ジャン／ジョンは当初どこも分配されなかった。そして本領のアンジューには代官をおいた。ヘンリ2世はアンジュー家当主として彼らの上に立ったのである。統一政体であれば、このような一族による分割統治は忌避されるべきであるが、

政体としての共通の歴史や文化をもたない各領邦は、こうした分割統治に対して抵抗することはなかった。

このようなアンジュー帝国における各領邦のあり方は、君主に対する封建的主従関係に規定されたものではない。あくまでアンジュー家の血縁・親族関係のなかで結びつけられたものであり、王国・公領・伯領などがアンジュー家当主に向かって垂直に収斂する封建関係へと再編されることはなかった。また、ヘンリ2世は各領邦を領有したが、統治（支配）権はそれぞれの領邦を継承した親族が現地の有力者団体とともに行使した(7)。家産の継承に親族間の合意は必要だが、領地において支配される者たちの合意は必要としない。しかし、領有するだけでは統治、例えば徴税や軍事動員は実行できず、これを実行に移すためには被支配者の同意が必要であった。そして、その同意は領邦ごとに取りつける必要があり、したがって、必ずしもすべての領邦がアンジュー家当主の意向に従うとは限らなかった。

もちろん、アンジュー家の下に結びつけられたことが領邦間の関係にまったく影響をおよぼさなかったわけではない。ノルマン朝の成立以来、ノルマン家に従う貴族や騎士は大陸をまたいで所領を獲得し、政治的・軍事的奉仕をおこなっていたが、ノルマンディ地方を中心とする北フランスからの移住者が多かったイングランドに、今度はアキテーヌなどの南フランス出身者が多く流入することになった。とはいえ、各領邦の貴族がアンジュー家支配下の他の領邦と取り結ぶ関係は一律なものではない。イングランドにも領地をもつノルマン貴族は、イングランド王国とノルマンディ公領、両方の利害当事者であった。しかし、アキテーヌ公領やブルターニュ公領の貴族たちがイングランドにもアンジューにも同等の利害をもって関与していたわけではない。したがって、各領邦の貴族がアンジュー帝国という枠組みでの利害を共有し、そのための団体を形成して何らかの合意を示すことはなかった。

アンジュー帝国の衰退

12世紀後半に著しい拡大をみせたアンジュー帝国だが、同時期から、一族間の内紛とカペー家の干渉により、その維持に苦慮するようになる。1173年に若ヘンリは、末弟ジョンに所領の一部を譲渡するよう父王から求められたことに不満をもち、反乱を企てる。この争いは弟たちや王妃アリエノールも参加し、彼らが統治する政体の貴族もこれに従った。貴族は地域政体におけ

第1章　中世の複合政体　19

る自己の利害を重視しており、ヘンリ2世は彼らを直接統治するための合意を得ていなかった。この時の反乱は息子たちが父王へ帰順することにより終結する。

　数年後、今度は兄弟間の争いが生じる。若王たるヘンリは弟たちに忠誠誓約を求めたが、彼らはこれを拒否したのである。それぞれアキテーヌ公、ブルターニュ公であるリチャードとジョフロワは、ノルマンディ公としての兄とは同格であり、イングランド王という立場に対しても封建的主従関係にはなかったためである。この争いは、父が弟たちを支持し、フランス王が長兄を支援するという構図へ発展したが、若ヘンリの急死により終了する。なお、ジョフロワもまもなく事故死したため、アンジュー家の相続人はリチャードとジョンの二人に絞り込まれた。

　三度目の内紛は、ヘンリ2世が、王位継承者となったリチャードに対して、アキテーヌ公領を末弟ジョンに譲るように迫ったことに始まる。リチャードは、アキテーヌ公領は母アリエノールから相続したものであり、父ヘンリの意思に従う必要はない、という理由で父の要請を拒絶した。アンジュー帝国が不可分な一体性をもたず、なおかつアキテーヌ公領がアキテーヌ家の家産である以上、これを覆す論理はない。紛争中、リチャードは父王に対抗するためにフランス王に対して臣従礼をとり、これによりアンジュー家の大陸領はフランス王との封建関係を確定させることになった。この争いは父王の死により幕を閉じる。

　その後、リチャードが1199年に戦死すると、ジョンは唯一の相続人として帝国全体を領有することになった。しかし、フランス王の介入により、ノルマンディとアンジューは没収された。また、アキテーヌも南部を残して彼の手から離れることになった。アンジュー帝国はこの時点で解体したともいわれるが、ガスコーニュなどの領有権は確保しており、その意味での帝国的構造は維持されていた。最終的な大陸領の放棄は英仏百年戦争中のことである(8)。ただし、フランス王と封建的主従関係にないブリテン諸島のアンジュー家領は、14世紀末まで同家(プランタジネット家)のもとにとどまった。

　以上より、アンジュー帝国は、「帝国」とは呼ばれるものの、あくまでアンジュー家が継承した家産／政体の集合体でしかなく、当主の意思よりも各政体を継承した子弟および有力者団体の意向が優先されること、したがって各政体を包括する帝国という枠組みでの支配者・支配機構と被支配者の関係

は確立しておらず、むしろ王国・公領・伯領レベルで政体としての実体をもつものであったことが見て取れよう。ノルマンディ、アンジュー、アキテーヌは決してイングランドに統合されることはなく、政体としては横並びの関係のままだったのである。

3 │ 神聖ローマ帝国

東フランク王国から神聖ローマ帝国へ

　19世紀まで続いた神聖ローマ帝国(9)は、アンジュー帝国と異なり、史料に現れる言葉としても皇帝のいる「帝国」であった。周知のように、神聖ローマ帝国は9世紀に成立した東フランク王国に起源をもつ(10)。カール大帝(在位768〜814)の死後、ヴェルダン条約およびメールセン条約をへて王国は3分割され、その一つとしてフランケン、ザクセン、ロートリンゲンを中心とする東フランク王国が成立した。この王国にはバイエルンやチューリンゲンが包摂され、さらに国王はイタリア王国やブルグント王国をも従えることになった。ザクセンやバイエルンはフランク王国の東進にともないフランク人の支配下に入った地域であり、東フランク王国という政体が、そもそもの出発点から複数の政体(分国)によって構成されていたことは明らかである。なお、バイエルンやザクセンなどは「バイエルン人」「ザクセン人」の部族大公領がもとになっていると考えられていたが、現在ではこれらの部族集団も5〜6世紀にかけて形成されたものとされる(11)。

　この東フランク王国が帝国化するのは、10世紀のザクセン朝期のことである(12)。955年にレヒフェルトの戦いでマジャール(ハンガリー)人の進軍を退け、キリスト教世界の保護者となったオットー1世(在位936〜973)が、962年にローマで皇帝戴冠を受けて「フランク＝ローマ的皇帝権」の継承者となったのである。当初、皇帝の名称は「至高なるローマ人の皇帝」だったが、これに「神聖」の言葉が付け加えられるのは13世紀中葉になってからのことである(13)。しかし、便宜上、以下では時期的な区分はせず、この政体を「神聖ローマ帝国」と表記することにする。なお、皇帝とは、厳密にはローマで戴冠したドイツ王を指すが、ここでは文脈に応じて、皇帝・国王のどちらも用いる。一方、君主権力は王権と記す。

　さて、ザクセン朝(919〜1024年)は、カロリング家の男子血統が断絶した後

に、フランケン大公コンラート 1 世(在位911～918)を挟んで、ザクセン大公ハインリヒ 1 世(在位919～936)が国王に選出されたことに始まる。彼は王国内の最有力者ではあったが、みずからの支配するザクセン大公領を基盤とするにすぎず、フランケン大公やバイエルン大公、シュヴァーベン大公、ロートリンゲン大公が、彼に匹敵する実力者として存在した。これらの大公領は一定の政治的自立性をもち、加えて 8 世紀に部族法典を編纂するなど、慣習法のうえでも異なる政体であった。帝国では10世紀に、東方国境付近に複数の辺境伯領(ノストマルク、オストマルク、マイセンなど)が創設されており、対スラヴ人戦線の先頭に立つことから軍事的自立性を備えていた。これらもまた、そのほかの有力伯領とともに、政体とみなすことができる。これらの政体(領邦)はその後も増加し、小規模な伯領や帝国都市、司教領なども含めると、中世後期の帝国諸邦は300前後ともいわれる。王権は大公や辺境伯といった有力諸侯へつねに圧力をかけ続け、その地位を官職的なものにとどめようとした。しかし12世紀にはいると、バイエルンのヴェルフェン家、オーストリアのバーベンベルク家、ケルンテンのシュポンハイム家、ザクセン・ブランデンブルクのアスカニア家など、地位を世襲し、家産化に成功する家門が現れる。その傾向は13世紀にはいって加速した。

　その一方で、王朝は、ザクセン朝からケルンテン公家のザーリア朝(1024～1125年)、シュヴァーベン大公家のシュタウフェン朝(1138～1208年、1215～54年)へと継承される。中世の神聖ローマ帝国では世襲の原理は確立しておらず、こうした王朝交代時の国王選出集会はいうにおよばず、王朝内の王位継承においても新王を承認するための集会が開催され、そのつど有力諸侯の影響力は伸長した(14)。国王は即位すると、自身が即位前まで保持していたバイエルン大公やシュヴァーベン大公などの地位をほかの有力者に譲り、各地に散在する王領を回復することにより権力基盤を強化しようとした。しかし、例えばザクセン地域の王領拡大に熱心に取り組んだハインリヒ 4 世(在位1056～1106)は、その結果として同地域の諸侯と競合・対立する事態に陥った(15)。また、ザクセンに所領を有するバイエルン大公オットーと争い、彼から大公領を没収したが、オットーはザクセン大公と結んで反乱を起こした。ハインリヒはこの反乱は鎮圧したものの、諸侯との軋轢は一向に解消せず、1076年には諸侯により廃位が検討されている。翌年に起こった「カノッサの屈辱」は、彼が有力諸侯の支持を失っていたことが背景にある。君主の意向

22　第Ⅰ部　中世から16世紀へ

から独立した政治的・外交的判断が可能な大公や伯は、もはや帝国という政体の役人とみなすことはできなくなっていた。

帝国諸侯と領邦

　こうした王権と諸侯の紛争にもかかわらず、神聖ローマ帝国では、有力諸侯が離脱したり、帝国が解体されたりするような事態は生じなかった。10世紀前半にロートリンゲンが西フランクに奪われたり、バイエルンやシュヴァーベンが独自の動きをみせたりすることはあったが、そのたびに君主は当該地域に赴き、現地有力者との交渉をもって帝国という政体を維持し続けた。それを可能にした理念としては「ローマ帝国の復興」や「キリスト教的神権観念」が指摘されるが、それを実体たらしめたのは君主と諸侯の協働の結果である。よくいわれるように、中世のドイツには首都はなく、君主は各地を巡行しては裁判集会を開き、体面的に人的紐帯を創出・再生産するという「馬上の支配」をおこなった。交通や通信といったインフラが未発達であり、またそれを補完しうるような統治技術もなかったことから、ほかに選択肢はなかったのである。しかし、そうした移動宮廷に参集する人々は、「集会への参加」という行為により帝国への帰属意識を確認したのであった。また逆に、そこに参加する人々の範囲が政体の領域を実体化していった。

　さて、既述のように神聖ローマ帝国の諸侯は国王を選出（および解任）する権限をもったが、選挙の参加者の数はしだいに絞り込まれていき、1198年の二重選挙を機に選挙の方針が定められていく。13世紀前半に成立した法典『ザクセンシュピーゲル』では、マインツ、ケルン、トリーアの各大司教に、ライン宮中伯、ザクセン大公、ブランデンブルク辺境伯を加えた選帝侯が記載されている——同世紀の後半にはボヘミア王が加わり 7 人となる(16)。諸侯の権力は大空位時代（1256〜73年）にさらに高まり、その後、オーストリアのハプスブルク家、バイエルンのヴィッテルスバッハ家、ボヘミアのルクセンブルク家が相互に帝位を争うようになる。ただし、彼らはもはやハインリヒ 4 世のようにザクセンなどの王領の集積をめざすのではなく、各自の領邦を基盤とするようになっていた。そのため、即位後も王位や大公位を兼任していた。

　14世紀半ばには、カール 4 世（在位1346〜78）により「金印勅書」が定められ、選帝侯は国王のみに認められていた国王大権（レガリア）の一部（上級裁判

第 1 章　中世の複合政体　23

権、貨幣鋳造権、関税徴収権など）を、各自の領邦内で獲得するまでにいたった(17)。彼らが世襲する政体は、実質的に独立したものと認められたのである。これにより、帝国が複数政体の連合であるという趨勢は決定的となった。ただし、帝国レベルの集会は存続する。ボヘミア王でもあるカールは、王国首都プラハを拠点としながらも、帝国都市ニュルンベルクや帝国西部の諸都市を巡行し、必要に応じて南部や北部にも足を延ばしている。諸侯を呼び集め、対面で協議することにより、政体としての帝国を可視化していた。

ボヘミアにみる複合性と重層性

　ところで、自立性を高めた選帝侯のうち、ボヘミア王だけは、14世紀初頭まではドイツ系ではなく、スラヴ系のプシェミスル家が君主を輩出していた(18)。中世初期には東フランク王国の構成要素ではなく、10世紀から帝国の圧力を受け、最終的には11世紀前半にその国制に組み込まれた政体である。

　この家門はボヘミア王国以外にモラヴィア辺境伯領も支配する——そして13世紀末にはシレジア諸侯領がこれに加わる——、つまり複数の政体を支配する王朝であった。このうち、長らくポーランド王国に属していたシレジア（シュレージエン、シロンスク）と異なり、モラヴィアは深くボヘミアと結びついた歴史をもつ。11世紀前半にモラヴィアをポーランドから奪回したボヘミア君主は、息子や弟をモラヴィアの要地オロモウツ、ブルノ、ズノイモに分封した。これらは分国侯領と呼ばれる。分国侯たちはボヘミア君主と競合することもあったが、12世紀末に男系が断絶したことにより統合され、分国侯領は辺境領として再編された。このとき皇帝はモラヴィア辺境伯領およびプラハ司教領の帝国直属化をはかったが、プシェミスル家の家産から奪うことはできなかった。

　ただし、モラヴィアはボヘミアに統合されたわけではなく、ボヘミアにはボヘミアの、モラヴィアにはモラヴィアの宮廷があり、それぞれの地域で宮廷官職（裁判官、財務官など）が任命され、貴族たちの集会が開かれるなど、別個の政体であり続けた。貴族たちは集会に参加することで君主との関係を確認するとともに、他の貴族＝同輩とのつながりも強化し、こうして結ばれた紐帯が領邦に輪郭を与えていった。政体が独自性をもち、君主が貴族集団の合意を得て課税や軍事遠征をおこなっている点では、アンジュー帝国の各構成要素のあり方に近い。その一方で、すでに３世紀にわたって君主家門

24　第Ⅰ部　中世から16世紀へ

や始祖神話、歴史文化、言語を共有しており、対外的にはボヘミアとモラヴィアは一体のものとみなされていた（両者あわせて「チェコ人」として扱われた）。

　プシェミスル家は、皇帝のイタリア遠征時に軍事的奉仕を積極的におこない、11世紀後半と12世紀後半に王号を得た。その後、13世紀前半に帝国が国王選挙により分裂すると、両陣営から承認を得て世襲王号を獲得したのである。さらに、13世紀半ばにはプシェミスル・オタカル2世（在位1253〜78）が、男系の断絶したバーベンベルク家からオーストリアを継承する。オーストリアはドイツ系の領邦であり、ボヘミア・モラヴィアとは歴史文化を共有していないが、婚姻によりプシェミスル家の領有するところとなった。しかし、プシェミスル・オタカルは新たに即位したハプスブルク家の皇帝ルードルフ1世（在位1273〜91）に誠実宣誓をおこなわず、オーストリアを没収される。このときボヘミアやモラヴィアが没収されなかったのは、家産を世襲化してからの長い歴史があり、その結果として領邦諸身分（貴族、司教・修道院長、有力都市）との関係性が構築できていたからであろう。オーストリアでも13世紀中には貴族に騎士・市民を加えた領邦身分が形成されていたが［服部1998年］、プシェミスル・オタカルはその一部の支持を得ていたものの、被支配層の全体は掌握できていなかった。それに対して、ボヘミアとモラヴィアにおけるプシェミスル家統治は数百年の伝統をもち、一部貴族の反抗はみられたものの、諸身分に統治権を否定されるまでにはいたらなかったのである。

　このプシェミスル家は14世紀初頭に男系が断絶し、王国は王朝交代を経験する。新たに選出されたルクセンブルク家は、本領であるルクセンブルク伯領との共通性を一切もたないボヘミア、モラヴィア、シレジアを支配することになった。さらに、カール4世の治世には隣接する上・下ルサチア（ラウジッツ）をも手中におさめている。カールはこれらの政体を統合するために、「聖ヴァーツラフの王冠」を制作し、諸邦不可分のシンボルとした。この5つの政体には統合を必要とする歴史的背景はなかったからである。このように、複数の政体を領有する君主は何らかの手段をもって絶えず統合を働きかける必要があったのである。中世後期はまさに、ルクセンブルク家以外にも、帝国東部においてハプスブルク家、ヴィッテルスバッハ家などが大領邦を形成するための政策をとり、領邦側でも貴族たちが領邦議会（身分制議会）、領邦裁判所、領邦台帳等を成立させて対応・協働していく時期にあたった。た

第1章　中世の複合政体　25

だし、領邦はその独自性を保ったままでの統合がめざされたのであり、統一されたわけではない。

　以上のように、神聖ローマ帝国は出発の時点から複数の政体を包摂する複合性をもっていたが、君主側の働きかけや諸侯・貴族の要請により関係性が更新され続けた結果として、帝国という政体は存続した。しかし、しだいに下位の政体である領邦も、その君主と領邦身分の政治的関係が成熟するにつれて、自立性を高めていった。また、中世後期にはおもに帝国東部に複数の大領邦が成立した。それらを領有する君主家門はいくつかの領邦を領有することも多く、帝国内の政体は重層性をもっていたのである。その一方で、小さな領邦も数多く存在し、やがて一般諸侯も選帝侯と同様の特権を手に入れるようになる。こうして王権と諸侯が権力を分有する神聖ローマ帝国の二元的権力構造が成立していった。

4 ｜ 中世政体の複合性

政体を構成する要素

　中世の政体を理解するために、アンジュー帝国と神聖ローマ帝国を例として、第一に君主家産と政体の違いと境界の曖昧さ、第二に政体の複合性と重層性について簡単に紹介してきた。さらに注目したい点は、中世初期の史料では君主の姿しか捉えられない政体の構造に、しだいに君主と競合／協働しうる有力諸侯あるいは領邦貴族が登場し、政体の輪郭を整えていく姿である。本章の第1節で述べたように、政体を支配者・支配機構と被支配者の関係性の総体として捉えるならば、君主が家産を領有しているだけでは政体とはいえず、おもに貴族、そして騎士や聖職者、都市などにより構成される被支配者の団体が君主と合意し、統治を受け入れてはじめて政体が成立する。

君主と貴族

　アンジュー帝国の場合は、フランス王国内の政体（公領、伯領）が封建関係に基づいてしだいにカペー家に回収されていったが、それは単に王権の力のみにより遂行されたのではなく、君主の政体統治に協力していた集団が、保護者・利害調停者としてアンジュー家ではなくカペー家を選択した結果でもあった。神聖ローマ帝国は、東フランク時代から複数の政体の連合であり、

やがて諸侯が大公や伯の地位を家産化し、選帝侯を中心に有力諸侯が王権との二元制を確立していく。同時に、それらの諸侯はみずからの家産／領邦を統治するために、領邦貴族との協力関係を構築していった。君主と貴族の関係は各領邦の歴史的背景により異なり、同じ君主に統治される領邦であっても、君主との関係には差異のあることも少なくなかった。

　以上のように、中世の政体は君主家産を出発点とし、そのために複数が重なり合うこともあった。君主はそれらを束ねる努力を続けたが、決して一つに融合させたのではなく、政体は複合的なままであり、それが常態であった。

註

（1）　A・ジェラール（池田健二訳）『ヨーロッパ中世社会史事典』藤原書店、1991年、128〜131頁。

（2）　この家門に関する概説書としては、ルゴエレル［2000年］がある。また、轟木広太郎「カペー家フランス王国とアンジュー帝国 1154-1204年」朝治啓三・渡辺節夫・加藤玄編著『中世英仏関係史1066-1500――ノルマン征服から百年戦争終結まで』創元社、2012年、34〜49頁、朝治啓三「アンジュー帝国――中世英仏関係史の中で」川成洋編著『イギリスの歴史を知るための50章』明石書店、2016年、69〜74頁などもある。そのほか、山川出版社『世界歴史大系』のイギリス史、フランス史の各第1巻などに関連する記述が散在するが、アンジュー家は、フランス史では王権に淘汰されていく脇役として存在感が薄く、イギリス史では中世王家として叙述が厚い傾向がある。

（3）　この視角に関する最新の研究として、朝治他編著［2017年］がある。

（4）　ノルマン征服に関しては、『世界歴史大系 イギリス史1』のほか、中村敦子「ノルマン征服とアングロ・ノルマン王国 1066〜1154年」朝治・渡辺・加藤編著『中世英仏関係史1066-1500』、8〜33頁。

（5）　アンジュー家成員の名前に関しては、フランス語名と英語名を併記し、その後はイングランド王（王太子）に即位した者を英語名で表記する。

（6）　中世における数少ない個性的女性の例であるアリエノールに関しては、アンジュー帝国に関する議論とは別に、以下の文献でも取り上げられている。レジーヌ・ペルヌー（福本秀子訳）『中世を生きぬく女たち』白水社、1988年、同『王妃アリエノール・ダキテーヌ』パピルス、1996年、ジョルジュ・デュビー（新倉俊一・松村剛訳）『十二世紀の女性たち』白水社、2003年。

（7）　領有権と統治（支配）権の違いに関しては、朝治啓三「帝国的国制とは何か」朝治・渡辺・加藤編著『中世英仏関係史1066-1500』、262〜274頁。

（8）　百年戦争中のイングランド王家の大陸領の行方に関しては、佐藤賢一『英仏百年戦争』（集英社新書）集英社、2003年、城戸毅『百年戦争――中世末期の英仏関係』刀水書房、2010年、佐藤猛『百年戦争――中世ヨーロッパ最後の戦い』（中公新書）中央公論新社、2020年が、いずれも11世紀に遡って解説している。

（9）　神聖ローマ帝国に関しては、菊池良生『神聖ローマ帝国 1495-1806』講談社、2003年、ピーター・ウィルソン（山本文彦訳）『神聖ローマ帝国』岩波書店、2005年、池谷［2019年］などのほか、山川出版社『世界歴史大系』のドイツ史第1巻・第2巻や、ハ

プスブルク家関連の文献など、比較的多くの概説書がある。そのほか、三佐川亮宏「中世ローマ帝国とドイツ人──「帝国」と「王国」の狭間で」森井裕一編著『ドイツの歴史を知るための50章』明石書店、2016年、79〜84頁、横川大輔「神聖ローマ帝国──近代以前のヨーロッパを理解する鍵」森井編著『ドイツの歴史を知るための50章』、85〜90頁など。

(10)　渡部治雄「フランク時代」成瀬治・山田欣吾・木村靖二編『世界歴史大系 ドイツ史1』山川出版社、1997年、45〜103頁。

(11)　中世のエトノス形成に関してはパトリック・J・ギアリ(鈴木道也・小川知幸・長谷川宜之訳)『ネイションという神話──ヨーロッパ諸国家の中世的起源』白水社、2008年、また「ドイツ人」エトノスに関しては三佐川[2013年]。

(12)　山田欣吾「ザクセン朝下の『王国』と『帝国』」成瀬・山田・木村編『世界歴史大系 ドイツ史1』、111〜152頁。ザクセン朝に関しては、ほかに、三佐川亮宏『紀元千年の皇帝──オットー三世とその時代』刀水書房、2018年。

(13)　三佐川亮宏によれば、「フランク人の王国」から「ドイツ人の王国」への変化は12世紀半ば以降に顕著となる。三佐川亮宏『ドイツ──その起源と前史』創文社、2016年、143〜200頁。

(14)　中世帝国・皇帝をめぐる概念や国制に関しては、シュルツェ[2005年、2013年]。

(15)　山田欣吾「叙任権闘争の時代」成瀬・山田・木村編『世界歴史大系 ドイツ史1』、153〜208頁。

(16)　アイケ・フォン・レプゴウ(久保正幡・石川武・直居淳訳)『ザクセンシュピーゲル・ラント法』創文社、1977年。

(17)　金印勅書に関しては、池谷文夫「ドイツ王国の国制変化」成瀬・山田・木村編『世界歴史大系 ドイツ史1』、261〜337頁。そのほか、横川大輔「選挙王制──金印勅書と選「帝」侯」森井編著『ドイツの歴史を知るための50章』、91〜96頁。

(18)　ボヘミアの歴史に関しては、藤井[2014年]に加えて、薩摩秀登『王権と貴族──中世チェコにみる中欧の国家』日本エディタースクール出版部、1991年。

参考文献

朝治啓三・渡辺節夫・加藤玄編著『中世英仏関係史1066-1500──ノルマン征服から百年戦争終結まで』創元社、2012年

朝治啓三・渡辺節夫・加藤玄編著『〈帝国〉で読み解く中世ヨーロッパ──英独仏関係史から考える』ミネルヴァ書房、2017年

池谷文夫『神聖ローマ帝国──ドイツ王が支配した帝国』刀水書房、2019年

ハンス・K・シュルツェ(五十嵐修・浅野啓子・小倉欣一・佐久間弘展訳)『西欧中世史事典Ⅱ──皇帝と帝国』ミネルヴァ書房、2005年

同(小倉欣一・河野淳訳)『西欧中世史事典Ⅲ──王権とその支配』ミネルヴァ書房、2013年

成瀬治・山田欣吾・木村靖二編『世界歴史大系 ドイツ史1』山川出版社、1997年

服部良久『ドイツ中世の領邦と貴族』創文社、1998年

藤井真生『中世チェコ国家の誕生──君主・貴族・共同体』昭和堂、2014年

三佐川亮宏『ドイツ史の始まり──中世ローマ帝国とドイツ人のエトノス生成』創文社、2013年

アンリ・ルゴエレル(福本秀子訳)『プランタジネット家の人びと』白水社、2000年

第**2**章

宗教改革
カトリックからプロテスタント諸派へ

野々瀬浩司

1 ｜ 宗教改革の背景

中世末の社会・文化的状況

　神聖ローマ帝国全体に君臨していたのは皇帝であったが、16世紀前半には領邦国家形成が進み、ドイツは政治的に分裂状態であった。そこには選帝侯を中心とした有力諸侯、帝国騎士などの中小の世俗領主、司教や修道院といった聖界領主、帝国都市をはじめとした都市国家などが混在し、帝国は全体として複合政体と表現できるものであった。皇帝の権力と教皇の権威は徐々に弱まり、社会的な流動性が増加していた。封建的支配秩序の動揺とともに、民衆のあいだでは魂の不安が広まり、苦しみを受けて十字架で処刑されたイエスの生き方を信仰する「受難のキリスト」への信心が高まっていた。死と不安の時代に多くの人々は、天国で救われることを切望し、どのようにすれば救済が得られるのか真剣に模索していた。各地で贖宥のための巡礼や寄進が増大し、教会が建設された。そのような時代状況を反映して民衆は、形式的に宗教的な儀式に参加するだけではなく、信仰の内実を追求しはじめていた。

　中世ヨーロッパでは聖書原典以上に、聖ヒエロニムスによってラテン語に訳された、ヴルガタと呼ばれた聖書が、もっとも権威あるものとしてカトリック教会のなかで中心的な位置を占めていた。聖職者によって聖書の解釈権は、原理上占有され、俗人が勝手に聖書を解釈して、自由に説教することは禁止されていた。教会側の見解によれば、一般民衆が独力で聖書に関する健全な判断に到達することはできないと考えられていた。中世後期にヨハネス・グーテンベルクによって活版印刷術が発明され、書籍の発達によるメディア革命が展開したことが、当時のヨーロッパの社会や文化に重大な影響をおよぼし、結果として宗教改革の進展に大きく貢献した(1)。大量の印刷物

の生産は、それまで支配的であった古い写本の文化を根底から変容させ、新しい読者層を生み出していった。このメディア革命は、聖書を民衆に近づける役割を果たしたのである。北方ルネサンスが開花し、人文主義者によって、文体や語彙を精密に点検して古い文書に残っている言葉の総体を分析する文献学が発展し、中世カトリック教会の伝統を飛び越えて、古代ギリシア・ローマ文化へと回帰する運動が展開した。エラスムスが新約聖書ギリシア語原典を出版したことは、宗教改革者たちが聖書の原典を俗語に翻訳する際の手助けとなった。

反教権主義の高揚

当時の人々のあいだでは、十分な司牧をおこなわない聖職者に対する不満が募り、教皇制や聖職身分を批判する反教権主義が高揚していた。その背後には、カトリック教会がかかえていた構造的な問題が潜んでいた。一人の聖職者が複数の聖職禄を集積する慣習が広まっていた。また多くの聖職者は代理司祭などに司牧を委任して、しばしば任地に常駐していなかった。さらに聖職者の教育水準は総体的に低く、彼らのなかで大学教育を受けた者は比較的少数であり、ラテン語を十分に読むことができない聖職者も散見された。聖職者の資質とは関係なく、教会内部の礼拝でおこなわれたサクラメント（秘跡）には効力があるとみなす事効説の弊害が顕在化し、大半の高位聖職者の地位は、貴族の子弟によって独占されていた。司教や修道院の土地領主化が進展し、多くの領民は聖界領主によって搾取されていた。聖職者は、世俗裁判権から比較的自由であり、彼らの地位は教会裁判権によって保護されていたので、教会裁判権も激しい攻撃の対象となったのである。

2 ｜ ドイツの宗教改革とルター派の拡大

マルティン・ルターの生涯とその思想

宗教改革という宗教的な運動は、マルティン・ルター個人の罪意識にかかわる深刻な問いから始まり、ヨーロッパ各地に拡大した。ルターは、1483年に中部ドイツのアイスレーベンで生まれ、1501年にエアフルト大学文芸学部にはいり、その4年後には同大学で修士号を獲得した。1505年に彼は、自宅からエアフルト大学に戻る途中で落雷に出会い、聖アンナに修道士になるこ

とを誓約するという「落雷の体験」と呼ばれる第1次回心を経験したのである。それからルターは、アウグスティヌス隠修士会に入会し、内面の罪と格闘しながら禁欲的な修行に励んだ。ルターは1507年に司祭に叙階され、その後神学博士号を取得し、ヴィッテンベルク大学神学部の教授に就任した。この前後の時期にルターは、修道院の塔のなかでの詩編22編に関する講義の準備をとおして、恐ろしい審判の神から愛に溢れた恵みの神を発見して「塔の体験」と呼ばれる第2次回心を経験し、内面的な崩壊の危機を克服した。

　当時サン・ピエトロ大聖堂建設のために、ヨハネス・テッツェルらによって贖宥状の販売がおこなわれていたが、1517年にルターは『95箇条の提題』を提出して贖宥状を批判し、罪の赦免は真に神の前で悔い改めた人に与えられることを訴えた。『95箇条の提題』は大量に印刷されて各地に流布し、多大な反響を呼び起こした。1519年にルターは、ライプツィヒにおけるヨハン・エックとの論争の際に教皇の首位権を問題視し、かつて異端とされたフスの主張のなかには、正しい部分があることを認めた。1520年に教皇レオ10世から『破門の威嚇大教書』が公布されると、ルターは聖書に照らしてカトリック教会の制度に矛盾を感じはじめた。彼は教皇が反キリストであると確信して、『キリスト者の自由』などを執筆した。正式に破門されたルターは、1521年にヴォルムス帝国議会で皇帝カール5世(皇帝在位1519〜56)から自説の撤回を求められた。結局ルターがそれを拒絶したので、皇帝によって、ルターに対する帝国追放令が公布され、ルターの著作の出版・販売は禁止された。ヴァルトブルク城での軟禁生活中にルターは、新約聖書のドイツ語訳に取り組み、1522年にそれを公刊した。1525年にルターは、エラスムスに対して、神の恩恵の前に人間の自由意志は無であるかどうかに関する論争をおこなって、決定的に対立した。さらに1529年にルターは、聖餐論をめぐってツヴィングリらとのあいだに神学討論をおこなったが、見解の相違は克服されず、ヘッセン方伯フィリップのめざした宗教改革陣営の大連合は失敗した[2]。この頃オスマン帝国による第1次ウィーン包囲がおこなわれるが、その町が陥落することなくオスマン帝国軍は撤退した。1534年にルターは、旧約聖書のドイツ語訳を完成させ、46年に故郷のアイスレーベンで病没した。

　ルター神学の根底には、彼特有の深い罪認識が存在する。彼は救われたいという願望のなかにも、自分の幸福の追求のために神を利用する自己追求という罪(霊的肉の欲)を認めた。長い苦悩の末、深刻な罪の問題から脱したル

ターは、魂の救済において神からの恩寵を絶対視した。ルターは、人間が罪から解放されて義しいとされるためには、人間の側の努力や教会制度の整備では不可能であると考えた。彼によれば、ただ「信仰のみ」「聖書のみ」「神の恩寵のみ」が必要なのである。ルターの信仰義認論は聖書主義につながり、聖書を基準にして、カトリック教会の多くの伝統を「人間による付加」として否定した。教会法や聖人崇拝は否認され、7つのサクラメントのなかでは洗礼と聖餐のみが認められた。彼の信仰義認論は、信仰共同体に属して形式的に礼拝に参加することを救いの前提からはずして、個人の信仰を深く吟味して神と深く向き合う精神志向を生み出した。さらにルターによれば、すべてのキリスト教徒は、基本的に神の前には平等であり、聖職者と俗人の区別は、役職としての違いであって身分的な上下関係ではないとされた。このような万人司祭論によって、カトリック教会の聖職位階制は否定され、聖書を解釈する権限は俗人にもあると主張された。ルターは、信仰にかかわる霊的な神の国と世俗の国を明確に分け、最後の審判まで両者とも存続すべきものと考えた。彼の二王国論によれば、前者はキリストのもとで聖霊によってキリスト者を創出する国であるが、後者は悪人を抑制して外的平和を保つ国である。神の国は不可視な信仰共同体であり、そこでは信仰、福音、神の恩寵が支配し、それに真のキリスト者のみが服属する。それに対して世俗の国では理性や自然法が支配し、そこにすべての人間が属する。世俗権力は外的なもののみにかかわり、霊の問題に介入して神の国とその統治を侵してはならないというのである。ルターが国家への服従を説き、民衆の抵抗権を否定したことは、宗教改革運動の方向性を決定づけた(3)。

ルター派の拡大

　神聖ローマ帝国内で宗教改革をもっとも深く受け入れたのは、高度な政治的独立と自治が認められていた帝国都市であった。都市内部に発達していた共同体的自治が、神の前での平等を唱える宗教改革の神学を受容する土台を提供した。1530年代までの都市の宗教改革においては、ルターよりも、ツヴィングリらの思想的影響の方が強かった(4)。なお農村でもおもに共同体を基盤にして宗教改革の思想が広まった。しかしシュマルカルデン戦争(1546～47年)に勝利したカール5世によって、構成員の原理的平等と民主的な選挙原理に依拠して自由と自治を志向した都市の共同体文化が、1550年代に破

壊され、宗教改革と共同体の結び付きが失われたのである。

　諸侯は、宗教改革を政治的に管理する努力をおこなった。ヴィッテンベルク騒擾がおさまった後の1522年頃から、ザクセン選帝侯領では、社会秩序を維持しながら保守的な教会改革が着手された。ヨハン堅忍公などのザクセン選帝侯はルターの改革運動を支持し、この領邦では宗務局が教会の管理・指導を中心的におこなっていた。1524年にヘッセン方伯フィリップが、宗教改革に加担した。1525年4月にはドイツ騎士団がルター派に改宗し、プロイセン公国が成立した。ドイツ以外でルター派が拡大したおもな地域は、デンマーク王国やスウェーデン王国とその支配下にあった諸地域、つまりノルウェー、フィンランド、アイスランドなどであった。

3 ｜ ドイツ農民戦争と宗教改革急進派

ドイツ農民戦争

　ドイツ農民戦争の背景や原因としては、さまざまなものが想定され、とりわけ農民の法思想が、ゲルマン的伝統に基づく「古き法」から「神の法」へ変化したことが重要視されている。農民にとって「古き法」は、神によって創造された不動であるべき神聖な世界秩序の一部であり、その法を変更することはできなかった(5)。宗教改革期に「古き法」の限界を理解した農民が、新しい法的スローガンとして「神の法」を導入した。「神の法」によって聖書から証明されるすべての要求が公布可能となり、「古き法」では問題にされなかった新しい要求を提出できるようになった。中世末から農奴領主による封建反動が顕著になり、移住の自由の制限や、結婚における下位身分継承の原則（自由農民と農奴の結婚で生まれた子供の身分が農奴とされてしまう規則）の導入は、農民の憤激の対象となった(6)。地代の負担も、農民たちに重くのしかかった。凶作時にもかかわらず、多くの土地領主は地代の軽減措置をとらなかった。領主による共有地への侵害も問題となった。森林・河川湖沼・牧草地は、多くの場合に村落共同体の共有地であったが、中世末に領主が、木材伐採権、狩猟権、放牧地の利用権、漁獲権を制限ないしは禁止した。共有地への侵害は、村落共同体の自治の制限を意味したのである。領主の下級裁判権と村落共同体の対立も、深刻化していた。そして領主が村長などの選出権を侵害し、人事に干渉した。このような諸問題の背後には、領邦国家

化の進展という大きな問題が潜んでいた。中世末から一人の領主が、あるま
とまった地域に対する土地領主権・下級裁判権・上級裁判権・農奴領主権な
どの支配権を集積し、中間支配層の力を弱め、領民に対しては領主的な圧力
を強化したのである。

　1524年6月に西南ドイツのシュテューリンゲン伯領で蜂起が勃発したが、
一時沈静化していた。1525年2月には農民運動がしだいに本格化しはじめた。
オーバーシュヴァーベンで三つの大規模な農民団が結成され、その基本的な
抗議書として『12箇条』が起草された。大規模な反乱が確認された地域は、
おもにマイン川以南の西南ドイツであった。農民戦争の初期に各地で大編成
の農民団が形成され、一部の戦闘では、農民軍が領主に対して勝利する場合
があり、農民団の同盟・提携の動きもみられた。農民反乱に対峙した諸侯軍
の主力は、中小領主による政治的な連合組織であるシュヴァーベン同盟軍で
あった。農民軍は方針の違いから分裂し、シュヴァーベン同盟軍などによっ
て各個撃破され、最終的に農民団は決定的な敗北を喫した。1525年の反乱は
農民を含む多様な社会層、つまり平民によって担われていた。平民とは、統
治者になる資格のない人々の総体であり、都市や農村の共同体自治の担い手
であり、農民、領邦都市の市民、帝国都市の役職から締め出された市民、鉱
夫を含んでいた(7)。多くの平民は、公益とキリスト教的兄弟愛に基づく国
家の建設をめざしたのである。農民反乱は完全に鎮圧され、同時代の史料で
は約10万人の死者が出たと報告された。しかし多くの地域では1525年以前の
状態が復活したり、隷属が強化されたりすることはなかった。平民の革命は
失敗したが、改革は部分的に認められた。ただし農民戦争後には、宗教改革
に対する国家統制が進行し、共同体を基盤とした宗教改革運動は衰退し、諸
侯などの世俗権力が宗教政策を主導する「公権力的宗教改革」へと移行した。

宗教改革急進派

　ルターの聖書主義は、民衆に聖書を近づけるという意味では大きな役割を
果たしたが、それに関する解釈の多様性をもたらし、さまざまな諸分派や、
どの宗派にも属さない個人中心のノンセクトの神秘主義思想を生み出す契機
を与えた。

　再洗礼派とは、幼児洗礼を否定し、信仰告白に基づく自覚的な成人洗礼を
実施した分派の総称である。そのなかでもっとも古いグループは、スイス再

洗礼派であった。彼らは、チューリヒにおいて十分の一税問題などに関して
ツヴィングリと対立し、1525年に再洗礼に踏み切った。1527年にはチューリ
ヒ市参事会によって再洗礼派の死刑が執行された。公権力による厳しい迫害
にもかかわらず、再洗礼派はスイス、ドイツ、オーストリア、オランダ、北
米などに拡大していった。基本的にスイス再洗礼派の人々は、公権力の承認
のもとで教区をもつ制度教会に対しては分離主義的であり、暴力を否定する
平和主義的な集団であった。なお、今日北米に定住しているアーミッシュは、
再洗礼派のなかのメノー派に属する一分派である。そのほかに再洗礼派のな
かには、そのような平和主義的なグループとは異なる立場の人々がいた。
1534～35年には北ドイツのミュンスターで再洗礼派が、その都市の支配権を
掌握し、「千年王国」を樹立し、強制的に一夫多妻制や財産共有制を実施し
た。結局、ミュンスターの再洗礼派運動は武力によって鎮圧された。

　トマス・ミュンツァーは、ドイツで活動した革命の神学者・神秘主義者で
ある。1518年頃まで彼は、ルターに近いグループに属していたが、ツヴィカ
ウの神秘主義者と交流するなかで、反教権主義的な民衆運動に共感しはじめ、
ルター派から離反していった。ミュンツァーは、信仰の根拠を聖書よりも聖
霊による直接的な啓示におき、千年王国論と神秘主義を結合させ、激しい聖
職者批判を展開した。さらにミュンツァーは世俗権力とも対立し、神に選ば
れた民衆とともに社会革命の道へと突き進んだ。1525年に彼はドイツ農民戦
争に参加し、フランケンハウゼンの戦いで敗北し、処刑された[8]。カール
シュタットはドイツの心霊主義者であり、当初はルターに味方していたが、
結局ルター派から離れて独自の活動を展開した。カールシュタットは、直接
無媒介に働く聖霊の役割を強調し、行為の模範としてのキリストを重んじた。
16世紀には、そのほかにルター派にも改革派にも属さない多様な集団や思想
家が輩出した。

4 ｜ スイスの宗教改革と改革派の拡大

近世スイスの状況とツヴィングリの宗教改革

　16世紀初頭のスイスには、「盟約者団」と呼ばれる、都市邦と農村邦によ
るゆるやかな連合体が形成されていた。その周囲にはハプスブルク家などの
封建的勢力が存在していたため、農民や市民たちは平和防衛同盟を結成して、

共同体的自治を守ろうと努めたのである。当初スイス盟約者団は原初 3 邦の同盟から出発し、近世には13邦が正式なメンバーとなっていた。この13邦は、16世紀前半には神聖ローマ帝国から事実上独立し、スイス盟約者団会議への出席権と共同支配地への共同統治権などを所持する、政治的にほぼ独立した国家であった。そのほかに、従属邦と呼ばれるスイス盟約者団の準メンバーや、共同支配地が存在していた(9)。

　ツヴィングリは、1484年に東スイスのヴィルトハウス村で自由農民の息子として生まれた。1506年に彼は、バーゼル大学で修士号を取得した後、グラールスで司祭をつとめ、さらに16年にはアインジーデルンで司祭に就いた。この間ツヴィングリは、従軍説教師としてイタリアへ赴き、傭兵制度の矛盾を実感していた。彼はエラスムスと交流し、人文主義に傾斜し、スコラ哲学・古典文化・聖書などの研究に励んだ。1519年にツヴィングリは、13邦の一つであったチューリヒ市の司牧司祭に抜擢された。この頃からツヴィングリは、ルターの著作に関心をもちはじめていた。1522年には、断食の時期である四旬節にチューリヒ市民がソーセージを食べるという事件が勃発した。これを契機にして、ツヴィングリは食事の自由を求めた論文を発表した。1523年に第 1 回チューリヒ公開討論会が市参事会主催で開催され、宗教改革を導入すべきかどうかについて議論した。ツヴィングリは、討論のために『67箇条』を提出した。討論の末、最終的にチューリヒ市参事会がツヴィングリの主張を支持した。同年、第 2 回チューリヒ公開討論会が開かれ、その結果、聖画像の撤去、修道院の廃止、傭兵制への反対などの政策が、市参事会の支持のもとに実施された(10)。

　このようなチューリヒ内部での動向に対してスイス全体の宗教問題を議論するために、1526年にバーデンで宗教討論会が開催された。この会合ではカトリックが支持され、宗派分裂は決定的となった。1520年代後半にはいると、ベルン、バーゼル、シャフハウゼンなどの諸都市で宗教改革が導入され、チューリヒの政治的な孤立は回避されたが、スイス盟約者団はカトリック諸邦とプロテスタント諸邦の同盟に分裂し、両者の対立は、とくに盟約者団の共同支配地における宗派問題をめぐって深刻化した。このようにスイスではおもに都市部で改革派が拡大していたが、農村邦ではカトリックの方が支配的であった。第 1 次カペル戦争(1529年 6 月)では、激しい戦闘がおこなわれることなく両者のあいだに和平が成立したが、宗派問題に絡んだ食糧供給の封

36　第Ⅰ部　中世から16世紀へ

鎖が原因で、1531年10月に第2次カペル戦争が勃発した。この戦闘でチューリヒがカトリック諸邦軍に敗北し、従軍していたツヴィングリは戦死してしまった。このできごとによってスイス東部の宗教改革は大きな打撃を受け、ツヴィングリ派の影響力が西南ドイツにおいて大きく後退した。しかしスイス西部においては、改革派のベルンがサヴォワ家と戦い、レマン湖周辺地域にまで勢力を拡大し、スイスのフランス語圏での宗教改革が進展した。

カルヴァンの生涯とジュネーヴの宗教改革

　ジュネーヴにおける宗教改革の発展にとくに貢献したのは、ジャン・カルヴァンである。彼は1509年に北フランスのノワヨンで生まれ、23年にパリ大学に入学し、28年にオルレアン大学法学部に進学した。この頃カルヴァンは、法律に加えて聖書や古典文学も学び、人文主義の影響を受け、ルターらの宗教改革の思想にもふれはじめていた。1533年に彼は回心を体験し、古典研究者としての道を放棄し、伝道者になる決意を固め、神に対する徹底した従順へと向かった。同年にカルヴァンの友人ニコラ・コップが、パリ大学学長に就任した。その就任演説をカルヴァンが起草したが、その内容には宗教改革的な色彩が強かったため、カルヴァンとコップは告発され、二人はパリから逃亡した。

　スイスのバーゼル滞在中の1535年に、カルヴァンは『キリスト教綱要』の初版を執筆した。1536年7月に彼は旅の途中で、ジュネーヴに立ち寄った。4年前からギョーム・ファレルがこの町の宗教改革に着手し、1536年5月にジュネーヴは正式に改革派の都市になっていた。ファレルは多くの難問をかかえていたので、カルヴァンに強く助力を求めた。神の声を聴いたとして、カルヴァンは説得されてジュネーヴにとどまった。カルヴァンは新しい教会形成に着手し、規律の要求、礼拝の充実、信仰の教育、結婚問題の処理を重視し、1537年に『ジュネーヴ教会規則』や『ジュネーヴ教会信仰告白』などが成立した。しかし翌年カルヴァンやファレルらは、市参事会の意向でジュネーヴから追放された。というのも彼らは、ベルンの改革派がおこなっていた聖餐式をジュネーヴにも導入することに反対し、市参事会と対立していたからであった。マルティン・ブツァーに誘われて、同年カルヴァンはシュトラースブルクの宗教改革に助力した。カルヴァンは、この町でフランス人亡命者の指導をおこない、大学での講義を担当した。

第2章　宗教改革　　37

1541年9月にカルヴァンは、市民からの懇請を受けてジュネーヴに帰還した。彼は聖書に基づいて四職制、つまり牧師・教師・長老・執事という4つの職種に基づく組織を導入した。長老と牧師で構成される長老会議は、教会運営と信徒の霊的生活の監督を担った。カルヴァンの求めた教会規律の厳しさが反感を買い、彼はリベルタン（自由派）と敵対しはじめた。さらにカルヴァンは、宗教的な寛容を唱えるセバスティアン・カステリョとも対立した。1553年にジュネーヴのシャンペルの丘で、ミカエル・セルヴェトゥスの火刑がおこなわれた。その告発理由として、セルヴェトゥスが三位一体を否定し、キリストは神の子ではなく、人間にすぎないと主張したことが掲げられた。1555年にリベルタンの武装蜂起が失敗して市政は安定し、59年にジュネーヴ大学が開設され、その5年後にカルヴァンは病死した(11)。

　国家に対する抵抗論の問題においてカルヴァンの社会思想は、ルターのものとは幾分異なっていた。カルヴァンは、私人には上位の権力に絶対服従することを求めたが、神から委託を受けた公人は、上位者による権力濫用を諫める重要な職務に就いている場合には、暴政に対して抵抗することが許されていると主張した。それにもかかわらず、基本的にカルヴァンは、武力を用いた抵抗を厳格に戒めた。しかし宗教戦争が激化すると、改革派の指導者によって、このような抵抗権をもつ者の範囲が、中下層階級にも広げられ、暴君放伐論が展開されていった。改革派の信仰は、スイスからフランス、ネーデルラント、イングランド、スコットランド、ドイツ、北米などに広まり、不当な権力に対して改善を要求する思想が受容され、ユグノー戦争、オランダの独立運動、ピューリタン革命に影響をおよぼした。

　ツヴィングリの死後、改革派内部では徐々に連携の流れが加速していった。まず1536年に『第一スイス信仰告白』で、スイスにおけるドイツ語圏の改革派での一致が達成された。さらに、ツヴィングリ派とカルヴァン派のあいだにも一致の動きがみられ、1549年にカルヴァンとファレルがチューリヒを訪れて『チューリヒ和協書』に調印し、聖餐論での分裂が克服された。そしてカルヴァン没後の1566年に、チューリヒの宗教指導者ブリンガーが、『第二スイス信仰告白』を執筆し、バーゼル以外のスイス改革派の主要都市がその内容を承認したため、ツヴィングリ派とカルヴァン派の合同の道が開かれたのである。『第二スイス信仰告白』はドイツ、フランス、イングランド、スコットランド、低地地方、東欧などの外国の改革派教会にも多大な影響を与

えた。

5 ｜ シュマルカルデン戦争と「アウクスブルク宗教平和」

領邦国家単位での宗教改革の定着と帝国議会での交渉

　カール 5 世は1521年の「ヴォルムス勅令」の公布によって、ルターの著作の印刷・販売を禁止したが、多くの都市でその法令は必ずしも遵守されず、とくにザクセン選帝侯領、ヘッセン方伯領、帝国都市などでは宗教改革が進展した。1526年のシュパイヤー帝国議会では、カトリック支持派とルター派諸侯とのあいだの妥協の産物としていったん和解案が成立した。皇帝、諸侯、帝国諸身分は、公会議ないしはドイツ国民公会議（神聖ローマ帝国内での教会会議）が開催されるまで、宗派問題に関しては独自に統治することが許可された。このことは、領邦君主の教会統治が発展する出発点となり、統治者による宗教改革運動の管理が進展した。ルターは、世俗権力も教会の建設に仕えるための使命をもち、臨時に教会統治権をかねることを認めた。そのような「緊急司教論」を根拠に、ルター派諸侯は領内で宗教改革を推進し、教会財産を管理し、教会裁判権を縮小し、教会組織の官僚化を推進した。

　ところが、1529年のシュパイヤー帝国議会では、カトリック諸侯にとって有利なかたちで決議がおこなわれた。「ヴォルムス勅令」の遵守が明確に決議され、カトリック諸邦ではルター派が禁止され、ルター派の諸邦ではカトリックのミサが許可されたのである。この帝国議会の最終決定に対して、宗教改革を導入していた 5 人の帝国諸侯と14の帝国都市が抗議をおこない（die Protestation von Speyer）、 3 年前のシュパイヤー帝国議会の決定を守るように要求した。このことが契機となって、宗教改革の支持者に「プロテスタント」という名称がつけられた。1530年に開催されたアウクスブルク帝国議会は、宗教改革史において決定的に重要な意味をもっていた。カール 5 世は、プロテスタントに対して帝国議会において神学的立場を説明することを要請した。それに対して、ルター派側から『アウクスブルク信仰告白』による神学的弁明がおこなわれた。皇帝は、宗教交渉の失敗を自覚し、『アウクスブルク信仰告白』の否認を宣言し、「ヴォルムス勅令」の厳格な執行を決定した。これによって、カトリックとプロテスタントのあいだの話し合いによる和解の道は、事実上閉ざされてしまった。

第 2 章　宗教改革　39

シュマルカルデン戦争と諸侯戦争

　アウクスブルク帝国議会の結果、軍事的脅威が高まり、この危機に対処するために、プロテスタント側は防衛の準備を始め、1531年2月にシュマルカルデン同盟が成立した。1540年代半ばに皇帝は、「クレピー和約」などで有利な条件を獲得していた。他方でプロテスタント陣営には、複数の問題が顕在化していた。シュマルカルデン同盟の中心人物であるヘッセン方伯フィリップが、重婚事件を引き起こし、政治的な力を喪失していた。もっとも深刻なことには、ルター派のザクセン選帝侯ヨハン・フリードリヒとザクセン公モーリッツが対立し、後者が皇帝に寝返っていたのである。このような情勢のなかで、1546年にシュマルカルデン戦争が勃発した。結局翌年におこなわれたエルベ河畔のミュールベルクの戦いで皇帝軍が圧勝し、ザクセン選帝侯は捕らえられ、ヴィッテンベルクも占領された。シュマルカルデン同盟は消滅し、モーリッツは選帝侯位を獲得し、新しい領土を手に入れた。このような戦果を利用して皇帝は、1548年に「アウクスブルク仮信条協定」を成立させた。この協定は、聖職者の結婚と二種培餐（聖餐式の際に一般信徒がキリストの血と体としてワインとパンの両方を拝領すること）を公会議の最終決定まで容認したが、そのほかのプロテスタントの教義をほぼ全面的に否定し、カトリック信仰を擁護した。この「仮信条協定」が帝国法として公布され、西南ドイツの帝国都市は多額の賠償金を科せられ、ツンフトの解体などの都市政治体制の変革も強制された。

　このような皇帝の政治に不満をいだいていたザクセン選帝侯モーリッツは、1552年に不意をついてカール5世を裏切り、諸侯戦争に勝利した。同年モーリッツと皇帝の弟フェルディナントが会談し、「パッサウ協定」が成立した。この協定は、「アウクスブルク仮信条協定」を破棄し、現状維持の原則に基づいてつぎの帝国議会まで宗教改革を暫定的に容認した。

「アウクスブルク宗教平和」（1555年）の成立

　のちに皇帝となったドイツ国王フェルディナント1世（皇帝在位1556〜64）が、カール5世から全権を委ねられて、アウクスブルクに帝国議会を招集し、宗教問題の解決について議論した。軍事的・政治的な手詰まりの状態が、平和への志向を促進させた。この条約は、実質的に約半世紀にわたって、帝国法としてドイツ諸身分間の宗教対立を解決するための公的な第一規範という

地位を保ち続けた。「アウクスブルク宗教平和」のおもな内容としては、ま
ずカトリックとルター派の帝国公認と、両派の帝国諸身分の権利保障があげ
られる。このとき改革派の扱いは不透明となり、おそらく事実上「異端」と
認定され、さらに再洗礼派などの宗教改革急進派は根絶の対象となった。
「アウクスブルク宗教平和」の妥当範囲は諸侯に限定され、領邦君主には信
仰選択権が認められた。これによって、領土の支配者が領内の宗教を決定す
ることになったが、農民や領邦都市の市民には、信仰の自由は認められなか
った。「支配者の宗教、その地におこなわれる(cuius regio, eius religio)」とい
う原則は、条文中には記載されなかったが、当時の状況を的確に表現してい
た。なお領民には宗教上の理由による移住は許可され、このことは信仰の自
由と移転の自由が結びつけられる基礎となった。さらに聖職者留保条項の制
定によって、司教や修道院長などの聖界諸侯がルター派への改宗を希望する
場合に、諸侯としての地位は罷免され、それにともなう権限を喪失し、かわ
ってカトリックの後継者が選出されることになり、聖界諸侯はカトリックに
限定された。帝国都市では宗派の現状が維持され、大体においてカトリック
とルター派が承認された(12)。

　「アウクスブルク宗教平和」には、個人を主体とした近代的な宗教的寛容
ではなく、中世的原理から由来したものが多く含まれていた。つまり真理は
一つであり、政治秩序と教会秩序の中世的な統一が、領邦国家の次元で細分
化されて現出したにすぎなかった。「アウクスブルク宗教平和」の内容は、
既成事実の確認という段階をこえるものではなく、宗派対立の根本的な解決
をめざしたものではなかったのである。この後にドイツでは、カルヴァン派
が浸透する地域が増え、そのことがさらなる紛争の要因となった。「アウク
スブルク宗教平和」の成立は、結果として神聖ローマ帝国内における領邦国
家による権力の拡大を促進した。これ以降、領邦単位で、カトリックの地域
でもプロテスタントの地域でも公権力による教会支配と民衆への宗派的な教
育が進行し、宗派化や社会的規律化の時代へと突入することとなった(13)。
その後、帝国内の領邦国家から、多民族を統治したオーストリア系ハプスブ
ルク家をはじめとして、一時期ポーランド王を兼務したザクセン選帝侯、プ
ロイセン王を兼ねたブランデンブルク辺境伯、イギリスとの同君連合を形成
したハノーファー選帝侯などによる複合国家が成長していった。

註

（1）　森田安一『ルターの首引き猫──木版画で読む宗教改革』山川出版社、1993年、22
　　　～36頁。
（2）　赤木善光『宗教改革者の聖餐論』教文館、2005年。野々瀬浩司「ルター派の形成過
　　　程における連携と断絶」森田安一編『ヨーロッパ宗教改革の連携と断絶』教文館、
　　　2009年、31～33頁。
（3）　H・J・イーヴァント（竹原創一訳）『ルターの信仰論』日本基督教団出版局、1982年。
　　　倉松功『ルター神学とその社会教説の基礎構造──二世界統治説の研究』創文社、
　　　1977年。B・A・ゲリッシュ（倉松功・茂泉昭男訳）『恩寵と理性──ルター神学の研究』
　　　聖文舎、1974年。
（4）　ベルント・メラー（森田安一・棟居洋・石引正志訳）『帝国都市と宗教改革』教文館、
　　　1990年、71～84頁。中村賢二郎・倉塚平編著『宗教改革と都市』刀水書房、1983年、
　　　56～81頁。
（5）　フリッツ・ケルン（世良晃志郎訳）『中世の法と国制』創文社、1968年、1～44頁。
（6）　野々瀬浩司『ドイツ農民戦争と宗教改革──近世スイス史の一断面』慶應義塾大学
　　　出版会、2000年、125～337頁。
（7）　ペーター・ブリックレ（前間良爾・田中真造訳）『1525年の革命──ドイツ農民戦争
　　　の社会構造史的研究』刀水書房、1988年、172～175頁。
（8）　H・J・ゲルツ（田中真造・藤井潤訳）『トーマス・ミュンツァー──神秘主義者・黙
　　　示禄的終末預言者・革命家』教文館、1995年、61～263頁。田中真造『トーマス・ミ
　　　ュンツァー──革命の神学とその周辺』ミネルヴァ書房、1983年、1～147頁。
（9）　従属邦はほぼ政治的に独立した国家であったが、スイス盟約者団会議への出席権と
　　　共同支配地への統治権を完全には所持してはいなかった。共同支配地では、盟約者団
　　　が任命した地方代官による代理統治がおこなわれていた。
（10）　F・ビュッサー（森田安一訳）『ツヴィングリの人と神学』新教出版社、1980年、15～
　　　54頁。
（11）　ベルナール・コットレ（出村彰訳）『カルヴァン──歴史を生きた改革者』新教出版
　　　社、2008年。久米あつみ『カルヴァンとユマニスム』御茶の水書房、1997年。田上雅
　　　徳『初期カルヴァンの政治思想』新教出版社、1999年。W・ニーゼル（渡辺信夫訳）
　　　『カルヴァンの神学』新教出版社、1960年。
（12）　永田諒一『ドイツ近世の社会と教会──宗教改革と信仰派対立の時代』ミネルヴァ
　　　書房、2000年、121～175頁。
（13）　社会的規律化とは、公権力から民衆に対する上からの政治的な圧力だけではなく、
　　　その必要を感じた臣民からの要請による上と下との相互作用で発生した。この動きは、
　　　13世紀末に帝国都市で開始され、16世紀には領邦国家でもそれに倣って導入され、17
　　　世紀中頃以後には学識のある官僚たちによって包括的かつ組織的な社会的規律化が進
　　　行したとされている。それに対して宗派化とは、16世紀中頃から17世紀前半に一つの
　　　宗派が政治権力の協力を得て、異宗派の信仰と異教的な民衆文化を抑圧し、人々の内
　　　面と日常生活を特定の宗派の色に染め上げ、信仰告白文の作成、教区組織の整備、聖
　　　職者の監督強化、教会巡察、検閲・禁書、学校の創設、道徳裁判によって、国家的規
　　　模で同質化する動きのことである。この理論をとおして国家の優位性が強調され、閉
　　　鎖的な宗派文化が形成される姿に照明があてられ、宗派化は近世社会における根本過
　　　程であり、社会的規律化の触媒や前段階を意味するとされている。しかしすべての地

域で宗派化が貫徹されたわけではなく、複数の帝国都市のように、多宗派併存が事実
上認められていた事例も確認されている。とくに踊共二『改宗と亡命の社会史——近
世スイスにおける国家・共同体・個人』創文社、2003年、3〜37頁など参照。

参考文献

ロベルト・シュトゥッペリヒ（森田安一訳）『ドイツ宗教改革史研究』ヨルダン社、1984年

R・W・スクリブナー、C・スコット・ディクスン（森田安一訳）『ドイツ宗教改革』岩波書
　　店、2009年

野々瀬浩司『宗教改革と農奴制——スイスと西南ドイツの人格的支配』慶應義塾大学出版
　　会、2013年

ギュンター・フランツ（寺尾誠・中村賢二郎・前間良爾・田中真造訳）『ドイツ農民戦争』
　　未來社、1989年

ペーター・ブリックレ（田中真造・増本浩子訳）『ドイツの宗教改革』教文館、1991年

ローランド・ベイントン（青山一浪・岸千年訳）『我ここに立つ——マルティン・ルターの
　　生涯』聖文舎、1954年

前間良爾『ドイツ農民戦争史研究』九州大学出版会、1998年

森田安一『スイス中世都市史研究』山川出版社、1991年

渡邊伸『宗教改革と社会』京都大学学術出版会、2001年

Martin Brecht, *Martin Luther* 3 Bde., 3. durchgesehene Auflage, Stuttgart: Calwer Ver-
　　lag 1986-90.

第**3**章

大航海時代のスペイン
地中海から大西洋世界へ

内村俊太

1 | 近世スペインにおける「王国」「王冠」「君主国」

複合国家としてのスペイン君主国

　スペイン近世国家は、カスティーリャ王国のイサベル 1 世(在位1474～1504)とアラゴン連合王国のフェルナンド 2 世(在位1479～1516)の夫妻(カトリック両王)による同君連合に始まる。それを継いだ孫カルロス 1 世(在位1516～56)はハプスブルク家当主としてネーデルラントの君主でもあり、さらにその子フェリーペ 2 世(在位1556～98)は1581年にポルトガル王位を継承し、大航海時代に得た海外領も含めてその版図は「太陽の沈まない帝国」と称された。

　このスペイン系ハプスブルク朝(1516～1700年)が治めた近世国家は複合国家の典型例であった。1 人の君主が複数の王国を治めたが、各国の法と政体はそれぞれで完結しており、統一的な制度は存在しなかった。各国の臣民にはカトリック信徒であることが課せられたが、それは複合国家における統合力を宗教的一体性に求めるほかなかったからであった。この複合国家を指し示すには、16世紀末からスペイン語では「君主国」(モナルキーア)という単数形の語があてられ、スペイン君主国やカトリック君主国と称された。しかし以前からの「諸王国」(レイノス)という複数形の表現も併用され、複合国家としての実情がよく表されていた。以下、両王期に遡ってこの複合国家を「スペイン君主国」と表記する。

「王冠」(コローナ)と「王国」(レイノ)

　本章ではスペイン君主国の複合的な国制と統治のシステムを概観するが、その柱であるカスティーリャ王国(コローナ・デ・カスティーリャ)とアラゴン連合王国(コローナ・デ・アラゴン)が「王冠」を意味する語(コローナ)で表さ

44　第 I 部　中世から16世紀へ

れた点に注目したい。中世ヨーロッパでの王冠は、君主が戴くモノとしての冠を指すだけでなく、王個人とは区別された、王の権能や権威を象徴する国家概念でもあった。中東欧ではこの意味の王冠は君主だけのものではなく、聖俗の特権層である諸身分が君主とともに構成し、場合によっては主導する「身分制国家」の象徴でもあった。さらに、「王国」が特定の領域との結び付きを想起させるのに対して、「王冠」は複数の王国が一つの王冠に属すという複合的な国制を表すことができた。聖ヴァーツラフ王冠に属したチェコ王国やモラヴィア辺境伯領などが一例である（第1章参照）。

カスティーリャとアラゴンの王冠は、身分制国家のニュアンスは希薄であるものの、後述するようにさまざまな「王国」（レイノ）が「王冠」に属すとされる用法は共通していた。本章ではコローナという語が国家名称だけでなくこの王冠概念も表した点に留意し、コローナ・デ・カスティーリャは「カスティーリャ王国」と「カスティーリャ王冠」、コローナ・デ・アラゴンは「アラゴン連合王国」と「アラゴン王冠」と訳し分け、国制を表す語彙がもった意味作用をすくいあげたい。

16世紀には、西半球（以下、当時の用法として「インディアス」）の各領域も「王国」と表現され、インディアスの諸王国がカスティーリャ王冠に属すという表現が定着していった。もちろんヨーロッパとインディアスの諸王国の内実はまったく異なり、インディアス支配は社会経済的・文化的には先住民への植民地支配にほかならなかった。しかし、王朝にとっては両者を国制のなかで統治することが同時代の課題だったのであり、本章ではインディアスを海外植民地として切り離して論ずるのではなく、ヨーロッパ内で複合的な国制を表象した王冠という語がインディアスに関して転用された点に着目したい。

2 ｜ アラゴン王冠と地中海世界

アラゴン王冠の諸王国

イベリア半島では8世紀以降、イスラーム圏へのレコンキスタのなかでキリスト教諸国が形成された。12世紀には東からカタルーニャ、アラゴン、ナバーラ、カスティーリャ、レオン、ポルトガルの諸国が出揃った。カタルーニャでは、フランク王に任じられた諸伯のなかからバルセローナ伯が君主と

して台頭した。ただし王号はもたなかったため、「カタルーニャ公国」と称された。西隣のアラゴン王国（レイノ・デ・アラゴン）は在地勢力から成長した。以下、たんに「アラゴン」という場合にはこの内陸国を指す。

　アラゴン連合王国はこのカタルーニャとアラゴンの王朝の統合から始まる。1134年、アラゴン王アルフォンソ1世は同国をテンプル騎士団などに遺贈して死去した。臣下たちはそのような事態を回避するため、聖職者の王弟ラミーロを還俗させて王とした。しかしラミーロは王女ペトロニーラが生まれると、隣国のバルセローナ伯ラモン・バランゲー4世と娘の婚儀を整え、1137年に彼女に譲位したうえでアラゴンの統治も伯に委ねた。

　このバルセローナ伯とアラゴン女王の同君連合から始まる結合政体をコローナ・デ・アラゴンと称する慣行がのちに定着していく。これは、君主号として伯よりも上位にある王号を称したアラゴンの王冠に両国が属する状態を表している。しかし王冠のもとで両国はそれぞれの政体を維持して対等であり、日本語でのアラゴン「連合王国」という表記はこのニュアンスを表している。むしろのちの地中海進出の主力となったのはカタルーニャ公国であり、バルセローナは中世盛期に地中海屈指の海港都市として発展することになる。

　アラゴン連合王国はハイメ1世（在位1213〜76）のもとでバレンシアをイスラーム教徒から奪い、カタルーニャ、アラゴンと並ぶ格式のバレンシア王国とした。バレンシアにはカタルーニャとアラゴンからの入植がおこなわれ、多くの貴族はどちらかに出自があったが、13世紀には3国それぞれに身分制議会が設けられ、各自の法と政体を備えるようになった。アラゴン王冠のもとで、制度的な実体をもつ複数の身分制国家が並列したといえる。

　さらにアラゴン連合王国は地中海に進出する。ハイメ1世はバレアレス諸島も征服し、マジョルカ王国とした。同国は分家が治めたが（1276〜1343年）、宗家としばしば対立したために廃絶され、マジョルカ王国も宗家のアラゴン王冠に属すようになった。13世紀末からは、教皇権やフランス王家傍流のアンジュー家との抗争と外交のなかで、アラゴン王家はシチリア（1282年）、サルデーニャ（1296年）、ナポリ（1442年）の王位を得た。シチリア（1296〜1401年）とナポリ（1458〜1501年）ではいったん分家が立てられたが、最終的には宗家のアラゴン王がこれらの地中海諸国の君主を兼ねた状態で近世を迎えた。

　したがって16世紀のアラゴン王冠のもとには、イベリア半島のカタルーニャ、アラゴン、バレンシアだけでなく、西地中海のマジョルカ、サルデーニ

ャ、シチリア、ナポリの各王国が属し、同君連合を形成した。これらは同格の王国として扱われ、諸国の制度が統合されることも、共通の制度がつくられることもなかった。ただし、カタルーニャからの入植者が実権を握ったマジョルカとサルデーニャでは、それぞれ事情が異なっていた。マジョルカには独自の議会が認められず、カタルーニャ議会が管轄した。サルデーニャでは、その議会がカタルーニャ議会の統制下におかれた。とはいえこうした措置は、アラゴン王冠のもとでは例外的であった。

諸身分と王朝

このようにアラゴン連合王国はそれ自体が中世からの複合国家であり、マジョルカとサルデーニャを例外として、各王国は固有の身分制議会をもち、法と政体は各自で完結していた。アラゴン、カタルーニャ、バレンシアの議会は同一都市での同時招集が多かったが、各議会は個別に開かれており、議会合同とは異なる。

ただし、ラモン・バランゲー4世とペトロニーラ以来の王朝の断絶（1410年）という非常事態に際しては、3国の諸身分が推挙した聖職者や法曹の合議によって、1412年にアラゴン王冠の諸王国に共通する新王が選出され、諸身分の主導によってアラゴン連合王国が維持された。とはいえ、これによって中東欧のような選挙王政に移行したわけでも、各国の諸身分や議会が連合王国のレベルで主体的に協力する慣行が生まれたわけでもない。

各王国の議会に出席する諸身分は、高位聖職者、貴族、平民代表（実質的には有力都市の寡頭支配層）からなり、領主制や都市参事会などを通じて在地社会で民衆を支配する特権支配層であった。中世からハプスブルク期にいたるまで、アラゴン連合王国での王の主たる収入は各国議会が個別に承認する上納金に限定されており、王国ごとに諸身分と協調していくほかに王朝には統治の術はなかった。カタルーニャ、アラゴン、バレンシアでは、君主の統治は諸身分との契約に基づくものであり、君主は各国の「法と特権」（フエロス）を尊重する義務を負うという、統治契約主義が政治文化として定着した。また14世紀からは、議会の執行機関として諸身分による常設代表部が3国ともに常置され、統治実務を主導し、王の任命した官吏が「法と特権」を侵さないように監視した。

その一方で王朝は、西地中海に散らばる諸王国を治めるために、14世紀か

第3章　大航海時代のスペイン　47

ら各国で王の代理官の任命を始め、両王期に副王として制度化した。王がある王国に滞在するあいだにほかの王国では不在となることは複合国家の宿命だが、王と臣下がじかにコミュニケーションをとることを期待する牧歌的な王権観が根強い中世・近世には深刻な問題であった。それを和らげるため、王族・大貴族・高位聖職者などが副王に任じられ（マジョルカとサルデーニャでは下級貴族）、王の代理として政務を司り、常設代表部との日常的な折衝にあたるなど、あたかも王が各国に常在しているかのように王権を代行し、諸身分との協調関係を維持することに腐心した。

3 ｜ カスティーリャ王冠と大西洋世界

カスティーリャ王冠の諸王国

　中世盛期のイベリア北西部では、レオン王国とカスティーリャ王国（レイノ・デ・カスティーリャ、以下カスティーリャ）が結びついた。両国は同君連合（1037～65年、1072～1157年）と分割相続による分離を繰り返しながらレコンキスタを進め、11世紀後半にはトレード王国を征服した。最終的にはカスティーリャ王フェルナンド3世（在位1217～52）が1230年にレオン王位を継承し、同君連合が確定した。フェルナンド3世はアンダルシーアのムスリム諸王国をつぎつぎと征服し、レコンキスタの帰趨を事実上決定づけた。

　このカスティーリャとレオンの結合体も、一つの王冠に複数の王国が属すという意味でコローナ・デ・カスティーリャとのちに呼ばれるようになった。しかしアラゴン連合王国とは異なり、カスティーリャとレオンの議会は早期に統合された。また、征服されたトレード、セビーリャ、コルドバ、ハエン、ムルシアは王国（レイノ）を雅称としたものの、バレンシア王国とは異なり制度的な実体はなく、法と政体は統一された。13世紀後半にはローマ法に基づく国王法典の編纂が進み、14世紀半ばにかけて王国共通法としての位置づけが整えられた。カスティーリャ王冠に諸王国が属すというレトリックは残ったものの、法的・制度的な一体化が進んだため、この結合体は日本語ではカスティーリャ「王国」と表記され、アラゴン連合王国との差異が明示される。1492年に征服したグラナダ王国もカスティーリャ王国に吸収・統合された。

　カスティーリャ王国は中世後期には貴族や都市支配層の党派抗争で混乱したが、その一方で国王顧問会議や司法機構などの統治体制が整い、大学で法

学を修得した法曹が王権の優位性を支えた。また、宮廷に寄生する傾向を強めた貴族や高位聖職者は議会への出席をやめるようになり、平民代表を派遣する都市も減少して両王期に18にまで絞られ、議会は王権が統制する課税協賛機関としての性格が強くなった。

　このような法的・制度的な一体化と王権の強化を背景として、カトリック両王は、国王代官を都市ごとに派遣してその支配層を掌握し、宗教騎士団領を実質的に王領地とするなど統治体制をさらに強化し、カスティーリャ王国をスペイン王権の財政・軍事的な基盤とした。近世王朝の軍費を賄ったのは、16世紀後半からはインディアスで産出された銀が加わるものの、基本的にはカスティーリャ議会が承認する税・上納金と、それを担保とした借款であった。その一方で、カスティーリャ貴族は所領を基盤として在地での権力を保っていた。また議会を独占する18の都市も、それぞれが監督する財政管区における徴税管轄権を王権から委任され、最重要の社団(王権に法認され、特権を授与された中間団体)としての地位を固めていった。そのためカスティーリャ王国においても、諸身分や有力社団との協調が王朝には欠かせなかったのである。

　その一方で、近世のカスティーリャ王冠にはバスク系住民が中世に興したナバーラ王国とバスク諸領も属し、カスティーリャ王国とは別個の枠組みを維持して自治と免税を享受した点が複合国家論としては興味深い。

　ピレネー西部周辺には古代からバスク系住民が居住し、8世紀にはナバーラ王国を建てたが、13世紀から王位はフランス系の家門に渡っていた。また、その西でビスケー湾を望むギプスコアとビスカーヤ、内陸のアラバからなるバスク諸領は、ナバーラとカスティーリャが帰属を争ったが、1200年前後にアラバとギプスコアが、1379年にビスカーヤがカスティーリャ王の統治下にはいった。またナバーラもフェルナンド2世が1512年に制圧して敵対する王家を放逐し、対仏防衛の観点から1515年にカスティーリャ王冠に属すと定めた。

　このようにバスク諸領とナバーラ王国の4地域はカスティーリャ王冠に属すようになったが、近世にもそれぞれが独自の枠組みを保った。バスク諸領はそれぞれの評議会を有し、そこで都市や農村の自治体やその広域連合からの代表が合議し、評議会が選出する各領の常設代表部が「法と特権」に基づく自治を担った。アラバではカスティーリャ法が一部導入されたが、法の制

定・導入や慣習法の編纂は各領単位でおこなわれた。またナバーラでも、独立期からの身分制議会とその常設代表部が近世にも維持された。4地域から王権が得る税収はごく少額に限定され、事実上の免税を享受した。

ギプスコアとビスカーヤには代官が、ナバーラには副王が王によって任じられたが、4地域はそれぞれが完結した法と政体をもち、王冠に直属していたのであり、カスティーリャ王国の制度に統合されたわけではなかった。そのため、4地域がカスティーリャ議会に代表を送ることも、同議会が4地域を代表することもなかった。近世には「カスティーリャ王冠の諸王国・領国」という表現があったが、前述の雅称としての諸王国だけでなく、規模や格式の差はあってもそれぞれが法的・制度的に完結した政体をもつカスティーリャ王国、ナバーラ王国、バスク諸領が王冠のもとで並列した状態にも該当しているといえる。

インディアス諸王国

1493年、カスティーリャ女王イサベル1世の支援するコロンブスがインディアス「発見」を報告すると、両王はインディアスがカスティーリャ王冠に属すとする教皇勅書を得て、領有を承認された。ここからインディアスはカスティーリャ王冠に属すというレトリックが定型化し、例えば1519年の王令では、インディアスは「余のカスティーリャ王冠」から永代的に分離できないと宣言された。しかしインディアス統治体制はカスティーリャ王国のそれを単純に拡張したものではなく、西半球の全貌がわからない段階から手探りで形成された結果、カスティーリャ王国とは異同がある独特なものになった。

アステカとインカの征服をへて征服活動が落ち着くと、1530年代以降、王権は征服者（コンキスタドール）を排除した統治体制をめざし、インディアスを二分して管轄する最高の総督職としてヌエバ・エスパーニャ副王とペルー副王をおいた。前述のように副王はアラゴン連合王国に由来し、ナバーラでも任じられたが、カスティーリャ王国では用いられていなかった。

その一方、インディアス各地に設置された聴訴院は、カスティーリャ王国の国王裁判権法廷が導入されたものであり、16世紀にはフィリピンを含むヌエバ・エスパーニャ副王の管区に5つ、ペルー副王のそれに6つがおかれた。聴訴院の権限はカスティーリャ王国では裁判に限定されたが、メキシコ市とリマでは副王が長官を兼ね、そのほかの聴訴院でも長官が総督職としての政

務上の命令権を授与されたため、インディアスでは行政機能も担った。軍事上の要衝では、さらに軍務上の命令権も授与された長官が総監（カピタン・ヘネラル）と称され、事実上、副王から独立し、それに匹敵する政治・軍事・司法の権限を行使した。

　複合国家論として興味深いのは、インディアス統治の枠組みになった聴訴院管区が「王国」（レイノ）と称されたことである。この呼称は慣例にすぎなかったが、メキシコ（メキシコ聴訴院）、ヌエバ・ガリシア（グアダラハラ聴訴院）、ヌエバ・グラナダ（サンタ・フェ・デ・ボゴタ聴訴院）、チリ（サンティアゴ・デ・チレ聴訴院）などを王国と呼ぶことは定着していった。1571年の王令では「カスティーリャとインディアスの諸王国が一つの王冠に属す」と記されるなど、王権の文書でもこの呼称は一般化していった。カスティーリャ王冠に属す諸王国・領国のなかにインディアス諸王国も追加されることによって、大西洋の彼方の新領域が中世以来の語彙を用いて国制として表象されたのである。それに対して、インディアスが「植民地」と呼称されるのは18世紀以降のことだった。

　このインディアス諸王国の枠組みを基礎づけた副王・総監や聴訴院は、いずれも王とそれを補佐する後述のインディアス会議に直属し、カスティーリャ王国の統治系統からは切り離されていた。人員としてはインディアスの統治官職に任命されるのはおもにカスティーリャ王国出身者であり、法曹がカスティーリャ王国とインディアスの官職を遍歴することも珍しくなかったが、同じ王冠のもとにありながら制度的にはカスティーリャ王国と区別されたという意味では、インディアスはバスクやナバーラと共通する面があった。

　しかしインディアスは、身分制議会などの代議機関をもたない点において、前述のように固有の代議機関を備えた法的・制度的な完結性のある政体をもつカスティーリャ王国、ナバーラ王国、バスク諸領とは明確に異なっていた。インディアスでは、スペイン出自の在地支配層に対してカスティーリャ王国型の都市参事会の運営は認められたが、各王国のレベル以上での合議や自治の制度が認められることはなく、カスティーリャ議会によってインディアスが代表されることもなかった。インディアス法もカスティーリャ法を基礎として王令などを順次追加することで形成され、その公布や編纂は王権の統治機構のなかで完結した。インディアスにおける王国とは、王権が統治のために創出した枠組みを指してはいても、そこに王権を制約しうる身分制国家と

しての内実はなかったのである。

　つまり独自の代議機関をもたず、ほかの代議機関によっても代表されないという二重の意味で、インディアスは身分制国家の原理が適用されない、スペイン君主国のなかで例外的な領域であった。もちろんインディアスでも、神法と自然法によって制約され、民のために公共善を実現する義務を負うという、伝統的な統治権力観は共有されていた。また、各レベルの統治官には現地の実情にあわない指令は実施をみあわせることが追認されるなど、実態としての王権は制限されていた。それでも、中世以来の官職・制度や国制を表す語彙を転用して複合的な国制のなかに位置づけながらも、身分制国家の原理は排除することで、諸身分による制約を受けない固有の統治空間を王権がヨーロッパ外の征服地に創出しようとした点に、インディアスが近世複合国家のなかで帯びた歴史的個性がある。

4 ｜ 複合国家としてのスペイン君主国の統治

スペイン君主国としての統治体制

　スペイン系ハプスブルク朝はインディアスを含むカスティーリャ王冠とアラゴン王冠の諸王国に加えて、ネーデルラントとポルトガルを継承した。またイタリアでの覇権をフランス王家と争うなかで、1540年にミラノ公国を獲得した。この広大な君主国を統治するための副王が、アラゴン王冠のもとではアラゴン、バレンシア、カタルーニャ、マジョルカ、サルデーニャ、シチリア、ナポリに、カスティーリャ王冠のもとではナバーラ、ヌエバ・エスパーニャ、ペルーに、そして1583年からはポルトガルにおいて任じられた。ネーデルラントとミラノでは総督が副王に準ずる役割を果たした。

　その一方でカスティーリャ王国には副王はおかれず、フェリーペ2世以降、王家は基本的に同国にとどまり、直接に統治した。1561年からは宮廷がマドリードに定まり、スペイン君主国の宮廷都市となった。その宮廷で王による統治を支えたのが顧問会議であり、分野ごとの会議としては国務、軍務、財務、異端審問、宗教騎士団、十字軍の各会議が1520年代にかけて整えられた。とくに国務会議では、スペイン君主国全体の方針とヨーロッパ規模での戦争・外交について、重臣が王を補佐した。

　複合国家としてのスペイン君主国を治めるためには、各地の政体や「法と

特権」、諸身分の実情に即した政策を宮廷で審議する、領域ごとの顧問会議が重要であった。両王期にカスティーリャ会議とアラゴン会議が形成され、16世紀にはインディアス、ナバーラ、イタリア、ポルトガル、ネーデルラントを担当する会議がそれぞれ設置された(ナバーラ会議のみ現地で副王を補佐した)。カスティーリャとインディアスの両会議ではカスティーリャ法曹が登用され、文書行政が整えられた。アラゴン会議の顧問官6人にはカタルーニャ、アラゴン、バレンシアから2人ずつが起用され、マジョルカとサルデーニャを含む各国の政治・社会情勢についての「ローカル・ノレッジ」を宮廷で提供した。1550年代後半に整備されたイタリア会議はシチリア、ナポリ、ミラノを管轄し、各国をイタリアとスペインの出身者の組み合わせで担当した。

諸身分との「同盟」に基づく複合君主政

しかし、王朝と各国を結ぶのは副王と顧問会議だけではなかった。マドリード宮廷と各王国の副王宮廷には各地の貴族・廷臣・聖職者が出仕・伺候しており、彼らが血縁・婚姻・党派関係などを通じて各王国で張りめぐらせる人的ネットワークもその役割を果たした。このネットワークは、さらに王国の枠組みをこえてインディアスを含む諸王国にまたがるだけでなく、複合国家の外部にあるフィレンツェなどのイタリア諸国、教皇庁、オーストリア系ハプスブルク朝などの宮廷にまでつながるものだった。ここに、近世において宮廷のもつ政治上の重要性がある。制度としての顧問会議と副王だけでなく、このような各地の宮廷を結節点とする非制度的な人的ネットワークも介しながら、各地の諸身分と意思疎通し、協調していくことがスペイン君主国の統治には欠かせなかった。

その諸身分にとって、各王国の政体や「法と特権」とは、王権を制約する手段である一方で、君主のもとでの地域秩序のなかでみずからによる民衆支配を保証するものでもあった。王朝と諸身分の協調が機能している限りは、諸身分は在地での支配構造を守るために王朝への忠誠を保ち、結果として複合君主政は近世の統治形態として安定する。税負担への反発や食糧危機から民衆蜂起が生じても、それに諸身分が加担しなければ王権による鎮圧は難しくなく、地域秩序の動揺を嫌う諸身分が鎮定側にまわることも多かったからである。

それに対して諸身分が王朝からの離反にまでいたりうるのは、王朝が政体や「法と特権」を尊重せず、さまざまな回路での意思疎通が機能せずに諸身分との協調が破綻するときだった。その例がネーデルラント（オランダ）、カタルーニャ、ポルトガルである。ネーデルラントではフェリーペ2世の強権的統治に反発して各州の貴族や商人層が1568年から離反し、南部は帰順したものの、北部はオランダとしての独立に向かった。また、1620年代から宰相オリバーレスがアラゴン王冠の諸王国やポルトガルにも軍事負担を求めて反発を受けるなか、カタルーニャでは1640年の暴動をきっかけに諸身分の離反にいたり、翌年に常設代表部がフランス王ルイ13世をバルセロナ伯に推戴してスペイン君主国から離脱した。同じ1640年には、ポルトガル貴族がブラガンサ公を自国独自の王（ジョアン4世）に立てて独立した。

　このうちカタルーニャは、「法と特権」と政体を安堵されて1652年に帰順したが、王朝との協調の破綻を背景とする諸身分の離反が複合国家の危機に直結した点は共通していた。複合国家論に大きく貢献した近世史家エリオットは、各王国の諸身分との双方向的な交渉を通じて諸身分の忠誠が維持されることが王朝による複合君主政を成り立たせていたとし、その関係を「同盟」とも表現して、利害の共有がなければ瓦解しかねない国家間外交のような緊張をともなうダイナミズムをたくみに論じた。諸身分との同盟に基づく近世の複合君主政は、王朝にとっては広域支配を実現できるというメリットがある一方で、諸身分との同盟が破綻したときには一挙に危機に陥る脆さもかかえていたのである。

　しかしエリオットは、このような王権の制約を論じる一方で、スペイン君主国における諸身分や社団はみずからの正当性・正統性を最終的に保証してくれる存在として君主を必要としていた点にも言及し、ヨーロッパでもインディアスでも王の権威が浸透していくことが近世の特徴であったことにも注意を促している。複合国家論は近世国家の複合的な編成や君主主権の実態についての認識を定着させたが、国家が複合的であること自体はさまざまな時代や地域で広く認められる現象である。そのため、近世ヨーロッパに固有の君主主権が理念としてはどのように浸透していったかという観点をあわせもつことによって、ヨーロッパ外での統治空間も含めた近世国家の歴史的個性をそのダイナミズムにおいて認識することが今後の研究には求められるだろう。なお、18世紀以降のスペイン複合国家の変質については、カタルーニャ

とバスクに着目しながら、コラム②で一瞥する。

参考文献

J・H・エリオット（藤田一成訳）『スペイン帝国の興亡——1469-1716』岩波書店、2009年
———（内村俊太訳）「複合君主政のヨーロッパ」古谷大輔・近藤和彦編『礫岩のようなヨ
　　ーロッパ』山川出版社、2016年
H・ケイメン（立石博高訳）『スペインの黄金時代』岩波書店、2009年
立石博高『フェリペ2世——スペイン帝国のカトリック王』（世界史リブレット人52）山川
　　出版社、2020年
———編著『スペイン帝国と複合君主政』昭和堂、2018年
John Elliott, "Revolution and Continuity in Early Modern Europe", *Past and Present*, 42,
　　1969.
———, *Empires of the Atlantic World*, New Haven/London: Yale University Press, 2006.
Fernando García de Cortázar and Manuel Montero, *Diccionario de historia del País
　　Vasco*, San Sebastián: Editorial Txertoa, 1983.
Fernando Bouza, Pedro Cardim and Antonio Feros（eds.）, *The Iberian World, 1450-
　　1820*, New York: Routledge, 2020.
Bartolomé Yun Casalilla（ed.）, *Las redes del imperio*, Madrid: Marcial Pons, 2009.

Column #01

中世後期の東中欧における政体と同君連合

——————————————————————————————————— 藤井真生

　東中欧では14世紀に、民族王朝の断絶を受けて、ポーランド、ボヘミア、ハンガリー、さらにはリトアニア、オーストリアを含めた同君連合が複雑に展開した。同君連合は、すでに成立していた各国の身分制議会を成長させ、逆に議会により支えられた。

民族王朝の断絶

　神聖ローマ帝国の東側に並ぶポーランド王国、ボヘミア王国、ハンガリー王国は、9世紀末から10世紀にかけて、この地域に姿を現した民族王朝（ピャスト朝、プシェミスル朝、アールパード朝）を中心に政体を形成した。ところが、アールパード朝は1301年に、プシェミスル朝は1306年に男系が断絶して王朝が交代し、ピャスト朝も1370年に同じ運命をたどった。400年以上続いた民族王朝の断絶後、この地域では王朝の交代が繰り返される。

　まずハンガリーでは、アールパード朝が断絶した後に、血縁的につながる近隣君主による短い治世をへて、ナポリ王家のアンジュー家カルロが、カーロイ1世（在位1308〜42）として即位した。この家系は、フランス王が、アンジュー帝国のアンジュー伯家から没収した伯領を末弟に与えたことにより始まったものである。

　一方、ボヘミアでは1306年に、プシェミスル朝ヴァーツラフ3世（在位1305〜06）が暗殺されると、ハプスブルク家の介入などを経験した後、ルクセンブルク家ヨハン／ヤン（在位1310〜46）が王妹と結婚して即位した。なお、プシェミスル朝は一時的にポーランド王位（1300〜06）とハンガリー王位（1301〜05）にも就いている。ヨハンの息子カール4世／カレル（在位1346〜78）は神聖ローマ皇帝としても即位し、家門拡張政策の一環として、次男ジギスムントをハンガリー王女マーリアと結婚させ、ハンガリー王位継承への道筋をつくった。

同君連合の成立

　ポーランドではピャスト朝がプシェミスル朝から王位を奪回したが、カジミェシュ3世（在位1333〜70）には男児がなく、彼の姉エルジュビェタとハンガリー王カーロイ1世の息子で、すでにハンガリー王（在位1342〜82）であったラヨシュ1世／ルドヴィクが新たにポーランド王（在位1370〜82）として立った。これによりアンジュー朝はハンガリーとポーランド王位を兼任することになった。ただし、彼にも男児がなかったため、ハンガリー王位は娘マーリア（在位1382〜95）へと継承され、夫のルクセンブルク家ジギスムントもジグモンド（在位1387〜1437）として共同統治を開

56　第Ⅰ部　中世から16世紀へ

始した。彼女が1395年に亡くなるとジグモンドの単独統治となったが、両者の血を引く子がなくアンジュー朝の血統は途絶えた。一方ポーランド王位は、ポーランド貴族身分がラヨシュの末娘ヤドヴィガ（在位1384〜99）を女王に選出した。彼女はリトアニア大公ヨガイラと結婚し、キリスト教に改宗したヨガイラがヴワディスワフ2世（在位1386〜1434）として即位した——同様に共同統治から単独統治へ移行した——。ヤギェウォ朝の始まりである。

　ヤギェウォ朝のポーランド統治は1572年まで続き、この間、ハンガリーとボヘミアも支配した。なお、オーストリアのハプスブルク家も、ヤギェウォ朝以前にルクセンブルク家ジグモンドから継承した両国との同君連合経験をもつ。

身分制議会の発展

　このように14世紀から16世紀にかけて同君連合を経験したポーランド、ボヘミア、ハンガリーだが、同君連合の開始以前に貴族を中心とした身分制（領邦）議会が発展していた。ハンガリーでは1222年に「金印勅書」が発布され、貴族身分が王権を制限した。彼らは13世紀に派閥抗争を繰り広げながらも身分としての成長を遂げ、身分制議会を形成していく。ボヘミアでは、とりわけ1280年前後の国王不在期に有力貴族層が国政経験を積み、さらにルクセンブルク朝成立時に「王位就任文書」が作成されて貴族身分による王権制限がいっそう進展する。ポーランドは長らく分裂状態が続き、王権が相対的に弱体化していた。つまり、14世紀には、各国で貴族が王権に一定の制限をかけ、内政面を担当する政治慣習が成立していたのである。その成立なくしては一人の君主が複数の王国を統治することはできなかったし、逆に、同君連合は貴族に聖職者、都市代表を加えた身分制議会の成熟をもたらすことになった。

参考文献

井内敏夫「中世のポーランドと東方近隣諸国」伊東孝之・井内敏夫・中井和夫編『世界各国史20
　　ポーランド・ウクライナ・バルト史』山川出版社、1998年
薩摩秀登『王権と貴族——中世チェコにみる中欧の国家』日本エディタースクール出版部、1991年
鈴木広和「ハンガリー王国の再編」江川溫編『岩波講座世界歴史8　ヨーロッパの成長』岩波書店、
　　1998年

Column #02

カタルーニャとバスク

内村俊太

　近世複合国家の一つであるスペイン君主国のなかで、カタルーニャとバスクはそれぞれの「法と特権」とそれを守る政体を有していた（第3章参照）。ここでは、近世から近代への移行のなかでそれらがどのように変化したかをみてみよう。

スペイン継承戦争とカタルーニャ

　スペイン継承戦争（1701〜14年）では、フランス・ブルボン朝出身のフェリーペ5世（在位1700〜24、24〜46）によるスペイン君主国の継承をめぐってフランスとオーストリア・イギリス・オランダなどが激突する一方で、カスティーリャは前者、カタルーニャ・アラゴン・バレンシアは後者を支持して戦った。カスティーリャに敗北したカタルーニャなどでは新組織王令によって中世以来の政体が廃止され、カスティーリャの諸制度や、カスティーリャのものを合理化した新税制が導入された。サルデーニャ以東の諸国は割譲されたため、アラゴン連合王国がカスティーリャ王国に統合されることでスペインは中央集権的な国家に転換した。そのなかでカタルーニャは政治的にスペイン国家の一地域に転落したが、18世紀からは綿業などの軽工業を中心とする域内経済の発展により、経済的にはスペイン内の先進地域に成長していく。

カルリスタ戦争とバスク

　バスクは、スペイン継承戦争ではナバーラとともにフェリーペ5世を支持したため、独自の体制の維持を許された。戦後は製鉄や造船を中心に域内経済を発展させ、カタルーニャと並ぶ経済的先進地域として近代を迎えた。19世紀のスペインでは、近代化をめざす自由主義と伝統社会護持の路線対立が王家の跡目争いと結びつき、1830年代から70年代にかけて3次にわたるカルリスタ戦争が起きたが、バスクでは産業化した都市部で自由主義が支持される一方で、農山村では伝統的共同体を守るカルリスタ勢力（立憲君主イサベル2世に対して、その叔父カルロスを支持）が強かった。カルリスタ戦争に勝利した自由主義者がスペイン国家の政権を担うなか、ナバーラでは1841年に、バスクでも1870年代後半に、独自の特権と政体に基づく体制は廃止された。近世複合国家の名残がスペインで最終的に消滅するのは、この時点だといえよう。

地域ナショナリズムと複合国家の遺産

　近代のカタルーニャとバスクは、政治的・制度的な自律を失ってスペイン国家に統合された一方で、経済的には先進地域として繁栄した点が共通している。さらに、

近代国家による移動・就業の自由の確立とあいまって、先進地域である両者には他地域から人口が流入し、言語（カタルーニャ語、バスク語）を核とする地域的一体性への危機感が生まれた点も共通していた。

両地域では固有の言語・文化意識に基づく地域ナショナリズムが19世紀から生まれ、政治的にもスペイン国家内での独自の地位を求めはじめたが、スペイン・ナショナリズムからの反発も受けた。スペイン全体での左右対立とも絡みながら、スペイン内戦（1936〜39年）ではカタルーニャやバスク内のビスカーヤ、ギプスコアは共和国陣営に属し、戦後のフランコ独裁体制下では地域ナショナリズムは強く弾圧された。両地域が自治を認められたのは、フランコ死後の民主化の成果である現行の1978年憲法によって、大幅な内政権限をもつ自治州がスペイン全体で設置された結果であった。

近現代の地域ナショナリズムにとっては、複合国家のなかでの歴史が遺産としての意味をもった。カタルーニャ・ナショナリズムでは、スペイン継承戦争においてバルセローナが陥落した1714年9月11日が歴史の転換点として重視され、カタルーニャ州はこの9月11日を「ナショナル・デー」としている。スペイン内戦でフランコを支援するドイツ軍の空襲で破壊されたゲルニカは、中世にビスカーヤ領としての「法と特権」の尊重をカスティーリャ王が誓った場という、複合国家時代にかけてのバスクの固有性を象徴する街であった。近現代における両地域のナショナリズムの背後では、このような複合国家としての歴史が息づき、また意図的に利用されてきたといえる。この意味で複合国家論は、近現代についてのナショナリズム研究や国民国家論とも接続していく可能性を秘めている。

なお、2010年代からカタルーニャで独立運動が高まりをみせているが、その一因として、経済力のある自地域の税収がスペイン国家によって徴収され、自由に使うことができないことへの不満があるとされる（自治州には国庫から予算が割り振られる）。その一方でバスク州では、19世紀における特権廃止以降も徴税裁量権はバスク側に留保され、バスク側が国庫に負担額を納付する方式がとられている。カタルーニャとバスクの統合プロセスの違いが、歴史的な「奥行き」となって現在のあり方に影響を与えているといえよう。

参考文献

立石博高・奥野良知編『カタルーニャを知るための50章』明石書店、2013年
―――・中塚次郎編『スペインにおける国家と地域――ナショナリズムの相克』国際書院、2002年
萩尾生・吉田浩美編『現代バスクを知るための60章』明石書店、2023年

第Ⅱ部
形成期の複合国家

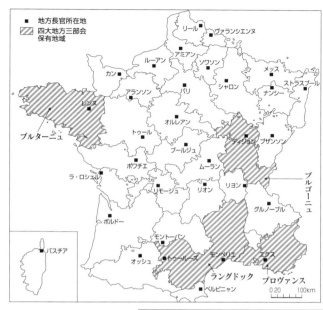

フランスの地方長官管区と主要な地方三部会保有地域
出典：福井憲彦編『世界各国史12 フランス史』山川出版社、2001年、159頁。

ブリテン諸島の4国　出典：岩井淳『ピューリタン革命と複合国家』（世界史リブレット115）山川出版社、2010年、7頁。

第4章

フランスの複合政体
ブルボン王権と地域権力

仲松優子

1 │「絶対王政」理論の誕生の歴史的背景

宗教戦争と主権をめぐる争い

　16世紀後半にフランスでは、王権の支持基盤であったカトリックと、新興宗教としてフランスに広がったプロテスタントとのあいだで宗教戦争が断続的に起きた。第1次（1562〜63年）から第8次（1585〜98年）を数えるにいたった長期にわたる内戦状態のなかで、王権は大きな打撃を受け、社会も疲弊した。この宗教戦争のさなか、1589年アンリ4世の即位により開始されたのが、ブルボン朝（1589〜1792年、1814〜30年）である。ブルボン朝は、フランス革命で途絶えた後に一時復活するが、本章で問題にするのは、革命まで続いたブルボン朝である。

　このブルボン朝の成立前後において、王権を支えた政治派閥が、ポリティーク派と呼ばれる一派であった。ポリティーク派は、カトリック陣営にもプロテスタント陣営にも与せずに、王権の権威を強化することによって事態を打開し、国内の平和を打ち立てようとした。その政治思想家として代表的な人物がジャン・ボダン（1530〜96）である。ボダンが著した『国家論』（1576年）は、フランスにおいて、近代的な主権観念がはじめて明示された書物とされている。このなかでボダンは、主権を統治権力として定義し、そしてこれを行使するものとして国王を位置づけた(1)。国王を主権者とするボダンの思想は、宗教戦争期の王権を支え、そしてその後のブルボン朝の時代においても、王権の「絶対性」を担保する理論として、のちの政治思想家たちに受け継がれていった。

統治の実態の解明へ

　ここで重要な点は、国王を主権者とする政治理論は、宗教戦争期という社

会が混乱し政治状況が不安定ななかで生まれたものであるということである。宗教戦争期およびその後の社会を、王権のもとに秩序化しようと考えた政治派閥は、王権のもとに集権化していく国家を理想像として描き出した。こうした政治思想家の言説に基づき、後代の多くの歴史家たちは、フランスに強い王権が存在していたと考え、そのもとでフランスが順調に近代国家への道を歩んだとする見方を示してきた。しかし、当時の思想家たちの著作は、王権を頂点とする秩序を作り出すことを意図して生み出されたものであり、書物の書かれた歴史的背景や著者の政治的立場を抜きにしてこれを理解することはできないだろう。こうした王権側に立つ政治思想家の言説を、当時のフランス王国の実態と同一視してはならないのである。

　本章では、「絶対王政」が生まれ、そしてその典型として発展した国として、現在でもイメージされることの多いブルボン朝時代のフランスについて、王権による統治の実態に光をあてていく。ブルボン朝のもとでは、とくにルイ14世（在位1643〜1715）の治世を頂点として、「絶対王政」が展開したと一般的にいわれているが、このルイ14世の時代も含めて、フランス王国の地域の多様性は消滅することはなかった。本章では、フランス王国内の地域の多様性や王権に対する自立性がどのようなものであったのかという点をみていき、そこから複合的な政体として、ブルボン朝時代のフランスを捉えてみよう。

2 ｜ 地方三部会による王権への制限

地方三部会の権限と活動

　16世紀末に開始されフランス革命まで続いたブルボン朝のもとでは、じつは、その前から地域に存在していたさまざまな権力や組織が、王国の政治において大きな影響力を保ち続けた。ここでは、王権を制限し、地域の自立性を支えた、地方三部会と高等法院という二つの機関についてみていきたい。

　一般的にフランスの「三部会」といえば、フランス革命の開始の舞台となった全国三部会を思い浮かべるだろう。全国三部会は、1614年から15年にかけて最後に開催されて以降、1789年5月までのおよそ170年間、開催されることがなかった。多くの研究は、長期にわたってこの全国三部会が開催されなかったことを、フランスで「絶対王政」が成立し、王権による集権化が進んだ証拠とみなしてきた。

第4章　フランスの複合政体　63

しかし、近年の研究によって、王権による地方の同意を調達する場として、地方三部会が機能していたことが重視されるようになった。地方三部会を保有する地域は、1789年の段階で王国のおよそ三分の一の領域に広がっていた[Cabourdin and Viard 1998, p. 159]。この地方三部会は、各地域がフランス王国に併合される以前に保有していた議会が起源となっている場合が多く、聖職者と貴族、都市などの代表者からなる身分制議会であった。

　地方三部会のもっとも重要な権限は、その地域の課税額を王権とのあいだで交渉し、さらにはその管区内部における共同体ごとの税配分を決定すること、そしてその徴収業務をおこなうことであった。地方三部会は、こうした王権によって課された税以外にも、地方三部会自体が使用するために税を徴収することが可能であり、独自の財源をもっていた。地方三部会は、これをもとに橋や道路の建設・維持、産業育成のための補助金の支出をおこなうなど、地域独自の経済政策を実施した。また、王権が18世紀後半に財政難に陥り、銀行家からの信用を失っていくなかで、地方三部会は国王にかわって公債を発行して資金を調達しており[伊藤 2010年]、王権がみずからの財政の運営のなかで、地方三部会を頼りにしていたことを示している。

　地方三部会は、このような経済の領域だけでなく、政治の領域でも大きな影響力をもっていた。地方三部会は、地域の問題の解決のために関係諸権力への請願活動をおこない、会期後には管区内の共同体からあがってきた請願をもとに、陳情書を作成してヴェルサイユやパリに持参し、国王や各種大臣と直接交渉をおこない、国王から回答を得て帰還していた。この請願活動の結果、時には王令の発布を勝ち得ることもあり、地方三部会は王国内の立法行為にまで関与していたといえるのである(2)。

地方三部会に対する王権の態度

　このような交渉力をもった地方三部会を、国王は自身の権力に対抗するものとして認識していたのだろうか。たしかに、王権による地方三部会に対する廃止への圧力は、ルイ13世時代の1630年前後に強まっていた。しかし、その後のルイ14世の治世、およびその後の時代においても、これに匹敵するほどの抑圧はみられないという[伊藤 2001年; Swann 2003]。18世紀には、地方三部会はむしろその活動領域を広げており、王権にとっても有用な機関として位置づけられていったことが看取される。

64　　第Ⅱ部　形成期の複合国家

王権が地方三部会に対する態度を変化させていったことは、王権が18世紀後半に、地方三部会を保有していなかった地域において、類似した議会の設置を模索していたことにも表れている[Swann 2006]。1778年および87年には、「地方議会」という名の新しい議会を、地方三部会をもっていなかった地域に設置することが命じられていた[Barbiche 1999, pp. 102-105]。結局、この新しい議会については、身分制を採用するかどうかなど、開催方式をめぐる議論が生じ、また新議会を危険視した地域権力の反発を受け、議会は一部の地域に設置されるにとどまった。

　しかし、ここから読み取れることは、王権の側は積極的に議会を増設する方針であったことだろう。新しい議会を、旧来の地方三部会と同じものにするか、あるいは新しい議会に刷新するかをめぐって意見が対立していたものの、王権が政治をおこなうにあたって、地域の同意を取りつけることを重視していたことがうかがえるのである。

地方三部会の自立性をめぐる論争

　このように18世紀に活発に活動していた地方三部会だが、王権とどのような関係にあったのかという評価の点において、研究者の意見が対立していることを最後に確認しておこう。2000年代以降の地方三部会研究の刷新のなかで、その最初の研究としてあげられるマリー＝ロール・ルゲーの研究は、現在のベルギー国境近くのアルトワ地方、カンブレジ地方、フランドル地方の三部会を対象とし、三部会が18世紀に活発に活動したことを確認している。しかし、結論としては、地方三部会が国王の有効な代理人として働いていたと主張しているのである[Legay 2001]。これに対して、ジュリアン・スワンは、みずからの研究対象であるブルゴーニュ地方を事例として、地方三部会は王権とのあいだの交渉の場として意味をもち、ブルゴーニュ地方は三部会をとおしてかなりの自治を享受したとしている[Swann 2006]。

　地方三部会は、王権の意思を地方に広げる役割を果たしたのだろうか。それとも地域の自立に寄与したのだろうか。おそらく、両方の側面があったと考えることは可能である。しかし、地方における王権の行使が、地方三部会や、後段で述べる高等法院といった、各地域に設置されていた合議体をとおしておこなわれていたことは、「絶対王政」の実態を考えるうえで、重視されなくてはならないだろう。

第4章　フランスの複合政体　　65

3 ｜ 高等法院による王権への制限

高等法院の権限と「絶対王政」

　王権を制限し、地方の自立性を担保した機関としてもう一つ、高等法院についてみていこう。高等法院は、14世紀初めにパリに創設され、15世紀以降は各地方や、新たに王国に編入された地域に増設されていった。1789年の段階で、全国で13の高等法院を数えるにいたっている[Barbiche 1999, p. 106]。

　高等法院は、それぞれの管区で裁判所として業務をおこない、そこではほぼ最終審に相当しただけでなく、登録権と建白権という大きな権限をもっていた。登録権とは、王令の是非を議論し認可する権限であり、建白権とは、王令の内容について意見を述べる権限である。こうした権限に基づいて、高等法院は国王の立法行為に介入した。国王は、王令の登録を拒否する高等法院に対して、国王自身や王族あるいは王権の代理人が臨席し登録を強制的におこなわせる親臨座を開くことも可能であったが、すべての案件にこの権力を行使することはなかった。王令は、各地方に設置されていた高等法院で登録されてはじめて、その管区において有効性をもったのであり、近世フランスにおいて地方ごとに法や制度が異なっていたのは、この法制定のシステムに原因があった。

　高等法院は、上記の登録権と建白権を、「絶対王政」の最盛期といわれるルイ14世時代にも保持していた。たしかに、ルイ14世時代には、1667年民事訴訟王令および1673年2月24日王令によって、王令の登録手続きについて法規定が設けられ、高等法院は王令を登録した後の限られた期間にのみ、建白が可能となった[Antoine 1993; Barbiche 1999, pp. 110-111]。ルイ14世時代のパリ高等法院は、これを受けて建白の活動を低下させている。しかし、地方に設置されていた高等法院の方は、建白をそれ以前と同じようにおこない続けたことが、各地方の高等法院に関する研究で明らかとなっている[Antoine 1993; Bidouze 2000; Le Mao 2007]。

　この高等法院の建白権に対する制限措置は、ルイ14世が死去した直後の1715年には撤回され、高等法院は再び王令の登録前に建白をおこなう権利を回復させた。そして18世紀後半になると、王権と高等法院の対立は激しいものとなっていく。王権は深刻な財政危機のなかで、聖職者や貴族の免税特権の廃止を含む税制改革をはかったが、高等法院は登録権と建白権を駆使し、

こうした税制改革をことごとくはねつけ、王権による改革を阻止した。こうした事態の打開のために、王権は高等法院にかかわる二つの司法制度改革に着手していった。

　大法官モプーによる改革（1771〜74年）では、高等法院の登録権と建白権は維持されたものの、権限および構成員の削減や変更が実施され、廃止に追い込まれた高等法院もあった。さらに革命直前には、国璽尚書ラモワニョンによる改革（1788年）において、再び高等法院の権限の縮小が試みられた[Barbiche 1999, p. 112]。しかしいずれの改革も失敗に終わり、王権は抜本的な財政改革を実行できず、この問題の解決のために、1789年に全国三部会を開催するにいたったのである。

政治主体としての高等法院

　このように高等法院は、フランス革命にいたるまで、王権を制限しうるほどの強力な権限をもち続けた。また王権が、ここでもつねに高等法院やこれにかわる機関から、みずからの政策に対する承認を得ようと努めていたことは、フランス「絶対王政」の政治文化の特徴として、考慮しなくてはならない重要な点といえるだろう。

　近年の研究は、このような王権を制限する高等法院の役割を強調するにとどまらず、ここからさらに踏み込み、高等法院がみずから政治に関与しようとした主体性に関心を寄せている。スワンは、王権とこれに対抗する高等法院といった、フランス政治史で繰り返されてきた歴史叙述では、両者の複雑な関係はみえなくなってしまうと指摘している(3)。近年の研究は、王権と高等法院の関係を、王権の一方的な支配の強化とこれに対する反発としてではなく、相互の交渉や協働、妥協や調整といったものから理解しようとするにいたっている(4)。高等法院を単に王権の政策の受け手としてではなく、政治的主体とみなし、両者がともに作り出した政治を解明しようとする方向にあるといえるだろう(5)。

　また、これまで王権との関係のなかでとくに重視されてきたパリ高等法院ではなく、地方高等法院の活動に光をあてた研究が増えてきたことも近年の傾向である。そのなかで、単に地方高等法院が国家レベルの政治にいかにかかわったのかという点を問題にするだけでなく、高等法院が設置されていた都市や地域の政治のなかで展開した、多様な諸権力との対立や競争、連帯の

第4章　フランスの複合政体　67

詳細が明らかになってきている(6)。

このように、地方高等法院は、王令を吟味してその管轄地域に適用するかどうかを決定する権限を革命まで保持し、王権を制限しあるいは地域独自の活動をおこなうほどの強い影響力をもっていた。フランス王国の各地方は、こうした高等法院の管轄下にあって、多様な法制度のもとにあったのである。

4 │ 複合政体と交渉の政治

地域の多様性と複合政体

以上のように、王権を制限した機関として、地方三部会と高等法院の権限や、実際の政治や社会において果たした役割、王権との関係をみてきた。このような機関に支えられて、フランスのブルボン朝時代には、地域の多様性がフランス革命まで存在していたということができるだろう。

近年のフランス史研究においては、こうした地域の多様性や自立性に対する関心が広がり、多くの研究が生み出され、これまでの歴史叙述の見直しが促されている。ただし、その研究成果を、ヨーロッパ近世史で近年注目を集めている「複合国家」や「複合君主政」といった用語で整理する研究は、現在のところほとんど見あたらない(7)。しかし、ブルボン朝時代のフランスを、王権のもとに中央集権化したものと理解するよりも、地域の多様性が集積した複合政体とみなす方が、実態に近い把握といえるのではないだろうか。

地域内部の権力闘争と王権

ただし、王権のもとへの中央集権化に対抗する地域という視点から、権力構造を理解しようとする際には、注意も必要である。多様な地域の視点から「絶対王政」を捉える研究の出発点として、ウィリアム・ベイクの研究をあげることができるが[Beik 1985]、ベイクはルイ14世時代のラングドック地方エリートが、地方三部会をとおして王権と交渉をおこない、王権によって一方的に抑圧されていたのではなく、みずからの利益をここから引き出していたことを明らかにした。この研究以降、多くの研究が交渉や協働をキーワードに近世フランスの権力構造を説明するようになった[Beik 2005]。すでに本章で地方三部会研究者として紹介したスワンも、こうしたベイクの交渉を重視する政治構造の捉え方には賛同している。しかしスワンは、ベイクが「地

68 第Ⅱ部 形成期の複合国家

方エリート」を一体化したものとみなしていることに対して批判を向けている。スワンは、地域内部のさまざまな個人や集団の利害の対立や競合関係を踏まえたうえで、これらの諸個人や諸集団と王権との関係を分析することが必要であると主張している(8)。

　王権と交渉していたのは、一枚岩の「地域」や「地方」ではなく、地域に存在したさまざまな個人や集団なのである。地域の多様な個人や集団は、地域内部の権力争いのなかで優位性を得るために、時に応じて王権と交渉し協働していた。そして、このことが諸個人や諸集団の自立性を生み出し、同時に王権の存在を認め、王権による統治を支えることにもつながっていったのである(9)。「地方」や「地域」を、単一の利害から構成される一体化したものとして想定するのではなく、その内部のさまざまな個人や、社会集団、組織といったものに目を向ける必要があるといえるだろう。これによって、フランスのブルボン朝時代の「絶対王政」を、多様な地域の視点から捉え直すことが可能となり、そしてそれと同時に、王政が維持された仕組みと崩壊の理由もまた浮かびあがってくるのである。

註

（1）　佐々木毅『主権・抵抗権・寛容――ジャン・ボダンの国家哲学』岩波書店、1973年；成瀬治「ジャン＝ボダンにおける『国家』と『家』」『法制史研究』34号、1984年。

（2）　Julian Swann, "Le roi demande, les états consenté: Royal Council, Provincial Estates and Parlements in Eighteenth-Century Burgundy", in David Hayton, James Kelly and John Bergin (eds.), *The Eighteenth-Century Composite State: Representative Institutions in Ireland and Europe, 1689–1800*, New York: Palgrave Macmillan, 2010; Arlette Jouanna, "Les relations directes avec la Cour", in Stéphane Durand, Arlette Jouanna, Élie Pélaquier and al. (eds.), *Des États dans l'État: Les États de Languedoc, de la Fronde à la Révolution*, Genève: Droz, 2014.

（3）　Julian Swann, "Repenser les parlements au XVIIIᵉ siècle: du concept de 'l'opposition parlementaire' à celui de 'culture juridique des conflits politiques'", in Alain Lemaître (ed.), *Le monde parlementaire au XVIIIᵉ siècle: L'invention d'un discours politique*, Rennes: Presses Universitaires de Rennes, 2010. スワンは、18世紀の高等法院と王権のあいだの政治対立は、健全な政治システムではどこでもみられる典型的な交渉であるともいっている。

（4）　Gauthier Aubert, "Introduction", in Gauthier Aubert and Olivier Chaline (eds.), *Les Parlements de Louis XIV: Opposition, coopération, autonomisation ?*, Rennes: Presses Universitaires de Renne/Société d'histoire et d'archéologie de Bretagne, 2010.

（5）　こうした見方への批判として、パリ高等法院を対象としたジョン・ハートの研究が

ある。ハートは、ルイ14世は高等法院から政治的権力を奪い、経済的にも搾取することに成功したとしている。John J. Hurt, *Louis XIV and the Parlements: The assertion of royal authority*, Manchester and New York: Manchester University Press, 2002. こうしたハートの主張には、ウィリアム・ベイクから反批判が出されている（Beik［2005］）。

（6）　Serge Dauchy and Hervé Leuwers, "Introduction", in Hervé Leuwers, Serge Dauchy, Sabrina Michel and al. (eds.), *Les parlementaires, acteurs de la vie provinciale: XVIIe et XVIIIe siècles*, Rennes: Presses Universitaires de Rennes, 2013.

（7）　「複合君主政」をめぐる研究史については、仲松［2017a］で詳細を論じた。

（8）　Julian Swann, "'Une source intarissable de querelles et de divisions': Parlement et États provinciaux en Bourgogne sous le règne de Louis XVI", in Hervé Leuwers, Serge Dauchy, Sabrina Michel and al.(eds.), *Les parlementaires, acteurs de la vie provinciale*, Rennes: Presses Universitaires de Rennes, 2013.

（9）　ラングドック地方を対象とした実証研究として、仲松［2017b］。

参考文献

伊藤滋夫「中・近世ラングドックの直接税収取機構の変遷」『愛知県立大学外国語学部紀要（地域研究・国際学編）』33号、2001年

───「18世紀フランスにおける戦時公債と金利生活者──ラングドックの場合」『愛知県立大学外国語学部紀要（地域研究・国際学編）』42号、2010年

仲松優子「複合君主政と近世フランス──ヨーロッパ近世史研究とフランス近世史研究の接続の可能性」『北海学園大学人文論集』62号、2017年 a

───『アンシアン・レジーム期フランスの権力秩序──蜂起をめぐる地域社会と王権』有志舎、2017年 b

───「フランス革命前後の主権のあり方を考える──歴史学からのアプローチ」佐藤貴史・仲松優子・村中亮夫編『はじめての人文学──文化を学ぶ、世界と繋がる』知泉書館、2018年

Michel Antoine, "Les remontrances des cours supérieures sous le règne de Louis XIV (1673-1715)", *Bibliothèque de l'école des chartes*, 151-1, 1993.

Bernard Barbiche, *Les institutions de la monarchie française à l'époque moderne*, Paris: Presse Universitaire de France, 1999.

William Beik, *Absolutism and Society in Seventeenth-century France: State Power and Provincial Aristocracy in Languedoc*, Cambridge: Cambridge University Press, 1985.

───"The Absolutism of Louis XIV as Social Collaboration", *Past and Present*, 188, 2005.

Frédéric Bidouze, *Les remontrances du parlement de Navarre au XVIIIe siècle*, Biarritz: Atlantica, 2000.

Guy Cabourdin and Georges Viard, *Lexique historique de la France d'Ancien Régime*, Paris: Armand Colin, 1998.

Stéphane Durand, Arlette Jouanna, Élie Pélaquier and al. (eds.): *Des États dans l'État: Les États de Languedoc, de la Fronde à la Révolution*, Genève: Droz, 2014.

Marie-Laure Legay, *Les États provinciaux dans la construction de l'État moderne aux*

XVIIe et XVIIIe siècles, Genève: Droz, 2001.

Caroline Le Mao, *Parlement et parlementaires: Bordeaux au Grand siècle*, Seyssel: Champs Vallon, 2007.

Julian Swann, *Provincial Power and Absolute Monarchy: The Estates General of Burgundy, 1661-1790*, Cambridge: Cambridge University Press, 2003.

――― "Les États généraux de Bourgogne: un gouvernement provincial au siècle des Lumières", *Revue d'histoire moderne & contemporaine*, 53-2, 2006.

第5章

ネーデルラントの複合国家
反乱からオランダ独立へ

望月秀人

1 │ 15〜16世紀のネーデルラント

　現在のベネルクス三国にあたる地域、いわゆるネーデルラント(低地地方、低地諸州)の地域的統合が進展したのは、ブルゴーニュ公国の時代からハプスブルク領時代にかけてである。ブルゴーニュ公家はフランスのヴァロワ王家の傍系にあたり、15世紀には神聖ローマ帝国内の現在のベネルクス三国のみならず、フランス東部、フランシュ・コンテにまで版図を拡大した一方、リエージュ、ユトレヒト、フリースラント、ヘルレ(ヘルデルン)はいまだ支配できていなかった。ブルゴーニュ公たちは全国議会などを設置することで、これらの領域の統合を進めていった。全国議会はネーデルラントの身分制議会であり、君主が宣戦や講和などの国家的重大事や臨時税の調達の際に、臣下の同意を得るために不定期に開催したものである。

　しかし1477年、ブルゴーニュ公シャルル突進公(在位1467〜77)が一人娘のマリーを残して戦死したことで、フランス王は公国を接収しようと軍事侵攻をおこない、王が実効支配していなかったフランス東部地域を正式に占領した。マリーはこれに対抗して、オーストリア・ハプスブルク家のマクシミリアン1世と結婚し、神聖ローマ帝国領内の低地地方の領土を確保した。この際、彼ら夫婦は低地諸州の特権を認める「大特権」を付与しており、その第13条には、州議会と全国議会があらかじめ君主の同意を得ずとも、自由な時と場所において自主的に集会を開催することのできる権利が記されていた。

　マクシミリアン夫妻の孫カールはこの低地地方で生まれ育ち、1516年に母にかわってスペイン国王カルロス1世として即位したのち、19年には祖父の跡を継ぐかたちでハプスブルク領を支配し、さらに神聖ローマ皇帝カール5世として即位(皇帝在位1519〜56)している。こうして彼はアメリカ大陸を含む広大な領土の君主となり、領内を絶えず移動しながら統治することになっ

た。君主不在が常態化したハプスブルク領ネーデルラントは、彼のかわりにブリュッセルの執政により統治されることになり、1531年にはおもに上級貴族からなる国務評議会と、専門家からなる財務・枢密評議会が、執政を補佐する機関として設置された。他方、州には州議会のほかに州総督がおかれ、上級貴族がその地位に就いていた。その後、カール5世はフランドルとアルトワをフランス領から神聖ローマ帝国に組み込み、フリースラントやユトレヒトも支配下におさめ、さらに1543年にヘルデルンを併合して、リエージュを除き、ネーデルラントの統一をほぼ達成した。16世紀にはこの地域がまとまったかたちで地図に描かれ、一体性の意識を喚起した。

　このように、ネーデルラント地域は15～16世紀に統合され、地域全体を統括する機関も君主によっておかれたが、それによって各州の特権や独立性が失われたわけではなかった。注意すべきは、ネーデルラントが広大なハプスブルク複合国家に組み込まれたことで、君主の帝国政策と全国議会の志向する政策とのあいだにずれが生じたことである。君主は非ネーデルラント人のブレーンの助言を受けながら、全ヨーロッパ規模での覇権政策を推進したものの、全国議会や各州議会は、自身と無関係な軍事のための課税を拒否し、自州の官職によそ者を就任させない権利を主張したのである[Koenigsberger 2001]。このようなネーデルラントの自立性が、カールにとって好都合に働く場合もあった。例えば、それらの地域の領主が、皇帝カール5世とフランス王フランソワ1世との講和に際して、講和の仲介をするような、自立的な動きもみられたのである[加来 2016年]。

2 ｜ ネーデルラントの統合

君主称号と地域呼称

　この時点でのネーデルラント地域の統合の実態を考えるとき、君主称号と、この地域一帯を示す地域呼称の問題に注目することが有益であろう。まず、当時の国家は地域ごとに独自の法圏をもつことが常態であり、君主はそうした多様な地域を戦争や継承によって支配する際、地域の法慣習を承認して統治することが多かったため、君主の称号にはそれらの多様な地名が列挙されていた(1)。ここからも明らかなとおり、当時のネーデルラントは一体の地域ではなく、単なる各州の集まりとして把握されていた。カールは、帝国の

第5章　ネーデルラントの複合国家　73

他の地域と同じように、ネーデルラントを王国に変える試みも断念している。

　ハプスブルク領ネーデルラント地域全体を示す地域呼称も、当時は定まっていなかった。そのような呼称として、ブルゴーニュ公国に由来する「こちら側の地」(フランスとの関係による)や「ブルグント」、古代史に由来する「ガリア・ベルギカ」や「ベルギー」、領内の中心地に由来する「フランドル」や「ブラバント」、言語に由来する「低地ドイツ」、地形に由来する「低地地方(ネーデルラント)」——これではドイツ領のニーダーライン地方まで含んでしまうので、「低地地方の世襲領」「フェリーペ王に属する低地地方」という呼称もあった——、領土の数に由来する「17州」などの呼称が、中世から16世紀にかけて混在していたが、いずれも正式の呼称とはならなかった。「17州」も実際には正確に確定することはできず、むしろ象徴的な意味合いが強く、低地地方の外まで広がるかつてのブルゴーニュ公の領土にも、ハプスブルク領ネーデルラントにも、ともに使用された。この二つの領土にはずれがあるが、後述するブルグント管区構成州から低地地方以外の諸州を引いた数が17に近いため、この用語が継承されたのではないかとの説もある[Duke 2009]。

各州の利害のずれ

　実際に、これらの諸州の利害も一致してはいなかった。諸州の国防上の仮想敵は一致しておらず、社会層も異なっていた。歴史家ヴァン＝ニーロップはつぎのように述べている。

　　大貴族に属する財産の大半はライン・マース両河川の南部に位置していた。他方、様々な概して偶然の理由により、数家系の大貴族のみが、後にネーデルラント連邦共和国を形成する北部諸州の出身であった。ホラントとゼーラントでは、15世紀の間に貴族層を形成する家系(ヴァッセナール、クリュイニンヘン、ボルッセレといった旗騎士と、ブルグント公家の庶子分枝)は断絶した。ユトレヒト、ヘルダーラント、オーフェルエイセルは無数の貴族のいる田園地帯だが、それらはカール5世のブルグント家産に最近付け加わったにすぎない(それぞれ1528年と1543年に)。…(中略)…最後に、遠く北東の、フリースラント・フローニンヘン諸州では、封建的関係は存在せず、貴族が州身分制議会で代表されることもなかった。それ故に北部諸

州に住む少数の貴族は、反乱の結果とはみなしえない。しかし私たちが見るように、南部諸州の高位貴族の優位が、衝突の進路とその帰結の双方に重要なインパクトを持つことになる(2)。

これらの貴族は、互いに姻戚関係や恩顧関係(教会にもおよぶ)で結びついており、それらを買収や人間関係を通じて操作することにより、君主の統治や反乱への動員が可能になったのである[Koenigsberger 2001]。

以上のように、もともとネーデルラント地域に固有の一体性は存在せず、またフランスとの歴史的つながりも個別領主のあいだでは生きており、ハプスブルク王朝による制度整備のなかでようやく地域統合の萌芽がみられる程度のものでしかなかったのである。

3 │ オランダの「独立」過程

スペイン領ネーデルラント

前述のように、対内的にも対外的にも一体性のある地域とはいいがたかったネーデルラント諸州が、共同でスペイン国王に対する反乱(3)を企図するにいたったことには、以下のようにスペイン政府が諸州にとっての「共通の敵」とみなされる過程が存在した。

まず、スペインとネーデルラントとの関係を確認したい。1548年、アウクスブルク協約(ブルグント協約)で、この地域にブルグント管区がおかれた。帝国クライス(管区)制度は、神聖ローマ帝国の一体性を強めるためにおこなわれた15世紀末の帝国改革の一環として導入された制度であり、帝国を10の管区に分けて立法や防衛などの任務を委任する制度であった。その際、ネーデルラント地域は高額の帝国税を支払う一方、カール5世の息子フェリーペ2世(在位1556～98)の系統であるスペイン・ハプスブルク家に譲渡され、カールの弟の系統(オーストリア・ハプスブルク家)が継承した、神聖ローマ皇帝の裁判権の管轄外とされた。「ネーデルラントはこの協約によれば、皇帝と帝国が高権や統治権を主張できない、自由で主権的な君主国とみなされた」[Arndt 1988, S. 36]。そのうえで、翌年11月には「17州」の一体不可分継承規定を含む国事詔書が制定されている。

近代的発想で物事をみがちな私たちからすれば、ネーデルラント地域はこ

第5章　ネーデルラントの複合国家　75

の時点で神聖ローマ帝国を離脱したようにみえるが、地域ごとに独自の法圏をもつことが常態であった当時の国家観によれば、ネーデルラントはスペイン領であると同時に神聖ローマ帝国領でもあり、後者との「結びつきの諸要素としては、帝国の封主権、「下ブルグント世襲領」管区の構造、帝国議会投票権、担税義務、そしてこれと関連して、帝国最高法院の財政的要求に服することのみが残った」[Arndt 1988, S. 36]とみられるのである。

ネーデルラントの反乱

　では、カール5世以来の異端取締り政策とともにこのような地域を継承したフェリーペ2世は、なぜ反乱を招いたのだろうか。彼が政治的境界線と対応した新司教区の設定や司教任命権の獲得などの、宗派問題のかたちをとった集権的政策を企図したことは、地域の教会に慣習的に利権を確保していた在地貴族の反感を買うことになった。1567年、武断派の執政アルバ公のもとで、特権に反してカトリック貴族のエフモント伯を含む多くの人々が処刑されたことや、すでにドイツに逃亡していたオラニエ公ウィレムにも所領没収などの判決がくだされたことが、翌年からのオラニエ公主導の反乱の原因となった。このように、オラニエ公らによる反乱は、宗派問題のかたちをとっていたとはいえ、まず第一にスペイン王の専制に対する抵抗であった。実際、ネーデルラント北部＝オランダの主流がカルヴァン派、南部＝ベルギーの主流がカトリックという宗派の色分けは、戦争の過程での亡命者の流れやその後の宗派化政策によるところが大きく、戦争の原因ではなく結果にすぎない。オラニエ公は反乱初期にはスペイン軍に敗退しており、態勢挽回のために少数派だが好戦的なカルヴァン派と同盟を結ばざるをえなかった。1572年の海乞食党による海上封鎖がホラント・ゼーラント州の都市を反乱側に追いやったことに加え、スペイン兵による狼藉が各地で反発を買ったことなどで、ようやく彼は活路を見出したのである。反乱側はスペインによる異端審問の恐怖をプロパガンダにも活用し[Duke 2009]、こうしてネーデルラント反乱は宗教戦争化していった(4)。

　1576年、自主的に集会を開いたブラバント州議会が国務評議会を動かし、全国議会の開催を主導した。全国議会はオラニエ公とも連携しつつ、反乱二州と他の諸州とのあいだでヘントの和平を実現する。彼らは、カトリック・プロテスタント双方への迫害禁止などの宗派的現状維持政策のもと、スペイ

ン軍の撤退を要求することで一致した[Kossman and Mellink（eds.）1974, pp. 126-132]。しかし、執政による切り崩し工作や、フェリーペ2世の甥パルマ公による反攻のなかで、南部諸州は1579年にアラス同盟を結んでスペインと講和する。それに対して、北部諸州はユトレヒト同盟を結成して対スペイン戦争の継続を確認し、オラニエ公もそれを承認した[Kossman and Mellink（eds.）1974, pp. 165-173]。規約第13条においては、「各人が自己の宗教において自由であることができ、かつなんぴとも宗教を理由に追捕されたり審問されたりしないことを条件」として、各州独自の宗教規則の制定権が掲げられている[Kossman and Mellink（eds.）1974, pp. 169-170]。またこの年、皇帝と選帝侯をケルン講和会議の仲介者として招いていたこともあり、この同盟規約の前文の末尾には、「彼らは神聖ローマ帝国からの離脱を希望するわけではない」との但し書きがある。その後、オラニエ公は外国君主による援助に期待して、外国からネーデルラントの新君主を招聘しようとはかり、1581年にはついに全国議会がフェリーペ2世に対する国王廃位布告を決議した。しかし、これは臣民保護の義務を果たさない暴君フェリーペの廃位宣言ではあっても、オランダの「独立宣言」ではなく、神聖ローマ帝国からの離脱宣言でもなかった[Kossman and Mellink（eds.）1974, pp. 216-228]。結局、1584年のオラニエ公ウィレムの暗殺後、外国から君主(イングランドのレスター伯など)を招くことに失敗した北部諸州は、やむなく共和政を選択するにいたった。

　1588年以降の国際情勢は北部諸州に有利に働き、1596年のフランス・イングランドとの同盟につながり、1609年にはスペインとのあいだで十二年休戦条約が結ばれた。こうしてイングランド・フランスと対等に交渉し、スペイン政府からも事実上独立国として承認された北部7州は、ネーデルラント連邦共和国(オランダ共和国)となった。その後、三十年戦争と連動しながら戦争は再開され、1648年の国際的な独立承認時には、同国は北部7州とドレンテ準州、連邦直轄領(ブラバント、リンブルフ、フランドルの一部)を含めた領域となっていた。しかし注意すべきは、オランダはこの後も帝国離脱宣言は出しておらず、ドイツのプロテスタント諸侯の援助を得るための活動は継続していたという点である。

4 | 国家統合の紐帯とその限界

「パトリオット」と主権

　以上の過程をへて独立したオランダにとって、統合の紐帯となったものは何だろうか。

　まずこの反乱の時期、反乱者たちは「パトリオット」を自称しはじめていた。この単語は現在では「愛国者」と訳されるが、近世ヨーロッパの「パトリア」は、ある人の「生誕地、故郷」を意味する言葉であり、16世紀には村から国をへて天国にいたるまでの多元的な「パトリア」のヒエラルキーが存在した。ただし、生まれは決定的ではなかったようで、オラニエ公ウィレムは彼の『弁明』のなかで、フェリーペ2世も自分もたしかにハプスブルク領ネーデルラントの外で生まれているが、自分は11世紀以来ネーデルラントに所領をもつ家の出身であるから、フェリーペよりも「よそ者」ではなく、ネーデルラントを「祖国」と呼ぶ権利があると主張している。こうした用語法の延長線上に、ネーデルラントの反乱者たちは、「西インドと同じく」「スペインの暴君」により「奴隷化」されかけている「共通の祖国」を救おうとする「パトリオット」を自称したのである。ネーデルラント内部の複合的性格ゆえに、この「祖国」の正式名称が決まっていなかったことも、「パトリオット」を選択する背景にはあった。こうしてネーデルラントは「共通の祖国」として提示され、「国父」オラニエ公を中心とする反乱者たちの統合に役立ったものの、「ネーデルラント諸州は、地理的に相互に近接している点と、同じ君主への忠誠以外に、共通点がない」という批判を封じることは難しかった[Duke 2009, pp. 57-76]。

　16世紀末に君主推戴を諦めた後、君主の地位や主権論との関係で、オランダの国制をめぐる論争が生じている。まず、レスター伯がイングランドに帰国した後、国務評議会のイングランド人メンバーであったトマス・ウィルクスは、1587年3月に全国議会とホラント州に意見書を送り、登場したばかりのボダンの主権論をもとに彼らを批判した。彼によれば、正統君主の不在時には、主権は民衆にあり、その「奉公人、大臣、代理人にすぎない」全国議会は主権を体現する立場にはない。総督は、「主権の保護者にすぎない」。レスター伯に「全般的で絶対的な命令権を与える」なら、「高権ないし主権におよぶあらゆる事柄について行動をとること」が彼に許されるという[Kossman and Mellink（eds.）1974, pp. 272-273]。それに対して、ホラント州の立場を代弁するフランクは、都市当局と貴族が長年にわたり主権をもち、それを伯たちに委譲してきたのだと説いて、人民主権と議会主権に矛盾がないことを説いている[Kossman and Mellink（eds.）1974, pp. 274-281]。

　他方、1588年10月6日、レスター伯の支持者であったアドリアン・サラヴィアは、誤解を受けた自身の政治的立場を弁明するために、主権者についての自身の見解を表明した。彼はまず、議会は都市参事会から特定の委任を受け、彼らの訓令により権力を制限され、彼らへ自身の行動について報告しなければならないため、主権者ではなく、総督も州の総督にすぎないとしたうえで、君主について以下のように述べる。「国王フェリーペは、その称号を帯びてはいないとはいえ、フランドルとアルトワの伯であるのみならず、主権君主にして真の王でもある」が、「ブラバント・ヘルダーラント公国、ホラントとフリースラントに関しては、帝国に臣従礼をおこなって奉仕しており、皇帝の封臣であって、皇帝はこれらの公国や伯領の真の主権的君主である」。そして、もし主権者が断絶などの理由で不在になった場合、すべての都市参事会が共同で主権を委譲されることになる[Kossman and Mellink（eds.）1974, pp. 282-285]、と。ここでは神聖ローマ帝国とオランダとのつながりが、理論的に提示されている。

　その後17世紀に成立したオランダ共和国では、国王や執政職、カトリック教会組織などは廃止されたが、その他の制度はほぼ維持された。そのなかで、各州議会が主権者となり、共和国全体にかかわる事柄については、各州議会の委任を受けた代表が、ハーグの全国議会において調整をおこなった。各州代表は州議会から委任された範囲でしか交渉ができず、州議会に議案を持ち帰って再協議することもしばしばであった。

政治的・経済的・宗教的紐帯とその限界

　このような状況のもとで、オランダが統合を維持できた理由として、その統合の紐帯を考えてみたい。まず政治面では、利害調整の場としての全国議会の存在とともに、ホラント州法律顧問と州総督が注目される。ホラント州はオランダの国名の語源であることからもわかるとおり、連邦経費の6割を負担する重要な州であり、全国議会とホラント州議会がほぼ同じ場所におかれていたこともあり、その法律顧問は事実上、連邦共和国宰相に近い立場に

第5章　ネーデルラントの複合国家　79

あった。他方、州総督は軍の最高司令官であるが、現実には「国父」オラニエ公ウィレムの子孫であるオラニエ・ナッサウ公家か、その弟であるナッサウ・ディレンブルク伯家の系統に独占されており、この両家が各州総督を兼ねることで、事実上君主に近い立場となった。したがって、このちのオランダでは、ホラント州法律顧問を支持する派閥と州総督オラニエ家を支持する派閥との対立が、しばしば国政を大きく左右することになる。

　このように、17世紀には君主のように国家を体現する特定個人の存在も、全国議会と並んで、政治的な紐帯として機能していたが、その権威が二分されていたことや、法律顧問が世襲ではなかったこと、総督も各地の州総督職の兼任であったことには、君主制との違いという点で注意が必要であろう。総督職の権威が、国防上の危機の時代に高まる傾向は、前述のような「共通の敵の存在」ともかかわってくるだろう。このような存在のもとで、各州の特権が維持されることこそが、連邦共和政への各州の支持にもつながりうるのである。

　他方、サラヴィアが示唆するように、独立後もしばしばオランダは神聖ローマ帝国との紐帯を維持しようとしている。しかも、17世紀にはより現実的な問題もあった。北西ドイツのニーダーライン地方では、カトリックのクレーヴェ公家の断絶により、ユーリヒ・クレーヴェ継承戦争（1609～14年）が発生し、1614年にはユーリヒ・ベルクはカトリックのプファルツ・ノイブルク領に、クレーヴェ・マルクはカルヴァン派のブランデンブルク領に分割された。ブランデンブルク選帝侯がこの飛び地の経営に苦労するなか、三十年戦争の過程で、この地域にスペインとオランダの両軍が侵攻し、激しい戦闘を繰り広げた(5)。プロテスタントのオランダ軍がクレーヴェに駐屯するようになるなかで、オランダ軍の司令官で元オランダ領ブラジル総督のヨハン・モーリッツ・フォン・ナッサウ・ジーゲンが、ブランデンブルク大選帝侯からクレーヴェ総督に任命される事態も生じている(6)。ただし、17世紀末にはブランデンブルクはこの地域の支配権を回復し、オランダと神聖ローマ帝国との国制上の関係もこの後、長期的に希薄化していく。この背景には、帝国内の各領邦における統合の進展（いわゆる領邦絶対主義）があると思われる。

　つぎに、経済的には、オランダは圧倒的な船舶所有による巨額な輸送料の徴収や、アムステルダム市場での経済情報の蓄積、植民地の獲得などにより、17世紀に「黄金時代」を迎えていた。こうした経済的繁栄を受けて、アムス

テルダムの立地するホラント州は、前述のとおり連邦分担金の６割を負担し、国政において大きな影響力をもっていた。こうした富の分配も統合の紐帯となったであろうが、この場合、分担金の負担がそれに見合うかたちでの利益をもたらしたのかを、州ごとに検討することも必要である。実際、前述のニーダーラインへのオランダ軍の進駐がオランダへの編入につながらなかった理由や、名誉革命後のイギリスとオランダの「同君連合」が長続きしなかった理由として、そうした要因があげられているのである。

　宗教的には、オランダではカルヴァン派が唯一の公認宗派の地位を獲得していたが、人口の過半数を占めていたわけではなく、また予定説の解釈をめぐって内部対立をかかえていた。その結果、厳格な予定説を支持する1619年のドルドレヒト信仰告白は州ごとに採用の可否を問われ、ユトレヒト、ヘルダーラント、オーフェルエイセルで適用されたほかは、多くの州で導入されなかった(7)。対スペイン反乱の経緯からカトリックは公的には禁じられていたものの存在は許容された。ユトレヒト同盟規約における信教の自由規定を支持する政治的指導層が多かったことや、カルヴァン派の人口規模を原因として、オランダではむしろメンノー派やルター派、ユダヤ教徒に対する宗教的寛容が実践された。現在の視点では限界もあれ、当時としては先進的なそうした政策こそが、反カトリック意識と並んで統合の紐帯となったとみられる。

　ただし、これが紐帯としての意味をもつのは、周辺諸国がカトリックであるか、宗派体制化の状況にある場合であろう。隣接するニーダーラインのクレーヴェ公国では、17世紀にはカルヴァン派のブランデンブルク選帝侯による宗派的寛容政策が実行されていた。また、ネーデルラント人宗教難民を通じてこの地域に浸透したカルヴァン派は、1610年に独自の総会を開催するまで、組織的にもネーデルラントと結びついた教会会議組織を形成しており、組織的に分離された後も、両者のあいだには人的交流が続いた。むしろ反カトリックの点からドイツのプロテスタントとつながるためにも、ドイツとの紐帯を強調する傾向もオランダにはあったことは、すでにみたとおりである。こうした国境をこえた交流の歴史は、近年では「ニーダーラインラント」という用語を通じて再評価されている(8)。宗教的紐帯は、ドイツとの国境で切れたわけではなかったのである。

第５章　ネーデルラントの複合国家　81

植民地とのつながり

　また近年、植民地に関しても複合国家の対象に含める傾向が強まっている。オランダの植民地に関しては、歴史家のエマーとホマンズが、オランダ東インド会社と西インド会社が現地の住民といかなる関係を結び、それが本国にどのような影響をおよぼしたかに関して、全体的にまとめている。彼らは、植民地との貿易独占権のみならず、そこでの政治的支配までも許可された、オランダ東インド会社と西インド会社を、「共和国の第八の州」とみなすことに賛意を示す。主要都市の力関係に配慮して議長職などの割り振りをおこなっていた、この「２つの会社は諸都市と諸州の行政構造の忠実なコピーとして組織された」ためである[Emmer and Gommans 2021, p. 17](9)。彼らは各地での二会社の政策をグローバルに検証しつつ、17世紀後半以降のその「海洋帝国」の失敗の諸要因を探っているが、二会社が植民地へのオランダ人の移住に失敗したことをしばしば強調する。その結果、一部の例外を除き、どの地域でも少数派であった彼らは、ポルトガル人や先住民など、現地の住民と同盟関係を築く必要があり、これが各地域での政策の多様性につながった。この状況では彼らがある種の「寛容政策」を採用することになったのは、生存戦略として当然だと彼らはいう。初期アメリカ史でも、森丈夫によれば先住民の政治体制が再評価されており、初期の白人入植者たちが防衛のために彼らと同盟を組んだり、彼らの保護下にはいったりしたことが注目されている(10)。

5 ｜ 共和政複合国家を人々はどう活用したのか

　以上のように、オランダの独立は現実への対応のなかでなし崩しに起こったものであり、内部の一体性も希薄であった。彼らを結びつけたのは、まずはスペインの「暴君」からの各州の特権の擁護であり、「パトリオット」の主張はそれを正当化するために活用された。スペインからの独立後は、総督とホラント州法律顧問の存在、全国議会における各州の特権の保障とホラント州による連邦分担金の負担、反カトリック意識と宗教的寛容政策が、統合の紐帯となったとみられる。このように、もともとオランダは各州の主権を認めたうえで、それを緩やかに結びつけた連邦共和政であったが、個々の州、あるいはその州をさらに連邦制的に構成する各地の単位が、こうした連邦共

和政をどのように自己の利益のために活用したのか、全国議会におけるそれらの利害調整が君主政とは異なるかたちでどのようにおこなわれたのか、そうした交渉から排除された存在はないのか（当時はまだ国民主権以前である）などの検証が、今後のオランダ複合国家論の論点となるだろう。そのほか、オランダがスペインのみならず神聖ローマ帝国にも両属し、後者と長らく紐帯を維持した事実を踏まえ、多元的所属のもった意義をその問題点とともに再考してみることも、同様に重要な論点となるだろう。

註

（1） カール5世の1541年時点の長大な称号については、岩﨑周一『ハプスブルク帝国』（講談社、2017年）の92〜93頁に、15行にわたって引用されている。そのなかでネーデルラント諸州の地名がばらばらに列挙されている。

（2） Henk van Nierop, "The Nobility and the Revolt of the Netherlands: Between Church and King, and Protestantism and Privileges", in: Philip Benedict, Guido Marnef, Henk van Nierop and Marc Venard (eds.), *Reformation, Revolt and Civil War in France and the Netherlands, 1555-1585*, Amsterdam: Royal Netherlands Academy of Arts and Sciences, 1999, p. 85.

（3） この戦争についての多様な呼称のうち、本章ではオランダを中心に叙述をするため、「反乱から独立へ」という流れを重視して「反乱」の呼称を用いたい。

（4） 宗教戦争の本質的原因は宗教よりも世俗的対立にあるが、宗教もその世俗的対立を正当化し、火に油を注ぐイデオロギー的役割を担っているため、対策として宗派間・政教間の共存に寄与する教義の再解釈や、政治と宗教の切り離しが必要になるはずである。

（5） Jutta Prieur, *Geschichte der Stadt Wesel*, Wesel: Schwann im Patmos Verlag, 1991, 2Bdn.

（6） Irmgard Hantsche, *Johann Moritz von Nassau-Siegen (1604-1679) als Vermittler: Politik und Kultur am Niederrhein im 17. Jahrhundert*, Münster: Waxmann, 2005.

（7） 望月秀人「改革派教会会議の記憶」若尾祐司・和田光弘編『歴史の場——史跡・記念碑・記憶』ミネルヴァ書房、2010年。

（8） Veit Veltzke (Hg.), *Wesel und Niederrheinlande:Verknüpfte Geschichte(n)*, Duisburg: Mercator-Verlag, 2018, S. 15-16.

（9） この二会社は、パトロネージで結びついた諸都市・諸州の特権層の利害を反映していた。

（10） Cynthia J. van Zandt, *Brothers among Nations: The Pursuit of Intercultural Alliances in Early America, 1580-1660*, Oxford: Oxford University Press, 2008.

参考文献

加来奈奈「ブルゴーニュ・ハプスブルク期のネーデルラント貴族——フランスとの境界を

めぐる問題とハプスブルクの平和条約での役割」藤井美男編、ブルゴーニュ公国史研究会著『ブルゴーニュ国家の形成と変容——権力・制度・文化』九州大学出版会、2016年

川口博『身分制国家とネーデルランドの反乱』彩流社、1995年

桜田美津夫『物語オランダの歴史——大航海時代から「寛容」国家の現代まで』(中公新書)中央公論新社、2017年

J・ド・フリース、A・ファン・デァ・ワウデ(大西吉之・杉浦未樹訳)『最初の近代経済——オランダ経済の成功・失敗と持続力 1500-1815』名古屋大学出版会、2009年

Paul Arblaster, *A History of the Low Countries*, London: Palgrave Macmillan, 2006, Second ed., 2012.

Johannes Arndt, *Das Heilige Römische Reich und die Niederlande 1566 bis 1648*, Köln and Wien and Weimar: Böhlau, 1988.

Alastair Duke, *Dissident identities in the early modern Low Countries*, Farnham/Burlington: Ashgate, 2009.

Pieter C. Emmer and Jos J. L. Gommans (Translated by Marilyn Hedges), *The Dutch Overseas Empire, 1600–1800*, Cambridge: Cambridge University Press, 2021.

H. G. Koenigsberger, *Monarchies, States Generals and Parliaments: the Netherlands in the fifteenth and sixteenth centuries*, Cambridge: Cambridge University Press, 2001.

Ernst Heinrich Kossmann and Albert F. Mellink (eds.), *Texts concerning the revolt of the Netherlands*, London and New York: Cambridge University Press, 1974.

第6章

ブリテン諸島の複合国家
ウェールズ合同からピューリタン革命へ

岩井　淳

1 ｜ 近世の複合国家と 4 つの地域

「イギリス」という言葉の問題点

　ブリテン諸島は、イングランド、ウェールズ、スコットランド、アイルランドという 4 地域から成り立っている。しかし、これまでのイギリス史は、イングランド中心の見方が強く、それ以外の地域にふれることが少なかった。そこでは、イングランドが、ウェールズやスコットランドを併合し、そのまま「連合王国」となったかのような単純な歴史観がめだっていた。さらに日本では、「イングランド」に由来する「イギリス」という言葉の使用が、イングランド中心の見方を補強した。しかしながら、ウェールズ、スコットランド、アイルランドは決して無視できる地域ではなかった(第Ⅱ部扉、「ブリテン諸島の 4 国」の地図参照)。

　「イギリス」には、イングランドとブリテン(もしくは連合王国)という二つの意味があり、イギリス史といいながら、イングランド史しか扱っていなくても、連合王国全体に言及しているかのような記述も見受けられる。実際に、従来のイギリス史では、「イギリス」という言葉について、1707年のイングランド・スコットランドの合同を境とし、それ以前はイングランド、以後は連合王国を指すという用法がみられた。これでは、1707年以前のスコットランドやウェールズは、イギリス史上、存在しないことになってしまう。このため本章では、慣用に従い、ブリテン諸島や連合王国を示すときに「イギリス」を用いるが、それが「イングランド」を意味することがないようにする。

周辺地域と「紐帯」の視点

　ポイントとなる視点は二つある。第一に、ロンドンやイングランドといった中心地域からみるだけでは不十分なので、周辺地域の状況を交えて、複合

国家の形成過程を検討する必要があるだろう。イングランド以外の諸地域は、従属しただけでなく、歴史上、重要な役割を演じた。その過程で、各地域はイングランドとは別個の複合国家を構想することもあった。各地域の役割に留意して、ブリテン諸島の複合国家成立の過程を検討してみたい。

第二に、各地域が別個に動けば、複合国家はバラバラになってしまう。そうなるのを防ぐため、統治者は王権や議会、法や宗教、帝国や経済といったさまざまな「紐帯」を案出し、4地域の統合維持に努めた。近世のブリテン諸島では、15世紀末までウェールズ、スコットランド、アイルランドは、それぞれ独自の状態を保っていたが、16世紀からイングランドが集権化を進め、同世紀前半のウェールズとの合同によって複合国家が成立した。その後、各地域は反発と協調を繰り返し、戦争や革命も経験したが、しだいに一つの複合国家にまとまっていった。このなかで「紐帯」は、どのように機能したのであろうか。結論を先取りすると、ブリテン諸島では、君主だけでなく議会の果たす役割が大きかった。17世紀半ばのピューリタン革命のように王権と議会が衝突することはあったが、その過程で議会の機能は高まり、イギリスの複合国家は統合力を高めたのである。

2 ｜ 16世紀のイングランド、アイルランド、スコットランド

イングランドの集権化

16世紀のイングランドでは、政治の集権化が進んだ。最初にイングランド史の基本的な流れをみておこう。ヘンリ7世（在位1485〜1509）によって、1485年に開始されたイングランドのテューダー朝（1485〜1603年）は、貴族の権力を縮小し、王権の強化をめざして、「絶対王政」を樹立したといわれる。しかしイングランドは、常備軍や官僚制を十分に整備することができず、議会の同意を得ながら政治をおこなったので、典型的な「絶対王政」とはいえなかった。ヘンリ8世（在位1509〜47）は、1530年代にトマス・クロムウェルを登用して、統治機構の改革に着手した。1536年頃には、従来の国王評議会に加えて、行政機関として法律や実務に通じた有能な20人ほどの議官からなる枢密院が発足した。1540年頃には、枢密院から司法機能を分離して、独自の書記と記録を備えた星室庁裁判所が設けられた。国王の目は周辺地域にも向けられ、1534年にウェールズ辺境評議会、37年に北部評議会が設置され、

86　第Ⅱ部　形成期の複合国家

ウェールズと北イングランドへ王権の浸透をはかった。

　政治の集権化と並んで、テューダー朝において特筆すべきは、宗教改革である。1534年、ヘンリ8世の公布した国王至上法によって国教会は成立した。これによってイングランドはカトリック教会の傘下から脱し、宗教改革が開始された。といっても、大陸ヨーロッパの宗教改革とは異なり、国教会という国家教会が樹立されたのである。エドワード6世（在位1547〜53）治下には、国教会の教義のプロテスタント化が進められた。1549年に礼拝様式を規定した共通祈禱書が定められ、52年には、その改訂版が作成された。だが、1553年に即位したメアリ1世（在位1553〜58）は、スペイン王子フェリーペ（のちのフェリーペ2世）と結婚し、カトリックを再びイングランドにもちこむなど、政情はなお不安定だった。

　こうした混乱にピリオドを打ち、安定をもたらしたのは、1558年に即位したエリザベス1世（在位1558〜1603）である。女王は、即位の翌年、議会制定法のかたちをとって、国王至上法と礼拝統一法を制定し、イングランド国教会を確立させた。メアリはイングランド史上で最初の女王であり、エリザベスもイングランドに名声をもたらした女王として知られる。異母姉妹だった二人の女王の政治的・宗教的姿勢はまったく違ったが、ジェンダーの視点からみると、この時代にあいついで女王が誕生し、女性性に訴えた統治を模索した点は興味深い。後に述べるスコットランド女王のメアリも、16世紀を彩った女王の一人であった。

　イングランド女王メアリの時代には、約800人のプロテスタントがカトリックの迫害にあって大陸ヨーロッパに亡命した。その多くは、エリザベスの即位後、母国に帰国した。彼らは「ピューリタン」と呼ばれ、国教会からカトリックの残滓を一掃し、宗教改革を徹底することを求めた。ただ、エリザベス期のピューリタンは、自由に活動していたのではなく、大半は国教会に順応しながら信仰生活を送った。1580年頃には、教会裁判所として高等宗務官裁判所が発足し、国教会に従わない者を投獄する権限も与えられた。しかし、エリザベスの治世も後半になると、ピューリタンの影響に加え、スペイン無敵艦隊と戦った1588年のアルマダ戦争の恐怖感もあって、カトリックの教えやカトリック国を敵視する反カトリック主義が広範に普及していった。

　このようにイングランドは、政治の集権化と宗教改革を進め、教科書で「主権国家」と記されるようなまとまりをもった。だが、それは「イギリス」

第6章　ブリテン諸島の複合国家　87

をイングランドという地域に限定した場合の見方であろう。ブリテン諸島を
イングランドのみで代表させると、それ以外の地域が視野にはいってこない。
この時代、スコットランドやウェールズが、以前にも増して自立性や独自性
を高めたことが見落とされないだろうか。本章は、こうした問いを出発点に、
地域からブリテン諸島の複合国家の形成過程をたどっていく。

アイルランドとスコットランド

　まず、16世紀のアイルランドとスコットランドについて概観しよう。アイ
ルランドでは、1541年の王国昇格法によって、イングランド王がアイルラン
ド王を兼ねることになった。アイルランドは王国になったのである。この頃
からイングランドは、アイルランド「改革」という名目で、集権化と宗教改
革を進めるため、政治的・宗教的改変に着手した。政治改革では、ウェール
ズや北イングランドと同様に、アイルランドのコナハト地方とマンスター地
方に地方評議会が設置された。これによってゲール系の族長やイングランド
系の大領主の力を削減しようと試みたが、十分な効果をあげることはできず、
むしろ反発を招くことになった。同様に宗教改革も、うまく浸透しなかった。
アイルランドにも国教会を導入しようとしたが、カトリックの抵抗は予想以
上に強く、宗教改革を定着させることはできなかった。それどころか、これ
らの改革は逆にゲール系氏族の結束を招き、1570年代にはマンスターで、90
年代にはアルスターで大規模な反乱を引き起こすことになった。

　つぎに、スコットランドにふれよう。イングランドとは別の王権と議会を
もっていたスコットランドでは、16世紀の後半、王国の集権化と宗教改革が
進行した。ただし、そこに到達するまでのあいだ、スコットランドは多大な
代償を支払わなければならなかった。スコットランド国王ジェイムズ4世
（在位1488〜1513）は、イングランド王ヘンリ8世と対立して戦争となり、
1513年のフロッドンの戦いで大敗し、みずからも命を落とした。つぎのジェ
イムズ5世（在位1513〜42）は、イングランドを挟撃するため、フランスとの
同盟を強化し、ヘンリ8世との戦争に備えた。それでも1542年に戦争が勃発
すると、再びイングランドに大敗を喫した。

　スコットランドでは、生後一週間の王女メアリ・ステュアート（在位1542
〜67）が王位を継承したが、この不安定な状況下で、ジョン・ノックスに率
いられたプロテスタントたちが、しだいに勢力を伸ばした。ついに1559年か

ら、メアリと結んだカトリック派と、貴族を中心としたプロテスタント派とのあいだで戦争が始まった。このとき、前者を支持したのがフランスで、後者を支援したのがイングランドだった。結局勝利したのは、プロテスタント派であり、それはフランスとの同盟解消、イングランドとの新たな同盟関係を意味した。プロテスタント派はメアリを追放し、16世紀後半にスコットランド独自の宗教改革を進め、長老教会体制を樹立した。長老教会は、一般信徒から選ばれた長老と牧師から構成される長老会を中核とした教会組織をめざした。スコットランドはイングランドの援助をあおいだが、そこで独自の宗教改革と国家建設が進展したことには留意すべきであろう。

　このように16世紀のブリテン諸島では、イングランド、アイルランド、スコットランドという三つの王国が現れた。このうちアイルランドは、実質はともあれ、形式的にはイングランドへの従属を深め、複合国家の構成員となった。スコットランドは、依然として別の国家であった。それに対してウェールズは、どのように位置づけられるだろうか。それぞれの人口規模を考えると、17世紀初頭の段階で、イングランドに約411万、アイルランドに約140万、スコットランドに約80万、ウェールズに約29万の人々が住んでいた[1]。この事実からしても、イングランドだけではブリテン諸島の歴史を語れないことがわかるだろう。

3 ｜ イングランド・ウェールズの合同

ウェールズ合同法

　イングランドの集権化と宗教改革の波は、まもなく周辺地域にもおよんだ。その波は、16世紀前半のウェールズにも到達した。ヘンリ8世は、ウェールズ辺境評議会の設置に続き、1536年と43年の二つの合同法によってイングランドとウェールズの合同に着手した。二つの合同法は、さまざまな内容を盛り込んでいるが、その最大の意義は、従来あった王権直属のプリンシパリティと国境地帯のマーチを統合し、ウェールズを領域として統一させたことである[Bowen (ed.) 2015, pp. 75-93, 101-133]。合同によって、マーチは解消され、ウェールズ法も廃止されてイングランドと同じ州制度が導入された。ウェールズ語は公用語としての地位を失い、法廷ではその使用が禁止された。英語教育も、ジェントリを中心とするウェールズのエリート層によって積極的に

導入された。

　合同は、もちろんイングランド側の政策によってなされ、イングランド化が進んだことは否定できない。だが、ウェールズ側にも合同を歓迎し、受け皿を準備した人々がいたことを忘れてはならない。ヘンリ8世治下では、ウェールズで起草された、合同歓迎の請願があったことが知られている。「1536年にモンゴメリーの領地からもたらされた請願は、「領主と役人たちが自分たちの徹底した利益のため…(中略)…満足を求めていつでも利用され、解釈される」慣習のもとで、「どのような良き公平や良心」にも敬意を示さず、「領主と役人たちの圧政のもとで」、そこの人々が生活してきたと不平を申し立てた」[Williams 1992, p. 22]。

ウェールズの独自性の残存

　もう一点、特筆すべきは、ウェールズ語が、すぐに衰退しなかったことである。エリザベス1世治下の1563年には、「聖書と神の礼拝をウェールズ語に翻訳するための法」[Bowen (ed.) 2015, pp. 149-151]が発布された。これに従って、1567年に新約聖書と共通祈禱書のウェールズ語訳、88年に旧約聖書を含む聖書全体のウェールズ語訳という事業がなされた。この時代、ウェールズ住民のほとんどがウェールズ語を用いていたので、聖書のウェールズ語訳は、実情に即した対応だった。イングランド側は、ウェールズ語を用いて、イングランド国教会の教えをウェールズに普及させようとした。その試みは、おおむね順調に進んだ。言語よりも宗教が両地域の紐帯となったのである。このようにウェールズは、合同によってイングランド中心の複合国家の構成員となった。そこでは、イングランドの王権や国教会、法が導入され、両地域の紐帯の役割を果たした。合同法の内容を考慮すると、イングランドとウェールズを結ぶ紐帯として、王権・国教会・法以外にも、議会・裁判・相続制度などが機能したことがわかる。他方で、合同を歓迎し、協力した人々が、ウェールズ側にもジェントリを中心に存在した。そこでは、ウェールズ語やウェールズ文化は決して衰退せず、むしろ独自の意味をもち続けたことに留意すべきである。聖書のウェールズ語訳は、ウェールズ語やウェールズ文化の存続にとって大きな刺激となった。

　こうした状態は17世紀前半まで続いたようである。その時期までウェールズ社会は、政治や法、経済といった面でイングランド化が進んだ。しかし、

言語や文化の面では、そうはいかず、ウェールズの独自性が、ウェールズ語やバード(吟唱詩人)の活動とともに維持された。ジェントリという支持者を得ることによって、むしろそれらは補強されたともいえる。近世のウェールズ社会は、イングランド化が進む反面、言語や文化といった側面で伝統的な要素を残すという二重の構造をもっていた。このことは、16世紀ブリテンの複合国家が全面的な同化政策を進めたのではなく、地域の文化や言語に、あまり手をつけなかったことを示しているだろう。ウェールズ合同は大きな抵抗を受けず、比較的順調に進んだ。16世紀末には、イングランドを中心に王権や議会を主たる紐帯として、ウェールズとアイルランドにおよぶ複合国家が形成された。ただ、ウェールズとは結び付きを強めたが、アイルランドとの統合はうまくいかず、宗教的な矛盾をかかえたままであった。スコットランドは、依然として独自の王権と議会をもつ別の国であった。ブリテン諸島全体におよぶ複合国家は、いまだ存在しなかったのである。

4 ｜ 初期ステュアート期の政治・宗教政策

ジェイムズ1世と同君連合

　1603年、エリザベス女王死去の報を受けて、スコットランド王ジェイムズ6世(在位1567〜1625)が、イングランド王ジェイムズ1世(在位1603〜25)として即位した。これによってイングランドとスコットランドは、別々の議会をもちながらも同じ国王によって統治される「同君連合」となり、1649年まで続く初期ステュアート朝が始まった。同君連合によってイングランドとスコットランドに分かれていた王権が統一され、ブリテン諸島における複合国家の形成は、一気に進むかにみえた。しかし、この王朝の歩む道は決して平坦ではなく、王権と議会との政治的対立、国教会によるピューリタン弾圧、国王の恣意的課税に対する議会の抵抗、そしてスコットランドとアイルランドに対する国教会の強制などによって反発を生み出し、ピューリタン革命を引き起こす諸要因が醸成されていった。

　ジェイムズ1世は、即位するや、ブリテン国家の統合という事業に強い熱意をもって臨んだ。国王の願いの一部は、アイルランドをも巻き込んで、3国にまたがる事業のなかで実現されることになった。アイルランド北部への入植事業であるアルスター植民は17世紀初頭から開始され、ジェイムズ1世

の後ろ盾もあって、イングランドとスコットランドの共同事業として促進された。アルスター地方のゲール系氏族の首領であったヒュー・オニールは、1590年代に大規模な反乱を起こしたが、イングランド軍に敗れ、1607年にヨーロッパ大陸へ脱出した。国王は、ゲール系氏族の土地を取り上げ、イングランドとスコットランドの貴族・軍人・官僚などに分配した。この土地に両国のプロテスタントが入植した。イングランドからの入植者には合計1万1500エーカー、スコットランドからの入植者には合計1万1000エーカーの土地が与えられたことからわかるように、両者は、ほぼ対等な条件で入植することができた。アルスターで生まれた入植者の子弟は、イングランド人・スコットランド人を問わず、「ブリテン人」と呼ばれた。ほぼ同時期に入植した彼らは、「野蛮な」アイルランドを「文明化」するという共通の目標に従事したのである。

　しかし国内に目を向けると、ジェイムズ1世のイングランド統治は、決して順調ではなかった。国王は、即位後まもなくピューリタンの宗教的要求を退けたが、ピューリタンと同じく国王と対立したのが、ジェントリを中心にした社会層であった。ジェントリは、16世紀頃から無給の治安判事を務め、商工業にも積極的に関与して地方社会の「名望家」として実力を蓄え、議会の庶民院に選出されることも多かった。常備軍をもたず、有給の官僚組織を欠くイングランドの国制にとって、ジェントリに代表される社会層の協力を取りつけることは、安定した統治の第一条件であった。だが国王は、王権が神の権威に直接由来するという王権神授説を振りかざし、国王・貴族院・庶民院という三者のバランスを重んじるイングランドの伝統的国制を無視しがちであった。庶民院議員の多くは、議会を軽視する国王に違和感をいだき、イングランドの法体系であるコモン・ローを拠り所にして、「古来の自由」の侵犯に抵抗していった。

チャールズ1世の政策

　1625年、ジェイムズ1世が死去すると、息子のチャールズが即位した。チャールズ1世(在位1625〜49)は、前王と同じく王権神授説を信奉しており、議会の同意をえない外交をおこない、臨時の課税を強行した。こうした国王大権の行使に対して、議会は、1628年「権利の請願」を起草し、国王に提出した。ところが国王は、いったん「権利の請願」を受諾したものの、翌年に

は議会を解散し、反対派の議員を投獄して、以後11年にわたって議会を開催しない専制政治を断行した。国王と側近は、星室庁裁判所と高等宗務官裁判所という二つの裁判所を用いて、反対派の議員やピューリタンを弾圧していった。

　国王は、専制政治をおこなう一方で、財政難を解決するために、議会の同意をえない課税に踏み切った。彼は、国王大権によって関税（トン税・ポンド税）を強化しただけではなく、騎士強制金を新設し、独占権を濫発するなどして、多くの人々の反発を招いた。1635年、海港都市だけに限定されていた船舶税が全国に拡大されると、37年には元議員のジョン・ハムデンが支払い拒否の闘争を開始した。もはや修復しがたい溝が、王権側と、元議員やピューリタンのあいだにできつつあった。専制政治に加えて、チャールズの政府を国民から決定的に離反させ、革命の重要な要因を形成したのは、国王の宗教政策である。チャールズ1世は、1625年、フランスからカトリックの王妃アンリエッタ・マリアを迎えただけでなく、さまざまな親カトリック政策を展開し、ピューリタンへの弾圧を進めた。こうした政策は、当然チャールズがカトリックの復活を意図しているという疑惑を高めた。

　国王の専制政治や親カトリック政策に対し、国内で反発したのはピューリタンであった。彼らは、イングランドの将来に不安を感じる一部のジェントリやヨーマンに支持され、特権商人に対して不満をいだく新興商人にも受け入れられた。革命前夜には、ピューリタンと後援者のジェントリや商人を結ぶ反対派のネットワークが形成されつつあった。それは国内にとどまるものではなく、オランダやアメリカ大陸にまでおよんでいた。その一例として、イングランドから出航したピルグリム・ファーザーズは、オランダを経由して1620年に北米のプリマスに入植した。1630年代には、多くのピューリタンがマサチューセッツ植民地に移住した。彼らは、先住民の土地を奪いながら、ニューイングランド植民地を建設した。

スコットランドとアイルランドの反発

　スコットランドとアイルランドでも、チャールズ1世の政府に対する反発は強まっていた。すでにスコットランドでは、宗教改革によってカルヴァン派の流れを汲む長老教会体制が樹立されていたが、国王と大主教は、ここに共通祈禱書を導入して、国教会のやり方を押しつけようとした。スコットラ

ンドの人々にとって、宗教は重大事だったので、国教会の強制には猛烈な反発が起こった。1637年にエディンバラで暴動が始まり、人々は共通祈禱書を打ち捨てた。翌年には、スコットランドにおける長老教会主義の堅持と、王権からの教会の自立を誓った「国民契約」が成立し、約30万のスコットランド人が署名した。当時のスコットランドの人口が約90万であることを考えると、三人に一人が署名したことになる。国民契約の理念によって結ばれた人々こそ「契約派」であった。彼らは、スコットランド内で実権を握っただけでなく、1639年に始まるイングランドとの第1次主教戦争を指揮し、スコットランドをイングランドの手強いライバルに変身させていった。

　アイルランドでも、初期ステュアート朝に対する不信感が高まった。当時のアイルランドでは、ゲール系の氏族長によって率いられた「ゲーリック・アイリッシュ」、中世に移住した「オールド・イングリッシュ」、16世紀以降に移住した「ニュー・イングリッシュ」という三者が鼎立していた。ゲーリック・アイリッシュはゲール系で、民族的に後の二者とは異なっていた。しかし、宗教的にはゲーリック・アイリッシュとオールド・イングリッシュはカトリックであり、プロテスタントのニュー・イングリッシュとは対立関係にあった。このような複雑な状況のなかで1632年にアイルランド総督に就任したウェントワースは、33年に赴任し、オールド・イングリッシュとニュー・イングリッシュの対立に乗じて両者を巧みに操り、財源として利用する一方、両者とも政治権力からは排除して、専制的支配をおこなった。彼の政策に対する反発は、1639年9月、彼が国王から召還されて帰国するや、すぐに高まった。アイルランド議会は一致してウェントワースの逮捕を求め、彼の数々の「不法」行為を暴露して、イングランド議会に情報提供したのである。

　こうしてチャールズの政府は、イングランドではピューリタンたちの抵抗や亡命を引き起こし、スコットランドでは長老教会主義を信奉する契約派の運動を加速させた。アイルランドでも長らく抑圧されてきた人々を目覚めさせ、イングランドへの抵抗運動に駆り立てた。ジェイムズ1世の時代には前進するかにみえた初期ステュアート期の複合国家建設であるが、各地で反発や抵抗に遭遇し、たちまち解体の危機に陥ったのである。

5 ｜ ピューリタン革命の勃発

長期議会の開会

　ピューリタン革命の発端は、隣国スコットランドの暴動であった。1639年にスコットランドとのあいだに第1次主教戦争が生じ、イングランドは敗北を喫した。チャールズ1世は、戦費調達のために議会を招集せざるをえなくなり、11年ぶりに議会が開かれた。1640年4月に開催された議会は、国王の意向に従わず、わずか三週間あまりで解散されたので短期議会と呼ばれる。チャールズは、なおもスコットランド問題にこだわり、同年7月、再び第2次主教戦争を起こしたが、スコットランド軍に敗北し、賠償金の支払いを迫られた。国王は、その支払いのために再度、議会を開かなければならず、1640年11月に招集した。この議会は、その後12年半継続したので長期議会と呼ばれる。

　イングランドとウェールズから選出された約500人の庶民院議員を中心にした長期議会は、国王の思惑とは裏腹にさまざまな改革を断行した。議会は、まず専制政治の人的支柱であったストラフォード伯ウェントワースと大主教ロードを逮捕し（1640年11、12月）、前者は翌年5月に、後者は45年1月に処刑された。つぎに議会は、専制政治を阻止し、その支配機構を打破する諸立法を制定していった。少なくとも3年に一度の議会招集が定められ（1641年2月）、議会の同意なき課税が禁止された（同年6月）。星室庁裁判所と高等宗務官裁判所という二つの弾圧機関が廃止され（同年7月）、船舶税の不法性が宣言された（同年8月）。注目すべきは、これらの諸改革が、ほぼ満場一致のかたちで進められたことである。

スコットランド契約派の改革

　長期議会の改革がイングランドで進行しているあいだ、スコットランドとアイルランドの状況も大きく変化した。革命の発端をつくったスコットランドでは、契約派が主導して、1638年春から41年にかけて、議会・宗教・行政の各分野にわたり諸改革が進展した。国教会と国王の影響力を払拭して、スコットランドの自立化を進めた契約派は、プロテスタント貴族と長老派牧師によって指導されていたが、一院制のスコットランド議会では、両者に加えて、レルドと呼ばれる地主層や都市代表の議員も選出されるようになった。

第6章　ブリテン諸島の複合国家　95

議会開催について、スコットランドでは、イングランドよりも8カ月早い1640年6月に三年議会法が成立した。宗教面では、主教制を廃止し、長老教会体制を完全復活させ、行政でも、枢密院から主教を追放して、王権の介入を退けた。

　さらにスコットランドでは、イングランドとアイルランドを含めた3国の統合を求める動きが現れた。契約派は教会統合という観点から、スコットランドの長老教会体制をモデルにした宗教的統一を追求したのである。彼らは、イングランド議会派に同盟を呼びかけた1643年9月の「厳粛な同盟と契約」において、スコットランド教会の擁護を説くとともに、軍事的援助と引き換えにイングランドとアイルランドでも長老教会体制が樹立されるように働きかけた。「もっともよく改革された諸教会の例にしたがって、教義・礼拝・規律・教会統治においてイングランドとアイルランドの王国の改革」を推し進め、「私たちは、宗教・信仰告白・教会統治の方式・礼拝と教理問答の方針において、できるだけ連携と統一に向けて、三王国に神の教会をもたらすように努力するだろう」[岩井 2010年, 41-43頁]。このようにスコットランドは、宗教レベルを中心に、イングランドと異なる立場から複合国家の建設をめざした。それは、スコットランド主導の複合国家のかたちといってよいだろう。スコットランド契約派は、イングランド議会派、わけても長老派と提携しながら、ピューリタン革命初期に3国での長老教会体制の導入を求めた。

アイルランドの反乱とカトリック同盟

　アイルランドでも、1641年10月にアルスターから始まった反乱が燎原の火のごとく拡大した。アルスターの反乱は、ゲール系のカトリック教徒に対しておこなわれた土地・財産の没収への怒りが爆発した事件で、イングランドとスコットランド出身のプロテスタント入植者に対して報復がなされ、多くの人命が失われた。反乱軍は、アルスター全土を制圧したのち南下したが、各地のオールド・イングリッシュのなかから反乱に合流する動きがみられた。両者は、カトリック信仰という点で協力することができたのである。これに呼応して、アイルランドのカトリック教会の指導者も加わり、反乱は新たな段階に達した。

　1642年5月、レンスター地方南部のキルケニで開催されたアイルランド・カトリックの全国聖職者会議は、反乱を正当なものと認め、聖職者・貴族・

都市の代表からなる総評議会の設立を呼びかけた。これに応じて、同年10月、国王チャールズ1世への忠誠を誓いながらも、カトリック信仰の擁護を掲げる「カトリック同盟」が成立した。この同盟は、立法機関の「総会」と行政と司法をつかさどる「最高評議会」をもっていた。「総会」は選挙で選ばれる庶民議員と貴族議員からなる一院制で、「最高評議会」は、総会によって選出されるアイルランドの4地方からの代表（各地方から6人で計24人）からなっていた。カトリック同盟は、軍事権や外交権も有しており、各地方単位で軍隊を編成し、外国との交渉をおこなうなど、イングランドからの自立をめざす、さながら臨時政府のようであった。実際、同盟は教皇の特使リヌチーニを指導者に迎え、カトリック勢力との国際関係に多大な関心を示した。ただ、この同盟は、カトリックの信仰擁護を求めながら、国王への忠誠を誓うという困難なスローガンを掲げていた。そのため、国教会の権益を重視する国王との和平交渉において、カトリック聖職者が反対し、分裂の道をたどったのである。

　ピューリタン革命の初期に、ブリテン諸島ではスコットランドとアイルランドの自立化がみられ、イングランドを中心にした複合国家建設の構想は挫折してしまった。そればかりか、イングランドでは1641年秋頃から、国教会体制の廃止をめぐって、議会内部に分裂の兆しがみえはじめた。これ以後も、スコットランドとアイルランドは、多大な影響力をイングランドに行使することになった。最初の大きな波はアイルランドからもたらされた。1641年10月から始まったアイルランドの反乱では、合計3000人ほどのイングランド人とスコットランド人が殺害されたが、そのニュースは誇張して伝えられ、20万人から30万人規模の大虐殺が生じたというデマが乱れ飛んだ。反乱はイングランドやウェールズで反カトリック意識を刺激し、アイルランド人が侵攻し、カトリック教徒も武装蜂起するという噂がささやかれた。国王がアイルランド兵を用いて秩序維持を狙っているという噂も止まず、イングランドとウェールズの多くの地域でパニックが生じた。とくに海を挟んでアイルランドに接するウェールズとイングランド北西部では影響が甚大であった。

　長期議会のなかのジョン・ピムに率いられたグループは、こうした動向に後押しされ、国王やロード派の悪政を列挙した「大抗議文」を作成した。この文書では、「イエズス会的カトリック」と「儀礼・迷信を重んじる主教と聖職者の腐敗分子」と「私的目的のために外国君主の利益を増進することに

第6章　ブリテン諸島の複合国家　　97

携わった側近と廷臣」という三者によって「この王国の宗教と正義がしっか
りと根ざしている統治の基本法と原則を破壊する有害な企て」がなされたと
あり、国王大権の内容に踏み込んだ改革が意図された［岩井 2010年，46-47頁］。
1641年11月、「大抗議文」は議会を通過したが、それはわずか11票差という
きわどいものであった。議会の分裂、それに続く内戦は、もはや不可避とな
った。ピューリタン革命は、スコットランドの暴動に端を発し、アイルラン
ドの反乱によって加速されたのである。

註

（ 1 ）　D. L. Smith, *A History of the Modern British Isles, 1603-1707*, Oxford: Blackwell, 1998, pp. 415-417.

参考文献

岩井淳『ピューリタン革命と複合国家』(世界史リブレット115)山川出版社、2010年
―――・竹澤祐丈編『ヨーロッパ複合国家論の可能性――歴史学と思想史の対話』ミネル
　　ヴァ書房、2021年
―――・道重一郎編『複合国家イギリスの地域と紐帯』刀水書房、2022年
パトリック・コリンソン編(井内太郎監訳)『オックスフォード　ブリテン諸島の歴史　第
　　6 巻16世紀――1485年-1603年』慶應義塾大学出版会、2010年
永井一郎「ノルマン侵入後のウェールズ」「イングランド支配下のウェールズ」青山吉信編
　　『世界歴史大系　イギリス史 1 』山川出版社、1991年
I. Bowen（ed.）, *The Statutes of Wales*, London: T. Fisher Unwin, 1908.
G. Williams, *Wales and the Act of Union*, Bangor: Headstart History, 1992.

Column #03

近世思想と複合国家

竹澤祐丈

　共和主義の思想家として有名なジェイムズ・ハリントン（James Harrington、1611〜77）は、複合国家の思想家という別の顔をもつ。この驚きの事実を踏まえつつ、このコラムでは、近世の思想家と複合国家の密接な関係について議論する。

複合国家の思想家を探す旅へ

　近世において複合国家体制が常態であれば、それを論じた思想家は多数存在してもよいはずだが、彼ら／彼女らはどこにいるのかという問いが提起されるかもしれない。既存の思想史研究で複合国家が正面から論じられることが少なかったことを考えれば、この問いには否定的な含意すらともなう。はたして複合国家の思想家はいるのであろうか。そして、いるとすれば、なぜこれまで私たちの目にとまらなかったのであろうか。このようなことを考えつつ、複合国家の思想家を探す短い旅に出てみたい。

　近世社会において複合国家の思想家は、たしかに存在した。しかしながら彼らは、複合性をもたない単一的・一元的な国家の完成物語を書くことに熱心であった既存の思想史叙述にそわないマイナーな存在として、歴史の海に放置されていた。すなわち、複合国家の思想家は実際には存在していたが、注目されてこなかったのである。その一人である17世紀イングランドのハリントンを、この漆黒の海から救い出し、その声に耳を澄ましてみよう。

複合国家の思想家としてのハリントンの発見

　ハリントンは1970年代から徐々に注目を集めるようになった思想家であるが、そこでの関心は、彼の共和主義思想に向けられている。1650年代半ばのイングランドにおいて、国王と貴族院をもたない自由な国制としての共和国体制が、しだいにクロムウェル独裁と呼ばれる体制に変容していったとき、「本当の共和国とはいかなるものか」を提示するためにハリントンの主著『オシアナ共和国』（1656年）は世に問われる。その後、共和主義思想のバイブルとして、同時代人や後代のデイヴィッド・ヒューム（David Hume、1711〜76）やサミュエル・テイラー・コールリッジ（Samuel Taylor Coleridge、1772〜1834）、そしてアメリカやフランスの革命期の政論家たちによって熱心に紐解かれることになる。

　しかしながらハリントンは、複合国家の思想家としての別の顔ももっていた。この側面に着目した数少ない人物の一人として、第14代オクスフォード大学・近代史欽定教授ジェイムズ・フルード（James, A., Froude、1818〜94）があげられる。彼は

『オシアナ、もしくはイングランドとその植民地』(1886年)の冒頭で、イングランド、スコットランド、アイルランドは、イングランドの主導によって支配領域を拡大する一つのコモンウェルス(共同体)を形成するように神によって運命づけられたというハリントンの言葉を紹介する。そのうえでフルードは、この3国から構成される複合国家と、その外部のアメリカ、オーストラリア、ニュージーランドなどの海外植民地との調和関係の重要性を強調し、それを「ハリントンの理想」と呼ぶ。ハリントンは本当に、そのような「理想」を思い描いていたのであろうか。

「ハリントンの理想」

ハリントンは、『オシアナ共和国』の後半部において、16世紀イタリアの思想家マキャヴェッリの海外領土に関する統治論を大枠で踏襲する。しかしながら海外領土一般と、イングランドからみた二つの属州としてのスコットランドとアイルランドの統治とを明確に区別し、後者に焦点をあてる。すなわちフルードの見立てとは異なり、イギリスの三王国問題への処方箋として、ハリントンの複合国家論は提示されているのである。

そして、イングランドが二つの属州に対して主導性をもつ理由を、土地の均分相続を規定する法(Agrarian Law)を独力で制定した点に求める。その法によって、市民層の拡大を達成すると同時に、自由と公正さを世界に広めることができるとハリントンは考えた。そして二つの属州は、イングランドの支配下ではじめて、この法の恩恵に与ることができた。この実績が、複合国家におけるイングランドの宗主国としての位置を正当化すると同時に、一つの政治共同体として3国を密接に結びつけるのである。これこそが、「ハリントンの理想」であった。

近世思想家の読み直しの新しい旅へ

複合国家の思想家としてハリントンを漆黒の海から引き揚げた私たちは、その周りに助けを待つ多くの思想家たちがいることに気づく。さらに、単一国家論者とされたトマス・ホッブズ(Thomas Hobbes、1588〜1679)でさえも、複合国家という近世の常態を「獲得によるコモンウェルス」として類型化しつつも、それを意図的に主題化しない点で、複合国家の思想家として見直される豊かな可能性をもつ。さあ、複合国家という新しい羅針盤をもって近世思想史の新しい旅へ出発してみよう。

参考文献

岩井淳「複合共和政帝国論」小野功生・大西晴樹編『〈帝国〉化するイギリス——17世紀の商業社会と文化の諸相』彩流社、2006年

竹澤祐丈「『オシアナ』における統合と拡張——ジェームス・ハリントンの属州論における平等性の観点から」『立命館法学』399・400号、2022年

J・G・A・ポーコック(犬塚元監訳)『島々の発見——「新しいブリテン史」と政治思想』名古屋大学出版会、2013年

Column #04

ウェストファリアの神話

伊藤宏二

　近代的主権の出発点とみなされてきたウェストファリア条約は、近年その位置づけの見直しが進んでいる。その一例として、同時代の人々がその「主権」をどのように理解していたのか一瞥を加えてみることにしよう。

　今日の国際政治を語るうえで「主権」という言葉がネガティブな響きを増している、と感じるのは筆者だけであろうか。そしてその「主権」をもった諸国家の体制を築いたのが、1648年のウェストファリア条約であったと広く信じられてきた。しかしながら専門的には、それは条約の影響力を不当かつ過大に評価してきた「神話」であったことが近年指摘されるようになった。それでは同条約において「主権」はどのように扱われていたのだろうか。一般的に認知されている「ウェストファリア体制」の再考を兼ねてみていこう。

ウェストファリア条約と同時代における「主権」

　ウェストファリア条約が主権国家体制を確立したとする今なおぬぐいがたい評価の根本となったのが、300以上のドイツ領邦に「主権」が認められたという長く影響力をもち続けた古典的解釈である。同条約は皇帝―フランス間で締結されたミュンスター条約(以下、IPM)と皇帝―スウェーデン間のオスナブリュック条約(以下、IPO)から成るが、ドイツ問題に関してはおもに後者で規定されており、IPO第8条で帝国等族に認められた「領域権(jus territoriale)」が、同条で規定された「同盟権」とあわせて主権を表しているとみなされてきた。しかし16世紀にフランスで発展した「主権(Souveraineté)」という語は、ラテン語で記された同条約の該当箇所では、そのラテン語訳や同義とされる「summa potestas」などの対応語句もみられない。同時代の各国翻訳では、「Land=Rechten(独1649年)」「Landz rättigheetz(瑞＝スウェーデン1649年)」「droit territorial(仏1651年)」などとなっており、フランス側でもドイツ諸侯の権利は主権とみなしていなかったことがわかる。他方でフランスへの領土割譲条項(§70)では、「iura superioritatis」が、独語訳においてラテン語の「jura superioritatis(独1648年)」がそのまま用いられ概念の理解に留保がみられるのに対して、仏訳版では「droit de Souveraineté(仏1651年)」とされ、主権であることが意識されている。もう一方の戦勝国であるスウェーデンには帝国の「封(feudum)」として領土が割譲されたが(IPOX.1)、各国翻訳版もそれを正しく認識しており、それぞれ「Lehen(独1649年)」「Lähn(瑞1649年)」「fief(仏1684年)」と訳されている。つまり条約が締結された時点では、諸地域の伝統や支

配者の都合に応じて多様な統治の形態が容認されており、領域支配のあり方として
「主権」はたしかに顔を出しはじめたものの、いまだ部分的な存在にすぎなかった
といえよう。

条約締結以後のドイツ領邦の地位

　対外的に独立した諸国家による対等な関係の出発点としてウェストファリア条約
をみる場合、古典的にはドイツ領邦は「事実上」その地位にあったと考えられてき
たわけだが、交渉当時から主当事国のオーストリア・フランス・スウェーデンは、
帝国等族を自国と対等な当事者と認めないことでは完全に一致していた。そのため
条文中に規定された同盟権も慣習的に認められてきた防衛的な盟約権の再確認の枠
を出ず、「帝国と条約に反する」ことは認められなかった。しかも帝国等族自身が
皇帝や帝国の諸制度を必要としており、時代がくだっても前述の領域の権利は
「Landes=Herrlichen Hoheit（独1720年）」など、皇帝の主権を前提にそのもとにあ
る高権と理解され続けたように、帝国の衣を完全に排除しようとする発想はほぼ皆
無だった。

「主権国家体制」の起点としての「神話」の発生

　帝国の外に目を転じると、国家の対等性の点では、後発国のスウェーデンが伝統
的な大国と必死に渡りあおうとした結果として、交渉当事者間の外交儀礼上の同格
性を確立した意味は重要な一歩だが、そのまま諸国家間の同等性を準備したわけで
ない。フランスはハプスブルク家の地位にかわるとともにスウェーデンを下位にお
こうとしたように、依然として階層的な国際秩序観念が息づいていた。他方でその
フランスは、併合地の支配権の強化やさらなる領土の拡大をめざす重要な論拠の一
つとしてウェストファリア条約を繰り返し利用し、結果、勢力を拡大した。それと
対抗するようになったイギリスが大陸の国際関係の基盤となる法としてウェストフ
ァリア条約を重視し、同条約の英語翻訳も現れ、フランス的な領域支配のあり方
「Right of Sovereignty（英1710年）」が標準的と理解された。その両国関係がヨーロ
ッパ国際関係の中心軸として展開したために、ウェストファリア条約が主権国家体
制の起点とみなされるにいたった流れがみてとれよう。しかしそうして生まれた
「神話」自体もまた、今後は単なる否定や見直しの対象ではなく、一つの「歴史事
象」としてその影響や役割が検討されていく必要もあるだろう。

参考文献

明石欽司『ウェストファリア条約──その実像と神話』慶應義塾大学出版会、2009年
ベンノ・テシィケ著（君塚直隆訳）『近代国家体系の形成──ウェストファリア条約の神話』桜井書店、
　　2008年
http://www.pax-westphalica.de/index.html（2024年5月25日最終閲覧）

第Ⅲ部
転換期の複合国家

17世紀半ばのヨーロッパ

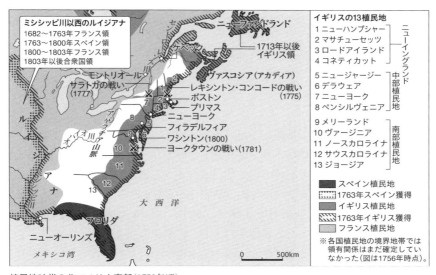

植民地時代の北アメリカ東部（1750年頃）

第7章

三つのブリテン革命

ピューリタン革命・名誉革命・独立革命

岩井　淳

1 ｜ 三つのブリテン革命と複合国家

「17世紀の全般的危機」

　ヨーロッパ各国が、17世紀に「危機の時代」を迎えたことはよく知られている。この時期のヨーロッパは、16世紀とは対照的に異常気象に襲われた。アルプスの氷河が伸長し、テムズ川の表面が凍結したという記録も残っている。各地で不作や飢饉が続き、局地的な暴動・一揆や大規模な反乱・戦争が頻発するという事態に見舞われた。ヨーロッパ各国は「17世紀の全般的危機」と呼ばれる試練をくぐり抜ける必要に迫られた。16世紀にブリテン諸島の複合国家をまとめつつあったイングランドも例外ではなく、さまざまな危機と直面することになった。それは、スペインのネーデルラント攻撃に端を発するヨーロッパ規模での経済不況であり、三十年戦争に起因する国際的な緊張状態でもあった。国内では、君主政による政治的・宗教的弾圧であり、形成途上にある複合国家の解体の危機でもあった。17世紀初めの同君連合によってイングランドとスコットランドは統合の兆しをみせたが、それは長続きしなかった。

ブリテン帝国と「三つの革命」

　ブリテン諸島での危機は、イングランドだけでなくスコットランド、アイルランドも巻き込み、両地域の自立化によってさらに深刻化した。しかし、この危機は、ピューリタン革命における独立派の勝利、国王チャールズ1世（在位1625〜49）の処刑、指導者オリヴァ・クロムウェル（1599〜1658）の登場、その後の3国の合同によって転機を迎える。17世紀の複合国家の危機は、ピューリタン革命と名誉革命という二つの革命をへて、しだいに乗り越えられていった。本章では、二つの革命が複合国家の危機をどのように克服したの

104　第Ⅲ部　転換期の複合国家

か、また、残された課題はどのようなもので、それは18世紀後半のアメリカ独立革命期にどのように顕在化し、対処されたのかを探究する。

　ここでのポイントは二つある。第一は、ピューリタン革命と名誉革命をイングランドのみのできごととは考えず、また、アメリカ独立革命をアメリカ史上に限定しないで、ブリテン諸島やブリテン帝国という磁場を設定して考えることである。第二に、ピューリタン革命・名誉革命・独立革命という「三つのブリテン革命」の関連を問うことである。ピューリタン革命と名誉革命の関係は、しばしば論じられたが、17世紀の二つの革命と18世紀の独立革命は、別々に考察される傾向にあり、それぞれイギリス史上とアメリカ史上のできごとと考えられてきた。しかしながら、本章では、ピューリタン革命や名誉革命がアメリカ独立革命に影響を与え、三つの革命間につながりがみられることを考察したい。

2 ｜ ピューリタン革命の展開

内戦の勃発と議会軍の勝利

　ピューリタン革命は、議会の分裂をへて、武力衝突の道をたどった。国王チャールズ１世は、1642年１月、ジョン・ピムやハムデンといった急進派の５議員を逮捕しようとして議会に乗り込むが、失敗した。国王は、ロンドンを離れて北へ向かい戦闘準備を始め、同年８月末にノッティンガムで挙兵した。ついに国王派（騎士派）と議会派（円頂派）に分裂し、両派のあいだに内戦が勃発したのである。内戦は、当初、国王派が有利で、1642年10月のエッジヒルの戦い後は、一時ロンドンへの進撃をうかがうほどであった。他方、議会軍は、各州の民兵隊を中心にしたアマチュアの集団であり、自分の州をこえて戦うことを好まないローカリズムによって特徴づけられた。こうした事態を打開するために、議会派は、東部・中部・西部といった州連合を単位として軍隊を再編成することに着手した。翌年９月には、オリヴァ・クロムウェルの指導下で東部連合軍が成立した。

　同じ頃、議会は、スコットランドの軍事的援助を期待して、隣国とのあいだに「厳粛な同盟と契約」を結んだ。だが、スコットランド側は、軍事的・政治的同盟にとどまらず、イングランドに長老教会体制の樹立を望む宗教的な同盟に固執した。これに呼応した議会内のグループは「長老派」と呼ばれ、

第７章　三つのブリテン革命　　105

イングランドの長老教会主義者(宗教的長老派)と提携した。他方、国王との徹底抗戦を主張するグループは、独立教会主義者(宗教的独立派)と手を結び「独立派」と呼ばれた。これ以後、議会を拠点にした長老派が国王との妥協を模索したのに対して、独立派は主として軍隊を基盤にし、一般兵士層を取り込みながら内戦の勝利に貢献していった。独立派は、スコットランドの影響を最小限にとどめながら、混乱するイングランドの再建をめざしたのである。

　1644年7月のマーストン・ムアの戦いは、アレグザンダー・レズリが指揮するスコットランド軍が加わり、クロムウェル率いる「鉄騎隊」の活躍もあって議会軍の勝利に帰した。その後、クロムウェルらは議会軍の本格的改革に着手し、鉄騎隊を中核にしながら、1645年2月にニューモデル軍を編成し、同年4月の「辞退条例」によって妥協的な長老派の指揮官を軍隊から追放した。この段階で議会軍はローカリズムを克服し、兵士のなかにも、ピューリタンの従軍牧師の影響を受け、「反キリスト」を打倒し「神の大義」のために戦うことを自覚する者が多かった。第1次内戦は、1645年6月、ネーズビにおける議会軍の決定的勝利をへて、翌年6月、国王派の本拠地があったオクスフォードの陥落によって終結した。

　議会派内では、クロムウェルらの活躍を背景に、独立派が台頭した。彼らは一般兵士の利害を代表した平等派と提携し、主導権を握った。他方、議会軍内部での分裂が明らかになるにつれて、反革命勢力の動きが活発になった。スコットランドでは、イングランドでの独立派優位にともなって、契約派が分裂し、国王との和解を求めるグループが台頭した。国王とスコットランドのあいだを仲介したのはハミルトン公であった。1648年4月、彼が率いるスコットランド軍と国王は手を組んで、第2次内戦となった。しかし、独立派は平等派と協調して事にあたり、1648年8月のプレストンの戦いによって国王軍は撃退された。イングランドでは、議会派の勝利が確実になった。しかし、スコットランドとアイルランドでは、契約派とカトリック同盟をそれぞれ主体とし、両地域の自立化が、まだ続いていた。1630年代末から40年代にかけて、ブリテン諸島の3国では、宗教を大きな争点として内戦や抵抗や反乱が繰り広げられた。複合国家体制は解体の危機に瀕したままであった。

　1640年代後半には、アイルランドのカトリック同盟でも、国王との和平交渉を求めるグループが、カトリック擁護を筆頭に掲げるグループと対立し、

106　第Ⅲ部　転換期の複合国家

分裂が生じた。和平条約は、1646年に一度結ばれそうになったが、最終的には49年1月に締結され、アイルランドのカトリック兵をイングランドに侵攻させることが可能になった。契約派とカトリック同盟、いずれの集団においても、分裂につけこんで利用しようとしたのは国王チャールズ1世である。クロムウェルら独立派にとって、しだいに敵の姿がはっきりみえてきた。それは、国王と彼を支えるスコットランド・アイルランドの勢力であった。こうして独立派は、不本意ながらも国王処刑へと進み、アイルランドとスコットランドの征服に乗り出すことになった。

国王処刑と共和政の実験

　イングランドでは、1648年12月、長期議会の長老派議員が独立派のプライド大佐によって追放され（プライドのパージ）、議会は60人程の独立派議員で構成されるランプ議会となっていた。軍隊のみならず議会までも掌握した独立派は、いよいよ反革命の核心部にいる国王チャールズ1世と対峙することになる。1649年初め、捕らえられた国王を裁くため高等裁判所が設置された。ジョン・ブラッドショーが裁判長、クロムウェルらが裁判官となり、国王の罪状が明らかにされた。同年1月末に国王は、「専制君主、反逆者、殺人者、国家に対する公敵」として死刑の判決を受け、公衆の面前で処刑された。3月には、君主政と貴族院を廃止する法が発布され、イングランドは歴史上、一度きりの「国王なき時代」に突入した。この中心にいたのはランプ議会で、行政機関として新たに設置されたのが、定員41人の国務会議であった。その大半は、ランプ議会の議員が占めていた。

　チャールズ1世は、イングランドだけでなく、スコットランドとアイルランドの国王でもあった。しかし国王処刑は、イングランドだけで決定され、他の2国には何の打診もなく執行された。これに対しスコットランドは、国王処刑の報に接するや、皇太子をチャールズ2世として認め、新国王を「神の摂理による、疑う余地のない王位継承と血統の合法的な権利による、ブリテン、フランス、アイルランド」からなる複合王国の「正統な相続者であり、合法的な継承者」と宣言した[岩井 2010年, 58-59頁]。スコットランド内部では、契約派の分裂とともに、新国王に忠誠を誓うグループが台頭したのである。アイルランドのカトリック同盟も、スコットランドと同様にステュアート朝と新国王への忠誠を表明した。こうして国王処刑後に、スコットランド

とアイルランドの両国は、イングランドと、さらに亀裂を深めることになった。

　イングランドでは、独立派が革命の勝利者となった。彼らは国王を処刑する一方で、1649年3月に平等派の指導者を逮捕し、平等派兵士の反乱も鎮圧して独裁的な体制をつくりあげていった。5月には正式な共和政宣言が出され、イングランドは、共和政の実験を始めることになった。それは、国内では国王派などの反革命勢力を打倒し、さまざまな民衆グループの力を利用しながらも、不都合となった場合には彼らを切り捨てるという「聖徒の支配」をめざすものであった。国王処刑前後から、土地の共有を追求したディガーズ（共有地の共同耕作を実施）やピューリタン的なモラルに反発したランターズ、「内なる光」に導かれ神との霊的交わりを求めたクェーカー派などが活動を始めたが、彼らは政府によって弾圧された。また、「キリストの王国」建設をめざして千年王国論を唱える第五王国派と呼ばれるグループが一時有力となったが、1654年頃から勢力を失った。対外的には、フランスのユグノーに代表されるプロテスタント勢力を援助し、カトリック諸国に打撃を与えることが目標となった。他方で、通商上のライバルとなったオランダとは対抗し、植民地の拡大をはかることが意図された。

アイルランドとスコットランドの征服

　アイルランドでは、国王派とカトリック同盟が提携して、反革命勢力を形成していた。1649年8月、クロムウェルを司令官とする軍隊は、アイルランドのダブリンに上陸し、翌年5月まで各地で非戦闘員を含む多くの市民を虐殺した。この遠征は、アイルランド反乱に対する報復や、反乱鎮圧の資金を提供したロンドン商人への土地付与、給与未払い兵士への土地給付という意味が与えられ、正当化された。クロムウェルの征服に続いたのは、カトリックからの土地収奪だった。アイルランドを構成する全32州のうち25州で、カトリックからの土地収奪、西部地方への強制移住や亡命、時には西インド諸島への流刑がおこなわれた。1652年8月のアイルランド土地処分法と翌年9月の償還法によって、アイルランド反乱に参加した者やカトリック地主の土地が大量に没収され、ロンドン商人やプロテスタント地主の手に渡った。アイルランドの土地のじつに40％が、アイルランド人からイングランド出身のプロテスタントの手に移動したことが知られる。土地を手にしたのは、約1

万2000人のブリテン島出身の兵士と、ジェントリ・法律家・商人からなる数百人の投機者であった。投機者とは、1641年のアイルランド反乱に際して、軍隊派遣に出資した人々で、大半は不在地主となった。こうして、事実上アイルランドの植民地化が進行したのである。

　クロムウェルの軍隊は、アイルランドに続いて、1650年8月からスコットランドに侵入した。彼らは、第2次内戦で国王側に転じたスコットランド軍を、9月のダンバーの戦いで撃破した。しかし、スコットランドは国王の遺児チャールズ2世を擁しており、彼に率いられた軍隊は、翌年イングランドへ南下した。これに対してクロムウェルは、51年9月のウースターの戦いで決定的な勝利をおさめ、チャールズ2世はフランスへ亡命した。この戦いによって、長きにわたった内戦は、ようやく終結した。

　クロムウェルの征服は、アイルランドと同じく、スコットランドでも大きな変化をもたらした。すでにスコットランドでは、契約派によって1638年から諸改革がなされていたが、征服前後の政策は、国王派の力を弱めることを狙いとしており、契約派の改革方針を基本的に引き継ぐものだった。まず国王派に加担した者を追放する1649年の等級法によって、貴族の80％以上の者と、レルド（地主層）の60％以上の者が公職から追放された。その結果、一院制のスコットランド議会では、貴族の力が急速に低下し、都市代表の発言権が強まり、生活習慣の改革をめざす一連の法案が議会を通過した。また貴族とレルドがもっていた聖職者の推挙権も議会によって廃止され、彼らの影響力は低下した。スコットランド議会の改革は、1651年までに限られたが、多大な成果をもたらしたといえる。

　アイルランドとスコットランドの征服をへて、1651年10月にはイングランドとスコットランドの合同が宣言された。53年7月の指名議会では、イングランドとウェールズの議席133に対して、スコットランドに5、アイルランドに6の議席が与えられた。さらに同年12月の議員定数でも、イングランドとウェールズがあわせて400人であったのに対して、スコットランドとアイルランドには30人ずつの議席が配分された。当時の議席は、国家の地理的な範囲を明示する役割をもっており、共和政期に、イングランドを中心にスコットランド・アイルランドを統合しようとする動きが再びみられた。イングランドとスコットランドの合同は、1654年4月に条令化された。

新たな複合国家の創設

　今やブリテン諸島には、一人の主権者と一つの議会があり、イングランド・アイルランド・スコットランドにウェールズを加えた4国民を統治するという複合国家が姿を現した。ただ、行政機関の国務会議だけは、アイルランドとスコットランドにも設置された。ピューリタン革命期に誕生した体制は、テューダー期や初期ステュアート期に存在した複合国家と比べ、つぎのような特色をもっている。それは、第一に、国王以外の元首（クロムウェルが就任）を戴いたことにより、複合君主国ではなく複合国家というかたちをとったことである。第二に、国王の専制的支配ではなく、議会の力によって複合国家を実現しようとしたことである。第三に、国王の宗教である国教会を強制するのではなく、プロテスタントを基調とする複数の教派を容認したことである。ただしカトリック教徒は公職から追放されたので、カトリックを多数かかえるアイルランドにとって、この体制は差別的であった。

　こうした複合国家のかたちは、ピューリタン革命の成果を反映しており、1654～59年という限られた期間ではあるが、ブリテン史上では特筆すべきものとなった。これによって複合国家の主たる紐帯は、国王ではなく議会とプロテクター（後述）となったが、国王不在であることは複合国家の弱点ともなり、王政復古を迎える要因となった。しかし、のちの名誉革命では、第一の特色はさておき、第二の議会重視と第三のプロテスタント主義という特色は継承された。第二と第三の特色は、1707年のイングランド・スコットランド合同においても基本的に踏襲された。その意味で、ピューリタン革命期の複合国家体制は、これ以後の出発点として重要な転機になったといえるだろう。

　ブリテン諸島では、新たな複合国家のかたちがみえた。しかし、現実の政治は、紆余曲折をたどった。前述したランプ議会は、1653年4月、クロムウェルと軍隊の手によって解散され、同年7月、より急進的な指名議会が設置された。この議会は、選挙によらないで、軍隊と教会の推薦によって議員を選出した変則的で実験的な議会であった。実際、指名議会には、軍士官トマス・ハリソンをはじめとする一群の千年王国論者（第五王国派）が含まれていた。指名議会は、法改革や財政改革、十分の一税廃止などさまざまな改革に着手した。しかし、急進的な改革案に驚いた議会内の穏健派は、クロムウェルと手を結び、指名議会は、同年12月にさしたる成果をあげないまま解散された。かわって登場するのが、プロテクター政権である。クロムウェルは、

軍幹部の用意した成文憲法「統治章典」に従ってプロテクター(国を守る護国卿だけでなく、プロテスタントを守る護民官という意味をもつ)という地位に就いた。プロテクターは、イングランドの国益を護るだけでなく、スコットランド、アイルランド、植民地、ヨーロッパのプロテスタント保護をも目的とした官職であった。「統治章典」によれば、プロテクターと議会が「イングランド、スコットランド、アイルランドおよび植民地からなる共和国の最高の立法権」をもつと定められ、共和政の実験は理念上なお続いていた。

　ところが、実際のプロテクター政権がおかれた地位は大変厳しいものであった。指名議会から追われた第五王国派は、公然たる批判勢力となって、クロムウェルを攻撃した。また、平等派の残党やクェーカー派など宗教セクトの活動も政府には脅威であった。これらに加えて、1655年3月には国王派が蜂起したが、鎮圧された。この状況に直面して、クロムウェルの政府は、同年8月、全国を11の軍管区に分けて軍政官制を敷き、軍事独裁色を強めていった。他方、議会はプロテクター政権下で保守化し、君主政に復帰することによって事態を乗り切ろうとした。1657年3月、議会はロンドン商人らが作成した「謙虚な請願と提案」によって、クロムウェルを王位に就けようとした。王冠を拒否したクロムウェルは、再度プロテクター職に就いたものの、翌年9月、病により帰らぬ人となった。オリヴァの息子リチャード・クロムウェルは、父の跡を継いでプロテクターに就任したが、もはや混乱した状態を収拾できなかった。1659年5月、リチャードがプロテクター職を退き、プロテクター政権はあえなく崩壊し、翌年5月に王政復古となった。

3 ｜ 王政復古から名誉革命へ

復古王政

　1660年5月、チャールズ2世(在位1660～85)は、歓喜の声に迎えられて亡命先からロンドンに戻ってきた。これによって1714年まで続く後期ステュアート朝が開始された。王政復古によって、革命期に複合国家を構成したスコットランドとアイルランドは、別の議会をもつ国となった。だが、王政復古によって、革命前の状態に復帰することはなかった。チャールズ2世は、1660年4月に革命関係者の大赦、信仰の自由、革命中の土地移動の承認、軍隊への未払い給与の保証という4点からなるブレダ宣言を発表してから帰国

した。この宣言は、復古の立役者エドワード・ハイドによって起草され、仮議会によって受諾された。国王とハイドは、貴族院と庶民院からなるイングランド議会の伝統を尊重したが、革命初期に達成された長期議会の諸改革は、ほぼ継承された。しかし、国王が専制的な姿勢をとり、カトリックの擁護を進めると、議会は、1673年に審査法を制定し公職に就く者を国教徒に限定し、79年には人身保護法を制定して市民的自由を保障した。1670年代には、議会主権を唱えるホイッグ派と国王の権威を重んじるトーリ派が誕生して、19世紀の二大政党の起源となった。

　1685年に即位したジェイムズ2世（在位1685～88）は、国王大権を強化し、公然とカトリック化政策を進めた。これに対して、ホイッグ派のみならず、トーリ派や国教会聖職者も離反し、両派の代表者は、国王の長女メアリとその夫のオランダ総督オラニエ（オレンジ）公ウィレムに向けて招請状を送った。1688年、軍隊を率いたウィレムは、プロテスタントの擁護者として上陸したが、ジェイムズ2世は戦わずしてフランスに亡命した。翌年、仮議会は「権利の宣言」を作成し、これをウィレムとメアリは受け入れ、ウィリアム3世（在位1689～1702）とメアリ2世（在位1689～94）として共同即位した。仮議会は正式の議会となり、寛容法と「権利の章典」を制定し、議会主権を保証する立憲君主政が樹立された。1688～89年の革命は大きな武力衝突をともなわなかったことから、「名誉革命」と呼ばれ、その後、百年以上続く名誉革命体制の出発点となった。この体制下で、議会の多数派が内閣を組織する政党政治も徐々に浸透した。名誉革命では、君主政と議会政が提携し、その二つが複合国家の紐帯として機能することになった。この点は、君主政に傾斜したスペインやフランスと異なり、共和政をとったオランダやスイスとも違っていた。二つの紐帯をもったイングランドは、オランダと協力関係を築き、この時期に複合国家は最終的な姿を現すことになった。

名誉革命とアイルランド

　名誉革命期には、ヨーロッパやアメリカを結ぶ国際的なネットワークが再び機能し、イングランドはオランダやアメリカから多くの帰国者を迎えることになった。同時にヨーロッパのプロテスタント勢力も、オランダから新国王を迎えたイングランドが、プロテスタント同盟の中心となることを期待した。オランダとイングランドは、名誉革命によって、議会を重視し、プロテ

スタントを擁護するという特色を共有し、「同君連合」となった。こうした背景下、イングランドは、隣接するカトリック国アイルランドの再征服に着手する一方で、ハプスブルク勢力の衰退後に最大の敵国となったフランスと永続的な戦争状態にはいることになった。そこには、カトリック国を打倒するという宗教的大義名分がともなっていた。

　アイルランドは、イングランドの名誉革命に対する抵抗の場となった。1689年3月、ジェイムズ2世は、ルイ14世から提供された軍隊を率いてアイルランドに上陸した。カトリック系のアイルランド人は、旧王の到来をイングランドに対する抵抗の好機と捉え、フランス軍と協力して、民族解放かつ反革命の戦いを開始した。この事態を知ったウィリアム3世は、みずからアイルランドに進撃することを決断した。彼は、1690年7月のボイン川の戦いでフランス・アイルランド連合軍を破り、ジェイムズは再びフランスへ脱出した。これ以後アイルランドは、プロテスタントのみからなるアイルランド議会によって支配され、イングランドの不在地主によって土地を収奪され、農産物の輸出なども制限されるなど、ますます植民地化が進展した。

4 ｜ 名誉革命体制とアメリカ植民地

スコットランド合同

　ウィリアム3世の死後、1702年にアン女王（在位1702〜14）が即位した。彼女の治世中、1707年5月にイングランドとスコットランドは合同して、「グレイト・ブリテン王国」が誕生した。この合同は、議会とプロテスタントを基本にするという点で、ピューリタン革命期の複合国家の特色を継承するものだった。スコットランドは、1689年4月にウィリアムとメアリの即位を承認し、王政復古期に強制された国教会の主教制を廃止することに成功した。以後スコットランドは、プロテスタントの長老教会体制をとることになるが、イングランドとの経済的格差は広がる一方であった。そこで両国間に合同の気運が高まり、1706年には議会で貴族院16人、庶民院45人の議員定数を増やし、これをスコットランドに割り当てるという合意が成立した。

　1707年の合同によってスコットランド議会は消滅し、両国は「連合した王国」となった。この合同は、議会合同というかたちをとり、プロテスタント複数主義を認めたものだった。イングランド側は、プロテスタントであれば、

第7章　三つのブリテン革命　113

宗派までは問わず、スコットランドは長老教会体制を維持することができた。そのほかに、法と教育という点でも、スコットランドは独自性を保つことができた。合同によってスコットランドは、イングランドの航海法体制に組み込まれ、重商主義的な保護政策に護られた。徐々にではあるが、その商工業は発展し、北米との貿易も伸長した。いまや「グレイト・ブリテン」の一部となったスコットランドは、植民地化が進むアイルランドとはまったく別の方向を歩むことになったのである。

　こうしてイングランド・ウェールズ・スコットランドからなる複合国家は、「連合した王国」として発展した。18世紀以降、イングランドとスコットランドは、商業革命の進展、啓蒙思想の発達、産業革命の開始を経験した。対外戦争に勝利した連合王国は、ヨーロッパを代表する国家となった。この時点でブリテン諸島の複合国家は、17世紀の危機を克服したといえるだろう。その過程で、大きな役割を発揮したのがアメリカ植民地であった。名誉革命は、ピューリタン革命と比べて、比較的穏やかな政権交代であった。だが、視野をアメリカ植民地まで広げると、名誉革命は、本国にとっても、植民地にとっても大きな転機であったことが理解できる。

北米植民地の状況

　1660年の王政復古以降、英領の北米植民地は、ニューイングランドを構成する５つの植民地（マサチューセッツ、コネティカット、ロードアイランド、プリマス、ニューハンプシャー）、中部のニューヨーク、ニュージャージー、ペンシルヴェニア、デラウェア、南部のヴァージニア、メリーランド、南北カロライナという植民地から構成されていた（第Ⅲ部扉、「植民地時代の北アメリカ東部」の地図参照）。チャールズ２世の死後に即位したジェイムズ２世は、ある程度まで自治権を認められた植民地に介入し、強硬な措置をとったことで知られる［テイラー　2020年，140頁］。

　ジェイムズは植民地特許状を破棄し、ニューイングランドの五つの植民地すべて、ニューヨーク、東・西ジャージーの計八つの北部植民地を統合して、ドミニオン・オブ・ニューイングランドとして知られる大植民地を作った。…（中略）…ドミニオンは統治を総督にまかせ、副総督と任命制の評議会に補佐させて、代議会はなしとした。国王は総督に軍士官のエドマン

114　　第Ⅲ部　転換期の複合国家

ド・アンドロス卿を任命し、アンドロスは首府をボストンに定めた。

　しかし、この強硬な支配体制はジェイムズ2世が追放された名誉革命によって大きく変貌する。ボストンでは、1689年4月に武装した反徒がアンドロスとその部下を捕縛した。その1カ月後のニューヨークでは、民兵が砦を制圧して、アンドロスの副官をイングランドに送還した。同年8月メリーランドでは、プロテスタント派が、領主ボルティモア卿によって任命されたカトリックの総督から権力を奪った。ニューイングランドとニューヨークでは、反徒がドミニオンを解消し、旧来の特許状に基づいて、それぞれの自治的な植民地統治を取り戻した［テイラー 2020年，142頁］。名誉革命後に国王となったウィリアム3世は、マサチューセッツでの特許状の回復を認めなかったが、対フランス戦争を進めるために植民地の協力が欠かせないこともあり、ある程度まで植民地の自治を尊重したのである。

　18世紀になると、連合王国とアメリカ植民地との貿易は劇的に変化し、イングランドだけでなく、スコットランドにとっても植民地の占める比重は高まった。1745年以降、イングランドの船舶のほぼ半分はアメリカ貿易に使われていた。北米大陸は、イングランドの輸出額の25％を占めていた。スコットランドと植民地の貿易は、それ以上に伸びていた。本国にとっても、植民地にとっても大西洋貿易は重要な意味をもった。本国にとって、アメリカ植民地は食糧や原料の供給地として不可欠であった。18世紀中葉以降、イングランドでは急激な人口増加がみられ、自国の食糧生産だけでは需要を満たすことができなくなり、アメリカ産農産物の輸入を頼りとするようになった。それにともなって、アメリカ産農産物の価格は急上昇し、貿易によって財をなした豊かな植民地人も現れた［ウッド 2016年，14-15頁］。植民地人にとって、大西洋貿易は、贅沢品を含む消費物資をもたらし、自分たちも「文明人」であるとの充足感を享受できるものだった。

5 ｜ アメリカ独立革命へ

ピューリタン革命を受け継ぐ植民地

　こうした経済発展のなかで、植民地人が求めたのは、あくまで本国並みの地位の要求であった。彼らは、連合王国を構成するウェールズやスコットラ

第7章　三つのブリテン革命　115

ンドのように、議会への代表権などを求めた。植民地人にとって、複合国家の一員として正式に認知されることが重要であった。彼らの要求を表明する手段となったのは、ピューリタン革命や名誉革命といった本国での政治闘争の記憶であった。なかでも、ニューイングランド植民地の聖職者は、ピューリタン革命を思い起こし、アメリカ植民地にその経験を伝えたことが知られる。名誉革命後のニューイングランドでは、本国の影響もあって政治的にはトーリ派とホイッグ派の対立が顕在化した。この対立と並行して、宗教的には高教会派と低教会派の対立が生じ、後者には会衆派ピューリタンの支持が一貫してみられた。高教会派は儀式や礼典を重視する国教会内のグループで、低教会派はピューリタンの信仰を許容し、自由主義的な傾向をもつグループだった。18世紀中葉になると高教会派と会衆派の争いが表面化するようになった。その大きな争点となったのが、毎年1月におこなわれる国王チャールズ1世の追悼行事である。高教会派は、当然、チャールズ1世を「殉教者」とみなし、国王をあつく追悼する伝統に従っていた。

　例えば、ニューイングランドの高教会派聖職者のチャールズ・ブロックウェルは、ロンドン主教から国王追悼の儀式を委託され、1749年1月30日の国王処刑記念日には、ボストンのキングズ・チャペルの午後の説教で、国王が殉教者であることをうやうやしく述べたてた。これに対して、会衆派は嫌悪感を覚え、強く反発した。とくにピューリタン的な信仰が深く根づいていたニューイングランドでは、ブロックウェルの説教を座視することができなかった。チャールズ1世を到底「殉教者」と認めることができないと主張したのは、ボストンで牧師を務める会衆派ピューリタンのジョナサン・メイヒュー（1720〜66）であった。彼は、ブロックウェルが説教した1年後の1750年1月30日に、高教会派による主張を論駁する説教をおこなった。メイヒューは、1649年のチャールズ1世処刑からちょうど100周年の記念日に、本国のピューリタン革命を思い起こし、国王の処刑が専制政治に対する正当な抵抗であったことを論じたのである。こうした聖職者の主張には、国王批判論だけでなく、ピューリタン革命期に説かれた千年王国論なども援用された。

七年戦争から「独立宣言」へ

　植民地は、経済的に豊かになり、知的にも「ブリテンの自由」を引き継いでいたが、本国は、そうした状況を十分に察知することができなかった。本

国は、アメリカ植民地を政治的に冷遇し、七年戦争(1756〜63年)による財政難を補うべく、植民地に重税を課した。それは1764年の砂糖法、65年の印紙法、67年のタウンゼント諸法などによって実施された。これに対して植民地側は「代表なくして課税なし」という主張を掲げ、本国との関係を根本的に問い直すようになった。共和主義の理論が浸透し、君主政を批判する動きが強まったことにも注目すべきである。こうして複合国家の一員としての要求は、本国からの独立闘争に置き換わったのである。その潮流は、1776年の初めに出版されたトマス・ペインの『コモン・センス』をへて、同年7月の「独立宣言」によって仕上げられた。このようにみると、アメリカ独立革命は、本国のピューリタン革命や名誉革命の流れを引き継ぎながら、同時にアメリカ合衆国の出発点になったという二つの顔をあわせもっている。17世紀の革命は18世紀の独立革命に影響を与え、3者は関連していたといえるだろう。

参考文献

岩井淳『ピューリタン革命と複合国家』(世界史リブレット115)山川出版社、2010年
———編『複合国家イギリスの宗教と社会——ブリテン国家の創出』ミネルヴァ書房、2012年
———・山﨑耕一編『比較革命史の新地平——イギリス革命・フランス革命・明治維新』山川出版社、2022年
ジェニー・ウァーモールド編(西川杉子監訳)『オックスフォード　ブリテン諸島の歴史　第7巻　17世紀——1603年-1688年』慶應義塾大学出版会、2015年
ゴードン・S・ウッド(中野勝郎訳)『アメリカ独立革命』岩波書店、2016年
川北稔『工業化の歴史的前提——帝国とジェントルマン』岩波書店、1983年
アラン・テイラー(橋川健竜訳)『先住民 vs. 帝国　興亡のアメリカ史——北米大陸をめぐるグローバル・ヒストリー』ミネルヴァ書房、2020年
トレヴァ=ローパー他(今井宏編訳)『17世紀危機論争』創文社、1975年
浜林正夫『イギリス名誉革命史』(上・下)、未來社、1981・83年

第8章

連邦国家アメリカ
新大陸への入植

石川敬史

1 | イングランドによる新大陸への入植

ヨーロッパ人の歴史地図における新大陸の登場

　「新大陸の発見」という言葉自体が、ヨーロッパ中心主義的な言葉であることは、今日では議論の余地はないだろう。ヨーロッパ人が発見せずともアメリカ大陸と彼らがまもなくインディアンと呼称する先住民の世界はすでに存在していたし、近年の研究では、先住民はヨーロッパ世界の人々とは異なる多様かつ複雑な文化の営みを重ねていた(1)。それを踏まえたうえで、しかし本章では本格的に踏み込めば極めて複雑となる議論を避けるために、言葉遣いに注意しつつも、「新大陸の発見」という観点から議論を始めなければならない。なぜならそれは、14世紀から16世紀にかけて展開したルネサンスと宗教改革によって、長い中世における文明の絶対的中心であった地中海世界の相対化、おおむね1618～48年まで続いた三十年戦争の過程で形成された絶対王政と主権国家の形成という、それ自体が今日においても学説に幅のある歴史を論じなければならないからである(2)。

　換言するなら、ヨーロッパ人にとっての「新大陸の発見」は15世紀から17世紀にかけて展開した大航海時代(中世の終焉から近世にあたる)の文化的・政治的・経済的、そして世界観における画期であった。それは端的に大西洋への進出の時代であり、それが可能だったのは、巨大な官僚機構と常備軍を有することができた西ヨーロッパ、とりわけフランス・スペイン・ポルトガル・イングランドなどの大西洋に接する諸国家だったのである。これら集権化に成功した諸国は相互の角逐のなかで、それまでの都市国家では想像もできなかった莫大な財政を必要とした。ことに常備軍と官僚制を維持するために、国家が商業・国際貿易に積極的に介入する重商主義政策をとるようになり、その一環としてアメリカ大陸に植民地を形成することになる。この意味

118　第Ⅲ部　転換期の複合国家

で、アメリカ大陸は、近世を目前にしたヨーロッパの勢力地図を大きく変化させるものであった。

西欧列強の新大陸入植

　イングランドは、のちのアメリカ合衆国の支配的勢力となるが、イングランドのアメリカ大陸への入植は、ほかのヨーロッパ諸国と比較して必ずしも早いものではなかった。レコンキスタにより国土をイスラーム支配から奪回し、それゆえ強力なカトリック信仰が国是ともなっていたスペインが、16世紀前半に南アメリカ大陸に上陸し、南アメリカの大半のみならず、北アメリカのフロリダ・テキサスからカリフォルニアにいたる地域を征服して、アメリカにおける巨大帝国を築いた(3)。また、大陸ヨーロッパでいち早く集権化に成功したフランスは、北アメリカ大陸の内奥まで進出した。スウェーデンもまた北アメリカ北方のニューファンドランド地域への進出を始めていた。そのような状況のなか、イングランドはアメリカ大陸への入植という点では出遅れたといってよいだろう。

　イングランドは、スコットランド・アイルランドとの長い三王国戦争、および国教会体制をめぐる宗教内戦に一定の決着をつけるのに長い年月を要した(4)。イングランドがアメリカ大陸に本格的に姿を現すのは、イングランドの君主がカトリックのメアリ1世からプロテスタントのエリザベス1世にかわり、スペインとの対抗関係にはいって以降とみるのがより明瞭であろう。イングランドはこの時期、たしかに絶対王政の諸国家に席を占めてはいたが、それはすでにあげた諸国との比較においては、相対的に「弱い絶対王政」(5)であった。毛織物製品が普及するにともない、封建主義的な土地の観念から比較的自由であった貴族も含む大土地所有者が農耕地の「囲い込み」を始め、巨大な余剰労働力を生み出すとともに、国教会体制をめぐる政治と宗教の緊張関係が、統治体制側にとっての無数の不穏分子を生み出してもいた。彼らがアメリカ大陸への移住者の主力となった。

　このような事情により、重商主義体制としてのイングランドの新大陸への入植には明らかな特徴があった。それは重商主義体制の特徴である王権と商業の関係にあった。重商主義政策においては、正規軍と商人の協力関係を軸に入植事業をおこなうが、イングランドの場合は、国王の入植事業への関与は極めて重要であったものの、国王は必ずしも主導者ではなかった。入植事

業は、合同出資会社という方式をとり、君主はそれに勅許状を与えることで新大陸への植民地建設事業をおこなったのである。イングランド本国から約５万キロメートルの彼方に存在する北アメリカ植民地に即応的な訓令を送ることは不可能であったため、この勅許状を得た会社組織がアメリカ大陸における現地政府となっていく。つまり統一的なイングランド領北アメリカ植民地は形成されえず、複数の植民地が形成されていく。その結果、1776年にイングランド本国に対して独立を宣言するにいたる恒久的植民地は、複数の再編をへて13邦となったのである。

2 ｜ イングランド領北アメリカ13植民地の形成

アメリカ人の原風景としての植民地

　ヨーロッパの大西洋岸諸国のなかでイングランドは遅れてアメリカ大陸への入植を始めたことはすでに述べた。それはイングランド領北アメリカ植民地が大陸の奥地ではなく、東海岸に長く伸びていることにも端的に示されている。これらの植民地が独立にいたるまでに13邦となり、アメリカ合衆国の独立後は州と訳されることになる。それゆえ、アメリカの人々の政治社会の原風景は植民地時代に形成されたものである。アメリカ独立革命がアメリカの人々に大きな変化をもたらしたのは連邦政府という後発の政府の登場であり、植民地政府は、ただ州政府と名を改めたにすぎない。植民地時代こそがアメリカの政治的伝統の始まりであり、のちにアメリカン・デモクラシーに結実する自治の経験の揺籃であった。そこで本節では、イングランド領北アメリカ13植民地の形成史を簡潔に確認しておきたい。

北アメリカ大陸南部

　イングランドの北アメリカ入植事業は、長く過酷な経緯をへなければならなかった。まずは北アメリカ大陸で最初の恒久的植民地となったヴァージニア植民地の成立経緯をみていこう。ヴァージニア植民地は、タバコの栽培・商品化・輸出を目的としたヴァージニア会社が勅許状を与えられて入植事業を始めた。1607年のジェイムズタウンの建設である。しかし、北アメリカ大陸の過酷な自然環境と先住民との対立関係から、約100人いた入植者はまもなく半数に減り、その運営は壊滅的状態に陥った。それゆえヴァージニア植

120　第Ⅲ部　転換期の複合国家

民地は、1624年に君主が直轄する王領植民地となり命脈を保った。そして本国政府の人的・資金的後援を受けることでようやく力を蓄えられるようになった。さらに銃器や先住民が耐性を有していなかった天然痘により、ヴァージニア地域に数十万人はいたと考えられる先住民を激減させた。こうしてヴァージニア植民地の運営が軌道に乗りはじめた。

　困難極まりなかった17世紀初頭の植民地建設事業は、ヴァージニア植民地の安定化以降、概して順調に進められた。1632年にヴァージニア植民地の北側にメリーランド植民地が建設され、63年には国王から勅許状を与えられたカロライナ領地でもアフリカ人奴隷を使役したタバコ栽培が軌道に乗り、ノースカロライナ植民地とサウスカロライナ植民地が国王の勅許状を得た。またこれより約100年後には、ジョージア植民地が勅許状を得ている。

北アメリカ大陸北部

　北アメリカ大陸南部が、農業ビジネスを主軸とした植民地だとすると、北アメリカ大陸北部もまた、イングランド重商主義の一環で創設されたものであるのは確かだが、よりピューリタニズムという宗教性が強い植民地であり、それはユダヤ・キリスト教のアメリカというナショナル・キャラクターを後世に伝えるものとなった[6]。

　1620年にメイフラワー号が上陸しプリマス植民地が建設されたが、後続したイングランドからのピューリタンの大移住を期に合併し、29年にマサチューセッツ植民地として正式に勅許状が与えられた。北アメリカ大陸北部でもっとも古い植民地における神権政治、あるいは教会員資格と市民権の関係については今日でも研究が進められている[7]。ただし、1636年にマサチューセッツ植民地からコネティカット植民地が分離し、さらに同植民地の政治と宗教の問題に疑義を呈し、追放処分を受けたロジャー・ウィリアムズがロードアイランド植民地を建設し、ともに勅許状を得ていることから、この地域の宗教的そして何よりも知的な意味での緊張関係が推測されよう。1680年には、ニューハンプシャー植民地がやはりマサチューセッツ植民地から分離している。

北アメリカ大陸中部

　イングランド領北アメリカ植民地は、基本的には農業植民地（定住型植民地

第8章　連邦国家アメリカ　121

であったため先住民との緊張関係を高めた）であるが、そのなかでも比較的、人種的・宗教的多様性を有し、アメリカ的ビジネス志向の萌芽となったのが北アメリカ大陸中部の植民地である。この地域の特性は、成立の経緯を述べることで足りるだろう。

　国教会体制にあって分離派に属するクェーカーの信者であった公爵ウィリアム・ペンが1681年に勅許状を得て、ペンシルヴェニア植民地を建設した。またオランダ領であったニューアムステルダムがイギリス＝オランダ（英蘭）戦争におけるイギリスの勝利によってヨーク公爵に与えられ、1664年にニューヨーク植民地が勅許状を得る。分離派の大貴族が建設したペンシルヴェニア植民地と、アメリカの地を踏んだこともない領主が所有するニューヨーク植民地は、大きな文化的・経済的・社会的発展を遂げるとともに多様な人種的・宗教的構成をとることになる。同64年、デラウェア植民地に勅許状が与えられたが、この植民地はウィリアム・ペンの所領から自立したものである。1679年に王領植民地となったニューハンプシャー植民地は、ニューヨーク植民地の人口過剰が生み出した無数の混乱から生まれたものだった。

　以上のように北アメリカ植民地の成立を論じたのは、二つのことを明言しておく必要があったからである。第一に、前述の植民地13邦は、出自においても、その後の歴史的経緯においても、一つの「アメリカとしての意識」を共有していなかったということである。宗教的信条においても、経済的利害においてもしばしば対立すらしていた。第二に、しかしながら彼らを結びつける紐帯は、イングランド国王であったということである。彼らはみずからをアメリカ人とは決して名乗らず、イングランド人と自認していた。国王が与える勅許状こそが彼らの権利の最終的な拠り所であり、この意味で、彼らは概して王党派でもあり、イングランドおよび北アメリカ大陸のほかの植民地に対してはよそよそしくさえあった。移住者は「イングランド国王の臣民」にしてヴァージニア人であり、マサチューセッツ人という具合であった。それが近世に新大陸に移住した人々のアイデンティティだった。

3 ｜ 幸福なる植民地時代とその終焉

教会法と封建法の不在
　「植民地時代のアメリカが幸福な時代であった」というと、当時のアメリ

カの人々は呆れるだろう。アメリカ植民地諸邦の圧倒的多数の人々は、過酷な自然環境のなかで貧困と重労働のなかで生活していた。アメリカという地域概念が当時の西ヨーロッパの平均的生活水準からみてようやく恥ずかしくないものになるのは、イングランドが王政復古をおこなった1660年に発布された航海法以降まで待たなければならない。北アメリカ植民地が環大西洋貿易の拠点として大きな経済発展を遂げたのは1660年の航海法以降のことである。経済的発展は、ヨーロッパ諸国と比較して明らかな文化的劣位にともなう劣等感をある程度は払拭した。

　ただし、近世のヨーロッパ文明において、アメリカ植民地のイングランド人たちには、ある種の特権ともいえる条件が存在した。それは、イングランドとアメリカを約5万キロメートルにわたって隔てる大西洋だった。王権はアメリカの人々の権利の拠り所ではあったが、それが近接していれば恐ろしいものであったはずである。しかしその王権は大西洋のはるか彼方に存在した。さらにイングランドにおけるピューリタンを葛藤のなかにおいた国教会体制も同様にはるか彼方の存在であった。王権と公定教会の事実上の不在により、アメリカはピューリタンが多数を占めていた不穏な土地でありながら、宗教戦争とは無縁であった。そして封建的身分制度は、事実上存在しなかった。それゆえ、北アメリカ植民地には、民主政の契機は最初から備わっていた(8)。北アメリカ植民地の人々にとって、自由とは所与のものであり、勝ち取ったものではない。これが、例えば旧体制下におけるフランスとの大きな違いであった。イングランド領であるがゆえに、法的には強力な王権も国教会も存在してはいた。しかし、それは5万キロメートルの彼方にあった。アメリカ植民地の人々にとっては、イングランドがよほどの難題を突きつけない限り、本国から分離・独立する動機がなかったのである。

指導者階層の教育の共通性

　アメリカの社会風土を示す「反知性主義」という言葉は、今日ではもはや「ポピュリズム」と並び、人文社会科学の分析概念として定着しているが、植民地時代のアメリカは、辺境ではあってもヨーロッパの一角であった。今日アイビー・リーグと呼ばれる有力な私立大学群の原型となる、カレッジを有していた。その出身者が誇るように、これらのカレッジは植民地時代(つまりアメリカ合衆国独立前)に創設されている。植民地時代のアメリカでは、

いかなる専門職に就くとしても、まずはラテン語やギリシア語といった古典語教育をへていなければならなかった[Hofstadter and Smith 1961, p. 117](9)。トマス・ジェファソンが筆をとったヴァージニア大学入学資格にはつぎのようにある[Bederman 2008, p. 58]。

　　ウェルギリウス、ホラティウス、クセノフォンを容易に読めること、ラテン語文書1頁を一読してすぐに英訳できること、ユークリッド幾何学の最初の6冊を読んでいること、二次方程式および三次方程式を素早く解けること、これらができない若者の入学は許されない。

　ヨーロッパの上流階級の教養主義と何ら変わらない厳格な古典的教養主義である。ただし、見落としてはならない違いも存在していた。ハーヴァード、イェール、プリンストンといった今日の世界で冠たる諸大学は、一般的にアメリカ植民地における牧師の養成のために創設されたとされているが、それは神学校ではなかったのである。前述の教養過程を修了した者で牧師を志す者はスコラ哲学を学び、法曹を志す者はコモン・ローを学び、医師を志す者は医学を学んだ。そして彼らに共通しているのが、ジョン・ロック、スコットランド啓蒙、常識哲学といった啓蒙主義哲学を学んでいたことである。スコラ哲学と啓蒙主義哲学というヨーロッパでは両立困難な学問が、アメリカ植民地では共存していた。アレクシ・ド・トクヴィルを驚嘆させたこの事実は、アメリカ独立革命の際に、キリスト教が旧体制の陣営に属さなかったことと符号している。

近世環大西洋世界における知識人の共通言語としての共和主義
　北アメリカ植民地のイングランド人にとっての「幸福な時代」は、西ヨーロッパの二大強国であるイングランドとフランスとのあいだで勃発した七年戦争(1756〜63年)と、その戦争と連動してアメリカ大陸でも展開されたイングランド領植民地とフランス領植民地の戦争であるフレンチ・インディアン戦争(1754〜63年)の終焉後に唐突に訪れた。皮肉なことに、イングランド側の勝利にともなうアメリカ大陸におけるフランス領の大規模な割譲が原因だった。イングランド議会が新領土保全の財源を植民地に求めてきたのである。
　イングランド議会の主張は、北アメリカ植民地の人々にとっては、経済的

不利益以上に原則論としての容認できない問題があった。それは植民地への課税立法をイングランド議会が可決し、イングランドの官憲が取り締まりを始めたからである。世界史の教科書では「代表なくして課税なし」という言葉が出てくる。これはイングランド議会に議席をもたないアメリカ植民地の人々がイギリス議会の立法に従うのは、同意の原則というイングランド国制の基底をなす「イングランド人の自由」に反するという、植民地の人々のイングランド人としてのアイデンティティの根幹を揺るがすものであったと考えられる。アメリカ植民地の人々が容認できなかったのは、その課税立法が、イングランド議会という北アメリカ植民地の立法権にとっては権限なき「よそ者」が可決した立法だったからである。

　本章ですでに述べた歴史的原則に立ち戻ろう。北アメリカ植民地13邦はイングランド国王の勅許状によって正式な植民地となり、現地における統治機構となった。植民地各邦にはそれぞれの植民地議会があり、それを正統化しているのはイングランド国王なのである。イングランド人である彼らは、紛争の処理には北アメリカ植民地各邦コモン・ローで対処してきた。裁判においては、控訴も上告も当然認められていたが、上告を受けつける最高裁判所は、国王の枢密院であった。このアメリカ植民地創設以来の歴史によれば、イングランド議会は、文字通り「よそ者」だったのである。

　この課税立法権の問題で私たちが注目すべきなのは、北アメリカ植民地各邦の指導者たちと、本国の知識人および行政官とのあいだで、対立的であったとしても議論が成立していたということである。それを可能としたのは啓蒙主義哲学により磨きがかけられた共和主義であった。この共和主義という政治思想には、大西洋両岸のイングランド人たちによるより親密な呼び名があった。彼らは共和主義者を、コモンウェルス・マンという英語を母語としていた人々に親しみ深い言葉で呼んでいた。コモンウェルス・マンとは、「自由な国家」を擁護する思想の持ち主を指す言葉であった(10)。この文脈における「自由な国家」とは、専制なき国家という意味で、具体的には王政・貴族政・民主政による混合政体論という「古来の国制」によって「自由な国家」を維持する信念を有する者がコモンウェルス・マンであった。それゆえ、イングランドは国王がいる以上たしかに王国ではあるが、王国であることと共和主義的であることは矛盾しなかった。この論理が大西洋両岸のイングランド人のあいだで共有されていたので、両者は意見交換が可能だったのであ

第8章　連邦国家アメリカ　　125

る(11)。

　アメリカ植民地の指導的知識層は、複合君主政という思考枠組みを用いてアメリカ植民地と本国との法的関係の確認を試みた(12)。しかし、この主張が近世的な統治理論であったことに注目すべきである(13)。イングランドを複合君主政と理解するからこそ、例えば先住民もイギリス国王の臣民あるいは国際政治のアクターになるのである(14)。こうした北アメリカ植民地側の主張は、アメリカの人々にとってはアナクロニズムでは決してなかった。イングランドとの交渉がいよいよ決裂したことを悟った際に彼らが英語で公表した国際文書（当時の国際文書は、フランス語かラテン語で記述されるのが常識だった）である1776年の「独立宣言」の名宛人であるジョージ3世は、神聖ローマ帝国ハノーファー選帝侯でもあり、ハノーファー王ゲオルク3世の称号も有していたからである。北アメリカ植民地は近世のヨーロッパ文明のなかで形成され、イングランドとの対立が深刻な局面を迎えたこの時期にあっても「複合君主政」は存在していたのである。それゆえ北アメリカ植民地13邦は大陸会議を開設し、イギリス本国政府との対立が本格化しはじめた1775年の段階においても、ジョン・アダムズが、複合君主政論の文脈からアメリカ植民地の自治を要求している。アダムズは、アメリカ植民地と本国政府の対立が激化する最中にあって、イングランドが混合政体論という「古来の国制」から逸脱しているのが今日の紛争状態の原因であると論じている(15)。

　しかし、アメリカ植民地創設以来約170年間、北アメリカ植民地とは異なる歴史を重ねてきたイングランドにとって、こうした植民地側の権利の主張はどのように聞こえていたのだろうか。

4 ｜ イングランドはみずからを「複合君主政」と認識していたのか

1688年の名誉革命とブリテン島における「啓蒙」

　北アメリカ植民地と対峙したイングランドもまた啓蒙主義思想の影響下にあったが、それは大陸ヨーロッパとの比較において特殊あるいは切実な現実的問題と関係するものであった。17世紀のイングランドは、恒常的なイングランド・スコットランド・アイルランドの三王国戦争のなかにあった。とりわけそれは、イングランドにおける君主政と国教会の独特な構造を内包していた複雑なものであった。大陸ヨーロッパにおける三十年戦争と時期が重複

しているが、それとの関係は限定的で、ブリテン島の歴史的経緯に依拠していた。

　ピューリタン革命による国王の処刑とそれに続く共和政期は、イギリス史における重要な主題であり、イングランド人にとっては苦い経験であった。彼らは1660年に王政を復古させたが、イングランド国王ジェイムズ2世の治世はイングランド人には耐えがたい苦痛に満ちていた。しかるに再び国王を処刑し、共和政に戻ることはもはや考えられなかった。そこで1688年、イングランドの有力者たちはジェイムズ2世を王位から追放し、ジェイムズ2世の娘であるメアリ2世と、その夫であるオラニエ公ウィリアム3世を君主として招請した。これが世界史に燦然と記される名誉革命だが、イングランド人の意図は切実であった。それは、「統治の解体」をいかなるコストを払ってでも回避することにあった。そしてこの一連の過程のなかで、イングランド王国の主権者はイングランド議会となり、執行権力としての議員内閣制の原型が形成されていく。国王は存在するがゆえに王政ではあるが、それはコモンウェルス・マンの政治思想となんら矛盾しない。国王とは、「議会内の国王」であり、近世的な君主政とは別物になっていく。近世的な複合君主政の構造から離脱したイングランドは、財政＝軍事国家化(16)を進め、この強大な力が1707年のスコットランドとの合同を必然化したといってよいだろう（以下、イングランドをイギリスと表記する）。

　北アメリカ植民地が労せず自由な自治を謳歌していた170年のあいだに、イギリスは、北アメリカ大陸への入植を始めた17世紀初頭とは別の相貌と思考様式をもつようになっていたのである。

イギリス本国にとっての1776年の独立宣言

　こうしたイギリス本国の統治理念の変化を背景として、アメリカ植民地をよく理解していた行政官トマス・パウナルは、『植民地の統治』(17)というパンフレットによりイギリス側の見解を解説した。それは第一に、「ブリテン帝国」(18)の封建的条件は、王政復古がなされた1660年から事実上消滅しているので、王権への服従は、「議会内の国王」の権威への服従を意味する。すなわち、国王の臣民を自認している人々からなるアメリカ植民地は、イギリス議会の管轄下にあるということである。そして第二に、「ブリテン帝国」における帝国とは、一体性を意味しているのであって、同君連合や複合君主

第8章　連邦国家アメリカ　　127

政を意味するものではありえない。それゆえ、ブリテンはあくまで王国的存在なのであり、併合は可能だが連合は認識の外にあると論じるのである。

このパウナルの明瞭な解説によって、アメリカ植民地の人々は、イギリスと折り合いをつけて共存することができないと悟るにいたる。北アメリカ植民地は、イギリスからの分離・独立以外の選択肢を失ったのである。

5 │「複合君主政国家」としてのアメリカ合衆国

北アメリカ植民地にとっての独立宣言

1776年の「独立宣言」は、正式名称を「1776年7月4日、大陸会議における13のアメリカ連合諸邦の全会一致の宣言」という。それは13の植民地のイギリス王国からの分離・独立を意味していた。この宣言から足掛け8年の戦争の過程で、より強い連合が必要であるとして、1777年に連合規約が締結される(1781年発行)。この規約の冒頭に、みずからを「アメリカ合衆国」と名乗る言葉が出てくる。後世のわれわれは、1783年のパリ講和会議でアメリカ合衆国の独立が国際的に認められたことを知っている。じつに独立戦争の終盤を前にようやく統合的な国家の名称が生まれたのは、今日のアメリカ合衆国を考えるうえでも示唆的ではないだろうか。

ここで是非とも思い出す必要があるのは、そもそも合衆国の独立は、近世的な複合君主政の発想から自治を主張する北アメリカ植民地13邦と、議会主権と責任内閣制の立場を堅持したイギリスとの交渉決裂の帰結であったことである。「アメリカ合衆国は近代から始まった」という通俗的な理解には本質的な誤謬がある。たしかにアメリカ独立革命を近代市民革命に包摂する文書は存在する。それは個人の自然権を根拠にした1776年の「独立宣言」(19)である。しかし本章ですでに論じたように、それはイギリスとの国制論をめぐる論争に敗退した帰結の文書とも位置づけられないだろうか。もはや北アメリカ植民地の人々の考える「イングランド人の自由」も彼らに権利を付与した「近世的君主」も、本国のイギリス人には同意できないものになっていたのである。

選挙王政による民主国家

事実の問題として、イギリス王国という強大な存在との戦争が終わって以

128　第Ⅲ部　転換期の複合国家

降、アメリカ諸州には、植民地時代以来のさまざまな対立関係が露出する。すでに論じたように、植民地時代以来、一つのアメリカという概念は希薄であった。それゆえ、1787年に統合国家としての合衆国の枠組みを定めた合衆国憲法が制定され、89年には、ジョージ・ワシントンというカリスマを備えた人物を初代大統領として連邦政府が創設された。まさにこの歴史過程こそが帝国的思考性の帰結ではないだろうか。連邦政府は13の共和国を複合する統治システムであった。合衆国憲法と州憲法が対立した場合、どちらが優先されるか、あるいは、連邦議会の制定法が州議会の制定法と矛盾した場合どちらが優先されるか。じつはそれは南北戦争をへても必ずしも決定的解決をみなかった問題であり、それゆえ今日まで続いている問題でもあるのではないだろうか。合衆国は今日、分断国家と呼ばれている。しかし合衆国はそもそも分断国家として誕生したのではなかったか。ワシントンは、こうした分断国家を統合する国王的な役割を担った。それゆえ大統領制のモデルは、近世的な選挙王政なのである。

　アメリカ合衆国という新国家がいかに曖昧な枠組みにすぎないものであったかは、のちの第7代大統領になるアンドリュー・ジャクソンが1789年にスペイン領西フロリダのナッチェスに赴き、スペイン王カルロス4世に忠誠を誓っている事例にも端的に示されている[20]。

　じつはジャクソンは、セミノール戦争（1817〜58年のあいだに断続的におこなわれたインディアン諸部族との戦争）の過程でスペイン領フロリダに侵攻し、スペイン人総督を追放し、イギリス人行政官二人を処刑している。この本来であれば重大な国際法違反を第5代大統領ジェイムズ・モンローと国務長官ジョン・クインジー・アダムズは事実上不問に付し、スペインと交渉しフロリダを買収している。はたしてジャクソンが独断でこうした行為におよぶことができたかどうかを考察するには、さらなる研究が必要であろう。しかしモンローとアダムズの判断が、曖昧極まる合衆国という枠組みから、分断の小さな棘を帝国的手法で取り去ったという推論は合理的であろう。そしてジャクソンは、1828年に第7代大統領に選出されている。彼が大統領として統治した1830年代はジャクソニアン・デモクラシーの時代と呼ばれている。

　かりに合衆国の大統領制を一種の選挙王政とみなすならば、その統治原理が民主政であるということは強い興味を喚起するのではなかろうか。

註

（１） 近年の先住民研究は、環大西洋世界の外交史・政治史における先住民の主体的担い
手としての側面に着目している。邦訳文献としてはまずはつぎのものを読むべきだろ
う。ロクサーヌ・ダンバー＝オルティス（森夏樹訳）『先住民とアメリカ合衆国の近現
代史』青土社、2022年。

（２） 中世ヨーロッパについての紋切り型の表現は、もはや歴史学では許容できないもの
になっている。ウィンストン・ブラック（大貫俊夫監訳）『中世ヨーロッパ──ファク
トとフィクション』平凡社、2021年。また三十年戦争の歴史的意味も単純な整理には
耐えられないものとなっている。山下範久・高安啓朗・芝崎厚士編『ウェストファリ
ア史観を脱構築する──歴史記述としての国際関係論』ナカニシヤ出版、2016年。

（３） スペインのアメリカ征服の目的の多くは鉱物資源を中心とした新大陸の資源確保と
されているが、それだけではない宗教的目的があったことは、先住民の取り扱いをめ
ぐる大論争があったことに示されている。つぎの日本語訳文献を参照のこと。L・ハ
ンケ（佐々木昭夫訳）『アリストテレスとアメリカ・インディアン』岩波書店、1974年。

（４） イングランド・スコットランド・アイルランドの三王国戦争と国教会体制をめぐる
宗教内戦についてはつぎの邦訳を参照のこと。J・G・A・ポーコック（犬塚元監訳）
『島々の発見──「新しいブリテン史」と政治思想』名古屋大学出版会、2013年。

（５） イングランドを「弱い絶対王政」とする見解は、つぎの文献に数多く登場する。エ
リック・ウィリアムズ（中山毅訳）『資本主義と奴隷制』ちくま学芸文庫、2020年。

（６） ジャック・P・グリーン（大森雄太郎訳）『幸福の追求──イギリス領植民地期アメリ
カの社会史』慶應義塾大学出版会、2013年では、アメリカは宗教的迫害を逃れたピュ
ーリタンの国であるという俗説を非難し、1776年の「独立宣言」に示されるアメリカ
の独立は南部にあるというチェサピーク発展モデルを提示し、大西洋世界における市
場の統合の帰結としてアメリカの独立を説明している。筆者は同書の多くに賛同して
いるが、経済および社会の発展が、革命をともなう国家の分離・独立に結びつくかに
ついては理論上の飛躍を覚える。

（７） マサチューセッツ植民地の「神権政治」にまつわる通説の多くは、つぎの文献によ
って数多くの修正がなされている。デイヴィッド・D・ホール（大西直樹訳）『改革を
めざすピューリタンたち──ニューイングランドにおけるピューリタニズムと公的生
活の変貌』彩流社、2012年。

（８） 逆説的ながら改めて注意しなければならないのは、アメリカ大陸への入植者は近世
のイングランド人が主軸であったことである。隔絶した身分の貴族こそいなかったが、
イングランドの名家に連なる人々や財産と教養を有する名望家らはジェントルマン階
層を形成し、社会の指導的立場にあった。大半の人々もまた、こうした階層に属する
人々を面前で批判することはできなかった。イギリスの社会秩序の残影は濃厚であり、
それが植民地時代のアメリカ社会にいくらかの秩序をもたらしていた。

（９） Ricard Hofstadter and Wilson Smith, *American Higher Education: A Documen-
tary History*, Chicago: University of Chicago Press, 1961, p. 117. また、植民地時代ア
メリカの教育を詳細資料に基づいて考察した研究としてつぎのものがある。Mark
Boonshoft, *Aristocratic Education and the Making of the American Republic*,
Chapel Hill: The University of North Carolina Press, 2020.

（10） 石川敬史「共和主義」野口雅弘・山本圭・高山裕二編著『よくわかる政治思想』ミ
ネルヴァ書房、2021年、116〜117頁。

(11) 北アメリカ植民地の指導層とイングランド本国の指導層との対話は、つぎの文献に詳細に記録されている。Yasuo Amoh, Darren Lingley, Hiroko Aoki (eds.), *Adam Ferguson and the American revolution: proceedings of the British Commissioners at Philadelphia, 1778-9 with the appendix "Remarks on a pamphlet lately published by Dr. Price, 1776"*, Tokyo: Kyokuto Shoten, 2015.

(12) 安武真隆「『統治二論』の国際的文脈——「連合権力」をめぐって」『法政研究』第85巻3・4合併号、2019年を参照した。

(13) 長いあいだ、アメリカ革命は「アメリカとフランスの革命」として市民革命と国民国家の創設という近代革命の文脈で語られてきたが、近年では適切に両者は区別されるようになっている。金澤周作監修『論点・西洋史学』ミネルヴァ書房、2020年でも、アメリカ革命は近世に、フランス革命は近代に分類されている。

(14) 森丈夫「ジェンキンズの耳戦争における北米植民地の西インド派兵(1740-42年)——軍事・戦争からの大西洋史試論」(上)『福岡大学人文論叢』第52巻第3号；同「ジェンキンズの耳戦争における北米植民地の西インド派兵(1740-42年)——軍事・戦争からの大西洋史試論」(下)『福岡大学人文論叢』第52巻第4号。この観点自体は、先住民研究を視野に入れた植民地時代アメリカ史研究では早くから意識されてはいた。例えば、有名な入門書ではつぎのものがある。Alan Taylor, *Colonial America: A Very Short Introduction*, New York: Oxford University Press, 2013. 本書は日本語に訳されている。橋川健竜訳『先住民 vs. 帝国 興亡のアメリカ史——北米大陸をめぐるグローバル・ヒストリー』ミネルヴァ書房、2020年。

(15) アダムズはこの理論的武器を精緻に言語化したことにより、共和主義の理論家として名声を獲得している。Richard Alan Ryerson, *John Adams's Republic: The One, The Few, and The Many*, Baltimore: Johns Hopkins University Press, 2016, pp. 1-5.

(16) 財政=軍事国家とは、常備軍と官僚制を備え、それを維持する課税権と公債発行権を有する近代国家のあり方である。詳しくはつぎの文献を参照のこと。ジョン・ブリュア(大久保桂子訳)『財政=軍事国家の衝撃——戦争・カネ・イギリス国家 1688-1783』名古屋大学出版会、2003年。

(17) Thomas Pownall, *The Administration of the Colonies*, Fourth ed., London: J. Walter, 1768, reprinted, New York: Da Capo Press.

(18) 「ブリテン帝国」という言葉はコモン・ローのどこにも存在しないが、この時期、このような言葉づかいをする論者は少なくなかった。

(19) つぎの文献は、1776年の「独立宣言」が、旧植民地諸国の「独立宣言」に与えた世界史的効果を分析・検討している。デイヴィッド・アーミテイジ(平田雅博・岩井淳・菅原秀二・細川道久訳)『独立宣言の世界史』ミネルヴァ書房、2012年。

(20) Eliga H. Gould, *Among the Powers of the Earth: The American Revolution and the Making of a New World Empire*, Cambridge, Mass: Harvard University Press, 2012, p. 112. 本書にはつぎの翻訳がある。イリジャ・H・グールド(森丈夫監訳)『アメリカ帝国の胎動——ヨーロッパ国際秩序とアメリカ独立』彩流社、2016年、165頁。

参考文献

デイヴィッド・アーミテイジ(平田雅博・岩井淳・菅原秀二・細川道久訳)『独立宣言の世界史』ミネルヴァ書房、2012年

ジャック・P・グリーン(大森雄太郎訳)『幸福の追求——イギリス領植民地期アメリカの社

会史』慶應義塾大学出版会、2013年

ロクサーヌ・ダンバー＝オルティス（森夏樹訳）『先住民とアメリカ合衆国の近現代史』青
　　土社、2022年

アラン・テイラー（橋川健竜訳）『先住民 vs. 帝国 興亡のアメリカ史──北米大陸をめぐる
　　グローバル・ヒストリー』ミネルヴァ書房、2020年

J・G・A・ポーコック（犬塚元監訳）『島々の発見──「新しいブリテン史」と政治思想』名
　　古屋大学出版会、2013年

デイヴィッド・D・ホール（大西直樹訳）『改革をめざすピューリタンたち──ニューイン
　　グランドにおけるピューリタニズムと公的生活の変貌』彩流社、2012年

David J. Bederman, *The Classical Foundation of the American Constitution: Prevailing Wisdom*, New York: Cambridge University Press, 2008.

Mark Boonshoft, *Aristocratic Education and the Making of the American Republic*, Chapel Hill: The University of North Carolina Press, 2020.

Ricard Hofstadter and Wilson Smith, *American Higher Education: A Documentary History*, Chicago: University of Chicago Press, 1961.

Richard Alan Ryerson, *John Adams's Republic: The One, The Few, and The Many*, Baltimore: Johns Hopkins University Press, 2016.

第9章

フランス革命と県制度
複合政体から国民国家へ

山﨑耕一

1 ｜ 県=選挙区の構想

アンシアン゠レジーム期の地方制度改革論

　1789年にフランス革命が始まるとまもなく、アンシアン゠レジーム期の州制度が廃止され、かわりに県制度が創設されるが、本章ではそれを複合政体から国民国家への移行を示す具体的・象徴的なできごとと捉え、考察の対象とする。

　第4章で取り上げたアンシアン゠レジーム期の行政区画は、徴税管区・軍管区・地方総監管区・高等法院の裁判管区など、部門別にいくつかの種類があり、それらは相互にほぼ重なり合う部分もあれば、まったく異なる場合もあって、複雑を極めていた。これらが王国の政治・行政を遂行するための「上から」の区画割りだったのに対して、州はそこに住む住民の伝統的・自然発生的なまとまり、言い換えると「下から」発生した区画だった。すなわち、州も国王政府から「政治的権利と義務の主体」=「社団」として認定された制度であり、地方三部会が一定の政治的役割を果たしている場合もあったが、州の政治的な色彩は概して淡いものだった。しかしながら州独自の特権・法律・伝統・慣習・方言などを介して州民同士の一体感は強く、日常の生活においては前述の行政区画よりも人々の意識にのぼることが多かった。またこの一体感は「州の精神」と呼ばれ、国王政府側も警戒の対象としていた。

　王権や、王権による全国一律の把握・統治をめざす人々は、入り組んで複雑な地域区画を廃止し、より明快で合理的な区画制度を求めていた。1764年にはすでにダルジャンソンが、フランス王国を徴税管区よりも一回り小さい「県」に区分しなおすことを提案している。フィジオクラート(1)は、新たな区画においては、もっとも離れたところに住む住民でも一日で中心地に着け

るよう、半径を10リュー(2)(約47キロメートル)にすることを提案した。また幾何学的に分割する構想もあった。1779年にフィジオクラートの一人であるルトローヌは、フランスを25の徴税区・250の区・4500の小区に分けることを提案し、それらの区画はすべて、可能な限り正方形に近づけるべきだと主張している(3)。

革命の開始

　1789年の5月に全国三部会が招集され、その第三身分議員は6月17日に「国民議会」を名乗り、7月9日には「憲法制定国民議会」と改称する。国王との対立は危機的になるが、同月14日のバスティーユ攻撃事件で議会側が有利になった。そして、息を吹き返した国民議会は8月4日の晩に封建的特権の廃止の原則を宣言し、同月11日に「諸特権の廃止に関する法令」を採択する。その第10条は「国民の憲法と公共の自由は州にとって、若干の州が享受してきた特権よりも有益であり、また国のすべての部分の緊密な結合のためには特権を犠牲にする必要があるから、州、大公領、地方、郡、都市および住民共同体のすべての個別的特権は、金銭的なものであれ、他のいかなる性質のものであれ、永久に廃止され、すべてのフランス人に共通の権利のうちに解消されることが宣言される」と規定している。憲法制定国民議会の前身だった全国三部会においては、各議員は自分の選出母体(所属する身分や職業団体、選挙区がある州や地方など)の特権を擁護し、公認させることを基本的な任務としていた。しかし特権自体が消滅してしまえば、議員は自分が所属する社団の代表ではなく、相互に対等で平等な国民代表(厳密には議会全体が一つの国民代表で、個々の議員はその構成員)となる。ゆえにアンシアン゠レジーム期とは趣を変え、議員が国民代表の一員として選ばれるように選挙区を整えなければならない。すなわち県制度の創設は、国民代表の選挙区を準備する措置として構想されることになる。

　このような措置の必要性を示唆したのはシィエス(4)だった。彼は1789年9月7日の議会において、新たに作成される憲法では議会が採択した法令に対する国王の拒否権を認めるべきか否か、認めるとしたらどのようなタイプの拒否権かを論じる演説をおこなったのだが、そのなかで、立法と行政の基盤としての自治体と州を計画するための委員会の設置を提案したのである。彼によれば、近代においては、政治は基本的に代表制をとらなければならな

い。すなわち、近代社会は生産と消費という経済活動を中心に動いているのであり、分業と協業の組み合わせによって、個々の人々は自分の能力をもっとも生かせる分野の活動に専念しながら、社会全体として効率的に生産活動をおこなうことに寄与している。政治も、社会的分業の一環として、政治に向いた能力をもつ人々を全員の代表に選出し、その人物に政治を委ねるべきなのである。議員は国民全体の代表であって、個々の選挙区の代表ではない。また決定権をもつのは全体としての議会であって、個々の議員ではない。

　シィエスも憲法委員会の委員になっているが、同委員会の原案となる構想はかなり早くから、彼の頭のなかにはあったようである。彼は革命前には経済学に親しんでいた。彼の立場はイギリスのアダム・スミスに近いもので、フランスのフィジオクラートには批判的だったが、フィジオクラートの政治論には通じていた。すなわちフィジオクラートの地域区画案も知っていた。9月7日の演説より一カ月以上前の同年7月に、彼は「パリ市に適用可能な、いくつかの憲法理念」と題するパンフレットを出版しているが、そのなかでフランス全体を80の県、および6リュー四方の720の郡に分けること、その下位区分である小郡を自治体と認め、独自の立法と行政をおこなえるようにすることを提言しているのである。こうした構想は憲法委員会の原案に反映されていく。県制度をめぐる討論において、シィエスがみずから議場で発言することはなかったのだが、憲法委員会の原案作成は彼がリードしていたと考えて間違いなさそうである。同時に、憲法委員会はアンシアン＝レジーム期の地方制度改革案の蓄積を踏まえていたのであって、決してゼロから出発したわけではないことも確認しておかなければならない。

憲法委員会の原案

　1789年9月29日の憲法制定国民議会において、議員のトゥーレ(5)は憲法委員会を代表して、新たな選挙区と行政区画の構想を発表した。演説の冒頭で彼は以下のように述べている。

　議員諸君は、一方において代表政体を組織しようとしている。それは自由な人民にふさわしい唯一の政体である。しかし、その公正さと安定性は、代表の比例的平等と、選挙区の固定された簡素な秩序とを確立できるかにかかっている。他方で諸君は、自治体と地方での新たな行政組織を樹立し

ようとしている。この行政もやはり選挙制であり、議員選挙と同様に、比
例代表制と選挙の秩序を必要としている。これら二つの目標の類似性は、
事物の性質上、国民代表および自治体と地方の行政という二つの機構が、
それらに共通する基盤の上に樹立されるべきことの重要性を明らかにして
いる［Archives Parlementaires（以下 AP）, t. 9, pp. 202-210］。

　そして、国民代表の選挙と地方行政の双方の基盤に求められるべき秩序と
はいかなるものか、基盤となるべき区画はいかなる基準に基づいて実施され
るべきかを考察した後、トゥーレはフランス王国の区画に関する憲法委員会
の原案を示すのである。
　それによれば、フランスはパリを中心として、全部で80の、できる限り縦
横18リューの正方形（したがって面積は324平方リュー）に近いかたちで区切ら
れ、その区画が県（デパルトマン）と呼ばれる。大雑把にいえば、一つの県は
一辺が84キロメートル強、面積が約7100平方キロメートルと想定されていた
ことになる。一つの県は縦横6リューずつの9つの郡に区分され、さらに一
つの郡は縦横2リューずつの9つの小郡に区分される(6)。国民代表を選出
する際には、住民の人数に応じて決められる数の第一次集会が各小郡におい
て開催される。この集会で第一次選挙人が選出され、郡ごとに開催される第
二次集会に送られる。ここで第二次選挙人が選ばれて県集会に送られ、この
県集会で当該の県の議員が選ばれるのである。言い換えれば、国民代表の選
挙は三段階制が提案されていた。
　地方行政に関しては、各県の県庁所在地に「上級行政会議」が、各郡には
「郡行政会議」が組織され、中央政府の指揮に従って、それぞれの地域の行
政を担当する。それぞれの会議のメンバーの選出は、上級会議に関しては第
二次選挙人、郡会議については第一次選挙人の選出方法に準じる。すなわち、
国民代表の選出と地方行政担当者の選出が、県－郡－小郡という同じ組織に
おいて、パラレルな選出方法で決められるようになったことが、憲法委員会
の提案で基本的に重要なのである。
　それにしても、山や川などの自然地理学的条件も、土地の利用状況などの
人文地理学的条件も無視して、フランス全土を等しい大きさの80の正方形の
県に分け、ちょうどナンバープレイスの升目のように、各県を縦横三つずつ
9つの正方形の郡に、各郡を同様のやり方で9つの小郡に分けるというのは、

136　　第Ⅲ部　転換期の複合国家

たしかにあまりにも幾何学的で抽象的であり、誰もが実現可能性を危ぶみ、疑問とするところであろう。この問題に憲法委員会が気づかなかったはずはない。しかし、州制度はしかるべき経緯と長い時間の流れのなかでおのずから形成された伝統と慣習に根を下ろしたものである。それを否定し廃止するためには、一種のショック療法として、あえて非常識ともみえる極論を対置してみせなければならない。あるいは、「もし可能ならば」という「事実に反する仮定」のもとでの理想論を提示しなければならない。憲法委員会が示した原案はそのような性質のものと理解すべきであろう。

　なお県制度の創出は、国民代表の選挙区と地方行政の区画の問題として提起されたため、この憲法委員会の案をめぐるその後の議論においては、選挙制度のあり方が並行して取り上げられている。また同じ理由から自治体（ミュニシパリテ）の位置づけも問題になっている。この語は、現在のフランスにおいては日本語の「市町村」とほぼ同じ意味で用いられており、それで構わないのだが、語源はラテン語の municipium であって「自治都市」という意味があり、革命期にもそうしたニュアンスで理解されていた。すなわち自治体とは自治＝自由を守ることを意識した人々の「下から」の集団という性格をもつのだから、国土の「上から」の区画割りの問題とは微妙にずれる面があり、どのような区画をどのような理由で自治体と認めるべきかが国民議会では熱心に討論される。これらも興味深く重要なテーマであることは確かだが、本章のテーマは「複合国家から国民国家へ」、端的には州制度から県制度への移行であるので、選挙制度や自治体の問題は割愛する。

トゥーレの補足説明

　憲法委員会が原案を提示してから 1 週間も経たない 10 月 4 日に、パリの女性たちが食糧不足に抗議してヴェルサイユに行進し、翌日に国王一家をパリに連れ戻すという事件が起きた。この重大事件の影響で憲法制定国民議会の審議は混乱し、11 月 3 日になってようやく県制度案に関する審議を開始する。その冒頭でトゥーレが再び憲法委員会を代表して、原案に関する補足説明をおこなった［以下のトゥーレの演説は AP, t. 9, pp. 654-658］。彼がまず強調するのは、フランスは新たな憲法（県制度もその一部）の制定によって文字通りに再建され、再生するのであり、旧来の諸悪の原因はすべて完全に取り除かれなければならないということである。再生後のフランスにおいては、一体の存在と

して出現する国民の利害関心のみが政治に反映されなければならない。すなわち「議員が自分自身を、国民代表というよりも自身が選出された都市・バイイ裁判管区・州の代弁者だとみなすこと、王国全体よりも自分の故郷について多く語ること、州への愛着と国民的利害関心を同列におくこと」[AP, t. 9, p. 655]があってはならないのであって、「バイイ裁判管区や州の代表は存在せず、国民の代表のみが存在する」のである。そのためには均等で平等な選挙区・行政管区としての県制度を樹立しなければならない。これまでの地域区画制度は互いに不平等なものであったから、生まれ変わるフランスにおいて存続させることはできず、州を政治生活の基本単位と意識する「州の精神」は排除されなければならないのである。これまでの地域区分はいずれも過度に不平等であって、規則的で合理的、かつ行政をおこなう側にとっても受ける側にとっても都合のいいものは何もなかった。しかし行政が効率よくおこなわれ、諸権力が適切に行使されるためには、相互に平等で適格な広さの区画が必要なのである。その点で、憲法委員会が提案する324平方リューという県の広さは中庸をえたもので、選挙区としても行政区画としても、また司法権など他の権力が行使される区画としても、適格なのである。これが憲法委員会の根底にある基本精神だった。

　そうはいってもすでにふれたように、現実に適用することができなければ、どのように理想主義的な構想であっても、所詮は絵に描いた餅にすぎないだろう。トゥーレは補足説明の後半で、「統治は代表制を通じて全国民に一律におこなわれるのであり、全市民が統治に参加し、法令・課税・地方行政は王国のすべての地域に一律に施行されるのであるから、旧来の州が失われることを問題にするのは意味がなく、州の精神は解消されなければならない」という建前を繰り返しながら、「だからといって委員会は新たな区画を厳密に幾何学的に実施するつもりはなく、ほとんどの場所において、その地域の事情を勘案し、州の境界線を尊重しながらおこなうであろう」と付け加えている。ごくさりげないかたちでふれられたこの一点が、9月29日の説明にはみられなかった論点なのであり、憲法委員会の本音を覗かせたものである。そしてこれ以降の討論は、この「本音」を前提として進んでいく。

2 | 州制度をめぐる議論

州制度の原理的擁護論

　州制度がそれなりの伝統と必然性をもち、当時の住民にとってはある意味で「自然な」制度であったことは否定できない。それを解体するためにあえて抽象的・幾何学的な区分案を提唱した憲法委員会自体が、前節でみたように、実際の区画の制定にあたっては州制度にも配慮することを示唆していた。それゆえ県制度をめぐる議論において、何人もの論者が州制度にある程度は好意的に言及するのはある意味で当然である。しかしなかには、憲法委員会が提案する県制度に対する原理的な反対意見として、州制度の維持を唱える議員も存在した。ここではそのような発言を取り上げる。

　その典型的なものは、11月5日に発言したシャルル゠フランソワ・ブシュ(7)の意見である[AP, t. 9, pp. 609-703]。彼によれば、あらゆる政府は「飢えた狼」なのであって、つねに餌となる動物を求めている。その狼に対して75匹や80匹の小犬を立ち向かわせても、みながあっさり喰い殺されて終わるであろう。しかし32頭の猟犬であれば、狼も警戒して引き下がり、群れは救われるのである。すなわち専制的に振る舞う政府を、小さな県の寄せ集めで牽制することはできないが、32の州であれば抑えることができる。だから州制度は維持されなければならない。言い換えれば、アンシアン゠レジーム期の複合国家における政治主体の一つとして重要であった州を、革命下および革命後のフランスにもそのまま維持しようと考えるのである。

　それに類似した意見として、同月10日のピゾン・デュ・ギャラン(8)の発言がある[AP, t. 9, pp. 736-741]。彼は以下のように述べる。

　国民議会が惑わされて屈服もしくは分裂させられたと想定してみよう。諸州の大同団結がなかったら、何が自由の避難所になるだろう。首都が単独で、灰燼のなかから自由を再生させられるだろうか。大臣の専制を挫折させ、自由の確立を容易にしたのは、ドフィネやブルターニュのような州のまとまりではないだろうか[AP, t. 9, p. 739]。

　「大臣の専制」とは、社団ごとに異なる特権や自由を無視して、全国を一律の基準・法規で一元的に統治しようとする王権強化の試みを非難する呼称

である。こうした見解はブシュと一致しているのだが、ピゾンが警戒するのは中央政府とともに、首都のパリである。彼によれば、諸特権の廃止によって「州の精神」が消滅させられると、「金満家の精神」「奢侈の精神」が「農業と節約の精神」と対立するようになるが、前者の精神が跋扈する首都は後者の精神が生きている地方によって牽制されなければならないのである。パリは60〜70万の人口を有し、一都市でありながら独立の一つの県を構成することになっている。それに対して、もしフランスを80の県に分けるとすると各県の平均人口は30万人程度、すなわちパリの半分にしかならない。これでは県は首都の暴走を食い止められない。各県の平均人口がパリと同様に70万人程度になるよう、県の数は36にしなければならない。そうすると現存するいくつかの州は、ちょうど一つの県にふさわしい人口になっている。すなわち州を原則として県と認めるべきであり、大きすぎたり小さすぎたりする州のみに工夫を加えればよいのである。ピゾンは、「州の精神が根絶された今は、州制度それ自体は恐れるべきものではなくなっている」[AP, t. 9, p. 740]とも主張している。翌11日に発言したラメル・ノガレ(9)も首都と県との力関係を問題にし、ピゾン案に賛成した[AP, t. 9, pp. 749-752]。さらに翌日の12日に発言したマルエ(10)もピゾン案に賛成だが、県の数は40にすべきことを提案している[AP, t. 10, pp. 4-6]。

　これらは、アンシアン゠レジーム期の政治制度ないしは政治的慣習を念頭において、新憲法のもとにおいても州がこれまでと同じような政治的役割を果たすことを想定した意見とみなせるだろう。

その他の州制度擁護論

　11月5日に発言したバンジ・ド・ピュイヴァレ(11)は、州の政治的役割よりは、むしろ同じ州の住民同士の親近感や連帯意識に注目する。原案のような機械的な地域区分をおこなうと、都市で開かれる集会において農村部の貧しい農民の意見は豊かな都市民によって抑圧されがちになるが、そのような不都合を是正するのが同じ州の住民としての親近感なのである。それゆえにバンジは州のまとまりを重視しながら、フランス全体を70の県に分けることを主張する[AP, t. 9, pp. 680-686]。同月11日に発言するマルタン(12)も、州を解体するのは州民同士の同朋意識を消滅させるものだと批判する。旧来の特権が廃止されてしまえば、州自体が存続することには何の不都合もないのであ

る。したがって彼は、ブルターニュ・ノルマンディ・ポワトゥ・ラングドック・ギュイエンヌ・シャンパーニュなどの大きな州はいくつかに分割し、それ以外の中小の州はそのまま維持することで、36の県を創出するよう提案するのである[AP, t. 9, pp. 752-755]。ただしマルタン自身はフランシュ＝コンテ州の議員であり、フランシュ＝コンテは彼の提案では、そのまま維持されて県となるべき州にされていることも見逃すべきではないだろう。

　事実、フランス全体を視野に入れたうえでの発言というよりは、「とりあえず、自分の選出母体となっている州だけはそのまま維持してほしい」という趣旨の発言もいくつかみられる。11月4日にラングドック州選出のヴォドルイユ侯爵(13)は、ラングドックがいくつかの部分に分割されるのであれば、それらの部分（＝県）が集まって一つの議会をつくること（すなわちラングドック州を実質的に維持すること）を認めるよう要求した。これには同じラングドック州選出のシャトーヌフ＝ランドン侯爵(14)がすぐに、「ラングドックはこれまで恐るべきアリストクラシーに苦しんできたのであり、委員会の原案が認められれば州民はその分割を受け入れるだろう」と反論している[AP, t. 9, p. 672]。翌5日にはペルラン(15)が、三部会州（州に割り振られた税の分担額の配分を地方三部会が決める州）と直轄州（国王代官がその州内部での担税の分配を決定する州）を区別し、「三部会州はすでに、内部での自治に慣れているのだから、県としても維持されるべきだ」と主張する[AP, t. 9, pp. 686-688]。しかしこの論拠は説得力に乏しいし、ペルラン自身が、自分の出身地であって三部会州であるブルターニュを県として維持するのが本音であることを隠そうともしないのである。この発言に対しては、ラ・ロシュフコー公爵(16)がすぐに立って、「大臣による抑圧が消滅した現在は、州の慣習や大きな社団は不要であり、その存在は危険ですらある」と反論した[AP, t. 9, p. 688]。

ミラボーの提案

　ここまでみてきた議論とは逆に、憲法委員会が州制度の廃止を提案するためにあえて「極論」を提示したことの意味を理解し、基本的にはそれに賛成したうえで、あえて委員会の原案を批判する対案を提示したのがミラボー伯爵である。彼は11月3日に発言するが、その冒頭で、州を行政区画とするのは、特権の復活につながりかねないから、避けるべきだと主張する。県が大きすぎると、行政が少数の人の手に集中し、アリストクラシーが復活しかね

ないのである。それゆえにミラボーは、個々の県は憲法委員会の提案よりもさらに小さくして、フランス全国を120の県に分割することを提案する。ただし県のなかには郡も小郡も設けず、単に市町村のみを認める（ミラボーの用語は「市町村 villes et villages」であって、「自治体 municipalité」ではない）。個々の県の面積を狭くすれば、県当局と市町村議会が連絡を取り合うだけで地方行政は実施しうると考えるのである〔AP, t. 9, pp. 659-663〕。

　ここまでなら、ミラボー案は憲法委員会案と基本的に一致しており、相違は県全体の数と個々の県の面積だけであるように思われる。また各県を設置する基準は面積・人口・経済レベルの3点である（経済レベルはその地域の納税額ではかる）と認める点でも両者は一致している。相違はその先にある。第一に、県の設置を定めるための三つの基準のうちで、憲法委員会は土地面積を重視して、縦横18リューずつの正方形で面積324平方リューと定める。人口や経済レベルを考慮して調整する余地はあるが、各県の面積をできるだけ等しくするのが基本的原則なのである。それに対してミラボーは、県は国民代表の選挙区であり、代表を選ぶのは住民なのだから、県ごとの住民ないし選挙民をできるだけ等しくすべきであると考える。すなわち人口を平等にすることを最優先するのであって、そのためには県ごとの広さが不平等になるのもやむをえないと考えるのである。第二の相違は、県境の決め方である。憲法委員会の原案は各県を機械的に一定の広さの正方形に分けていくというものだったから、場合によっては、これまでは隣接する二つの州に属していた地域がまとめられて一つの県を形成することになる可能性もありえた。しかしミラボーは、各州は同じ方言や習俗・慣習、伝統などで結びついているのだから、その一体性を無視するのは住民に与えるショックが大きすぎると考えた。それゆえに彼は、旧来の州をその大きさに応じて、ある州は三つの県、ある州は五つの県というやり方で区分けしていくことを提唱するのである。言い換えれば、「州」という場合には、①政治の主体となる区画として、それぞれが独自の政治的な特権や自由をもつまとまりという意味と、②共通の文化的伝統をもつ住民の精神的・情緒的一体感（すなわち「州の精神」）という意味がある。そして憲法委員会はそれら両者を一体不可分のものと考え、双方をまとめて排除しようとするのだが、ミラボーは両者を分け、①は否定されなければならないし、実際に否定されたとみるが、②は容認し、むしろ活用することで、州制度から県制度への移行をスムーズに成し遂げようと考

えるのである。この点だけに話を限れば、ピゾンの考えと重なる部分がある
といえるかもしれない。これはたしかに憲法委員会の原案とは異なるが、こ
れまでに紹介してきた他の州制度擁護論とも異なる、第三の立場だといえる
だろう。

3 ｜ 県制度の創設とその後

大枠の設定

　前節で紹介した以外にも、地方の区画制度についていくつかの発言や提案
があった。しかし大勢としては、憲法委員会の原案とミラボーの提案を中心
として審議が進んだといえよう。トゥーレは11月9日にミラボー案を二つの
点で批判する。第一は、国土を各県に分割するにあたって人口を平等にする
ことを最重視する点である。面積がほぼ等しくなるように区画を考えるのは
割合に容易だが、各市町村の人口を調査したうえで、人口がほぼ等しくなる
ように市町村の組み合わせを考えて、県ごとの区画を考えていくのは、技術
的な困難をともなって実施に時間がかかる。そのうえ、人口や経済レベルは
時代とともに変化していくが、それに応じて県境を絶えず見直していくのは、
技術的に困難なうえ、県行政の継続性・一貫性を損なうことになる。第二は
120という県の数である。国民代表の選挙区としてみた場合には、県は80で
も120でも大差はない。しかし地方行政の区画としてみた場合には、国土を
120に細分化すると一県あたりの人口が少なくなり、それは県行政の財政的
基盤が小さくなることを意味する。すなわち県が住民に必要な事業を施行で
きなくなる危険が高まるのである［AP, t. 9, pp. 723-728］。

　翌日にミラボーは反論に立って、80の県では州の精神を完全に消滅させら
れるほど細分化できないし、憲法委員会の原案では県や郡・小郡あたりの住
民数が不平等で、地区によっては代表選出に必要な市民がそろわない危険が
あると指摘した［AP, t. 9, pp. 731-735］。その翌日の11日に憲法委員会委員のタ
ルジェ(17)が、県・郡・小郡それぞれを正方形にするという原案はすでに放
棄されていること、80という県数は恣意的なものではなく、各県の住民すべ
てが一日で県行政の中心地に到達できる距離になることを考慮していること、
県ごとの人口は不平等でも、県ごとに選出される代表者の人数を調整すれば
実質的な政治的平等をはかるのは可能であることを指摘した［AP, t. 9, pp. 744-

第9章　フランス革命と県制度　　143

749]。同日にはトゥーレも発言して、一方ではこれまでの発言を繰り返すとともに、他方では憲法委員会案とミラボー案の実質的な相違はそれほど大きくはないことを指摘するとともに、委員会案では国民代表の選出は三段階選挙となっているが二段階選挙にすることも可能であり、そうすればミラボー案のメリットはほとんど消滅すると述べた[AP, t. 9, pp. 755-757]。要するに両案の和解もしくは妥協をはかったのである。その直後に議会は県の数を75から85のあいだとすることを議決した。県の数に関しては憲法委員会案が採択されたことになる。

県制度の成立

1790年1月8日になって、憲法委員会のビュロ・ド・ピュシ(18)が具体的な分割案を提示した。彼は、議会がすでに定めた法令すべてを最大限に尊重しようとしたために作業が長引いたと述べ、憲法委員会は各地域をつないでいる「精神的・政治的な諸関係」を絶たないように配慮し、州の境界は可能な限り尊重したと断っている。事実、その後に示される分割案は「プロヴァンス州は三つ、ドフィネ州は三つの県に分割する。…(中略)…ラ・ブレス、ビュジェ、ヴァル=ロメ、ジェックス地方およびドンブは、全部をまとめて一つの県とする」という具合に、ミラボーが提案した分割案を採用しているのである[AP, t. 11, pp. 119-125]。この提案を受けて討議した結果、議会は同月15日に、フランス全体に全部で83の県を設置することを正式に決定した。

だが、これですべてが片付いたわけではない。この後、定められた原則に従って具体的な県境を引いていく作業に1年以上を要し、最終的に県制度が成立したのは1791年2月である。なぜ1年以上もの時間がかかったかというと、各議員が自分の地元である地区の一体性は最大限に守り抜き、隣接する地区は逆に切り崩して、できる限り自分の県を拡張しようと、「地域エゴ」をむき出しに「ごり押し」したからである。革命期の県制度の成立を研究したオズフ=マリニエは、各議員が持ち出した大義名分をパターン化して分析しているのだが[Ozouf-Marignier 1989]、じつに多様であり、また一人の議員が相互に相矛盾する理由を並べて、平然と主張する場合も稀ではなかった。

本章で示したのは以下の点である。すなわち、1789年8月4日の「封建的特権の廃止宣言」に基づいて州の政治的な特権=自由が消滅した後でも、何人かの議員は州がそれまでに果たしていた政治的役割を忘れることができず、

「革命後」のフランスにおいても州を実質的に維持し続けようとしたこと。それにもかかわらず多くの議員は、全国一律で平等の県制度を樹立する必要性を理解したこと。ただし地域ごと・州ごとの社会的・政治的・経済的なネットワークがアンシアン＝レジーム期に成立していて強固なものになっており、県制度を制定する際にも無視できなかったこと。そして地域相互の友好的ないし敵対的な近隣関係は県境の設定に色濃く反映したことである。県制度の成立によって、議員や住民の生活意識が完全に切り替わったわけではない。それでも、自分たちを相互に対等の「フランス国民」とみなす意識は県制度の成立によって育まれ、1792年に始まる対外戦争によってフランス・ナショナリズムができあがっていく。そして人々のあいだに定着した県制度は、国家の一元的支配を支える政治的基盤の一つになるのである。

　ただし、20世紀後半にはいると様相が変化する。フランスにおける地域圏構想は1950年代に始まるが、1982年に地域集団としての地位が認められ、2003年に憲法に含められた。2015年までは地域圏の数は27（コルシカを含む本国に22、海外の旧植民地に5）だったが、この年に編成替えされて16年からは18（本国に13、海外に5）となった。地域圏は執行府とその議長、および諮問議会をもち、地方行政に関して大きな権限を委託されている。これを、かつての州の復活とみなす見解もある。言い換えると現在のフランスは、より大きなヨーロッパ共同体とより小さな国内の地域圏の双方に、国家権力が担うべき権限の一部を譲渡したかたちになっているのであり、100パーセントの「国民国家」ではなくなっている。

註

（1）　18世紀後半のフランスにおいて、フランソワ・ケネーを主導者とする政治経済思想家の一群。社会には自然的秩序があると考え、その秩序を貫徹させるために、経済的には自由放任政策を、統治形態としては自然的秩序を認識した君主が有能な補佐官を用いて統治する啓蒙専制主義を主張した。農業のみが生産的であると主張したので、「重農主義者」と訳されることもある。

（2）　リューとは日本の里に対応する距離の単位であり、1リューが何トワズにあたるか（1トワズは約1.95メートル）は地域によって異なっていた。後述の1789年9月29日のトゥーレの報告では1リューを2400トワズと規定しており、その場合の1リューは約4680メートルとなる。

（3）　この段落の記述は Jacques Godechot［1968, pp. 93-94］参照。

（4）　Emmanuel Sieyès（1748-1836）. 聖職者だが、パリ市の第三身分代表として全国三部会に選出される。1789年1月に出版した『第三身分とは何か』で知られる。

（5）　Jacques-Guillaume Thouret（1746-94）．ノルマンディ州選出の議員（第三身分）。

（6）　トゥーレが示した原案では、「郡」にあたる語は commune であり、「小郡」にあたるのは canton である。しかし審議が始まると議員によって用いる語が微妙に異なり、最終的には canton が「郡」の意味で用いられ、「小郡」は district と呼ばれることになる。革命が進むと呼称はさらに変化するのだが、本章では元のフランス語の単語にこだわらず、「県－郡－小郡」の３段階区分として論を進める。

（7）　Charles-François Bouche（1737-95）．プロヴァンス州選出の議員（第三身分）。

（8）　Alexis François Pison du Galand（1747-1826）．ドフィネ州選出の議員（第三身分）。

（9）　Dominique-Vincent Ramel-Nogaret（1760-1829）．ラングドック州選出の議員（第三身分）。総裁政府期に財務大臣を務める。

（10）　Pierre-Victor Malouet（1740-1814）．リオム選出の議員（第三身分）。

（11）　Philippe-Jacques de Bengy de Puyvallée（1743-1823）．ベリー選出の議員（貴族）。

（12）　François Martin（1729-1814）．フランシュ＝コンテ州選出の議員（第三身分）。

（13）　Louis-Philippe de Rigaud, marquis de Vaudreuil（1724-1802）．貴族代表議員、1791年に亡命。

（14）　Alexandre-Paul Guérin, marquis de Châteauneuf-Randon（1757-1827）．貴族代表議員。

（15）　Joseph-Michel Pellerin（1751-94）．ブルターニュ州選出の議員（第三身分）。

（16）　François-Alexandre-Frédéric, duc de La Rochefoucauld-Liancourt（1747-1827）．クレルモン＝アン＝ボヴェジ選出の議員（貴族）。

（17）　Guy-Jean-Baptiste Target（1733-1806）．パリ選出の議員（第三身分）。

（18）　Jean-Xavier Bureaux de Pusy（1750-1806）．フランシュ＝コンテ州選出の議員（貴族）。

参考文献

山﨑耕一『フランス革命──「共和国」の誕生』刀水書房、2018年

Jacques Godechot, *Les Institutions de la France sous la Révolution et l'Empire*, Paris: Presses Universitaires de France, 1951.

Marie-Vic Ozouf-Marignier, *La Formation des départemens -La représentation du territoire français à la fin du 18ᵉ siècle*, Paris: Éditions de l'École des hautes études en sciences sociales, 1989.

Column #05

複合国家イギリスの〈軋み〉とアイルランド社会改革論

桑島秀樹

　イングランド（英）の圧政下、18世紀のアイルランド（愛）で論じられた一連の社会変革論を確認する。具体的には、愛国生まれの3人の思想家、文学者J・スウィフト、哲学者G・バークリ、美学者かつ政治思想家E・バークのそれについてだ。

スウィフトによる諷刺文学の背景──1720年代

　ダブリンの英国移民の子だったスウィフトは、キルケニー文法学校、トリニティ・カレッジ・ダブリン（TCD）で神学教育を受けた。英貴族テンプル卿との関係から英愛間を行き来し、英での高位聖職者への就任を望むが、最終的に得たのはダブリン聖パトリック大聖堂での首席司祭職だった。1720年代のことである。当時のスウィフトは、皮肉とあてこすりに満ちた諷刺小説『ガリヴァー旅行記』（1726年）に代表されるように、その辛辣で偏執的な諷刺の文体を駆使し、愛国側に立ち英による抑圧の牽制をねらった。英国人の悪貨鋳造特権を批判する『ドレイピア書簡』（1724年）、浮浪児対策と絡め辛辣な食肉輸出策を説く「慎ましい提案」（1729年）など、愛国の産業奨励・慈善福祉の推進を図り、独自の文学的政論を展開した。

　これら作品の淵源は、小論「アイルランド製手工業品の万人使用のための提案」（1720年）に求められよう。「〔女神アテナ（＝英）の怒りで蜘蛛に変化させられた機織娘アラクネーとみなしうる〕われわれ〔愛国人〕の五臓六腑の大部分は引き抜かれてしまい、紡ぐ自由も織る自由も与えられていない」とスウィフトはいう。愛国産羊毛の原料品質も、それを使った「アスローンの帽子」などの製造技術も、英に劣らず高水準にあるのに、と。

哲学者バークリによる貧困問答──1730年代

　スウィフトの主張を継ぐ聖人哲学者バークリは、晩年の愛国南部コーク州のクロイン主教時代に、600問弱におよぶ自問自答説教集『問いただす人』（1735～37年）を著し、愛国の貧困原因とその解決策を訴えた。キルケニー近郊に生を受けた彼は英貴族の血を引く愛国人で、文法学校も大学もスウィフトの後輩にあたる。ただし、TCDの専攻は哲学・心理学で、オックスフォードをへて仏や伊にも留学した。クロイン着任直前のバークリには、米国バミューダ島の英入植者と先住民のための大学建設計画があったが、失敗に終わっていた。このバミューダでの教育思想が、いわば別のかたちで故国再生策へと転用されることになる。

　『問いただす人』の最終問は、「問595　かわいそうに愛国がいまだ貧しくあり続けるとすれば、それは誰の過ちなのか？」だ。貧困問題は、第1問からの一貫した

問いである。その打開の鍵とされるのが「勤勉／産業」「商業」の奨励であり、その基盤とされたものこそ「趣味」「風俗習慣」「技芸」の教育・改良であった（優れた手工業品として「アスローンの帽子」も例示）。「問15　ある民族に全般的な良き趣味が認められた場合、それは彼らの繁栄におおいに貢献するのではないか？」。そして、問答終盤の問594では、「巨人」の英に「子ども」の愛国が対処する手段として「技芸（アート）」の普及・振興が明示された。

美学者・政治思想家バークによる趣味改革論——1740年代

18世紀初頭のスウィフト＝バークリ的な社会変革論が浸透するなか、「憂鬱」「無気力／怠惰」の街ダブリンで思考したのが、若きバークだった。彼もまた TCD の同窓で、その卒業前後に週刊新聞『改革者』全13号（1748年）を発刊し、街の文学青年たちと「趣味の改革こそモラルの改革だ」と説いた。

バークは先達たちと違い、コーク州出身の父母（父は改宗国教徒で弁護士）のもとに生まれ、キルデア州のクェーカー寄宿学校で学んだ。1750年の渡英まで英との縁故はほぼ無く、むしろコーク州の有力カトリック一族である母方ネーグル家との関係が深かった。美学や文芸の研究から始まり、結果的に英国会議員となったバークは、北米やインドの植民地問題に尽力しつつ、属国化した故国の社会変革を強く望み続けた。『改革者』での主張はその原点だった。

彼は、バークリ同様、「良き趣味」「勤勉／産業」「公共精神」の醸成こそ、英＝愛＝スコットランド（蘇）のパワー・ポリティクスのなかで愛が他国と同等の権利の下に共存共栄する道だと信じていた。「わが国の手工業の改良を阻害する最大のものは、〔勤勉／産業の〕奨励不足だ」（『改革者』第4号）。この記述の後、貴族・ジェントリ・一般人からなる学問・産業・技芸の庇護集団「ダブリン・ソサイエティ」の形成、その影響下での公共精神・宗教的慈愛心の拡散の重要性が説かれる。

以上みたように、英中心の国家体制の「軋み」が、宗教的な慈善精神と連動した「趣味」「勤勉／産業」「技芸」「公共精神」の促進を前景化させ、カトリック処罰法下の18世紀愛国で独自の社会変革論の系譜が紡がれたのである。この事実は、愛国の歴史を通じてみたイギリスが——英のみに回収されない——「複合国家」であることを示す好個の事例といってよかろう。

参考文献

ジョナサン・スウィフト（原田範行編訳）『召使心得　他四編——スウィフト諷刺論集』平凡社、2015年
ジョージ・バークリ（川村大膳・肥前栄一訳）『問いただす人』東京大学出版会、1971年
岩井淳・竹澤祐丈編著『ヨーロッパ複合国家論の可能性——歴史学と思想史の対話』ミネルヴァ書房、2021年（とくに、中島渉の第6章、桑島秀樹の第14章）

Column #06

イングランドとスコットランドの合同
軍事力から主権議会の同意、そして住民投票による同意へ

———————————————————————————— 富田理恵

　自国が異なるイデオロギーの国々に囲まれるとみて隣国を脅威とみなし、これを取り除こうと先制攻撃に走る例は、史上枚挙にいとまがない。1543年からイングランドのヘンリ8世が北辺の脅威を除く手段として、スコットランドを軍事制圧しようとしたが、長期の統治はできなかった。それではどのようにして、今日まで続く合同が可能となったのであろうか。

連携と敵対、そして妥協

　1559年にスコットランドで新旧両教の内戦が始まった。カトリック側は、フランス出身の王太后を摂政とするスコットランド政府であり、これに対峙するプロテスタント側は、エリザベス1世に援軍を求めた。彼女の介入と摂政の病死により1560年「宗教改革議会」が開催され、スコットランド・イングランドの両国は新教国となった。エリザベスの遠縁、ジェイムズ6世のイングランド王位継承が1603年に平和裡に進められたのにも、この事実は大きく作用した。しかし、17世紀中葉に三王国戦争が始まった。スコットランドの革命派＝契約派はイングランドと対等の発言権を確保しブリテンの信仰を統一することで、スコットランドの意に添わない祈禱書の押し付けといった事例を防ごうとしたのであるが、イングランドの革命派＝議会派はこれに同意しなかった。その結果、スコットランドはイングランドのクロムウェルと衝突し敗北した。三王国戦争の結果、スコットランドの思惑は裏目に出て、イングランドの優位性が決定的となった。

　1688～90年のイングランド、スコットランドでの革命をへて、両国では議会主権が確立した。その結果グレイト・ブリテン島は、同君連合のもと二つの主権議会が存在するようになった。革命の結果、両国を統合する君主の力が減衰し、かえって、両国関係は破綻寸前にいたった。しかし、この危機を回避したものもまた、両国議会の妥協であった。スコットランドに息をひそめるジャコバイトは、革命で追われた亡命王家の復位を、敵国フランスと結んで成就させようとしていた。イングランド政府は、議会を一元化しブリテンの国家意思を統一して敵に隙をみせないよう、両国議会の合同を是非ともやり遂げなければならなかった。

共有された帝国とその喪失

　1707年の新議会の構成をみてみよう。庶民院でイングランドとウェールズ選出の議席が513であるのに対し、スコットランドは45、貴族院では、スコットランドの

爵位貴族約130人のうち、16人分の議席があてられたのみで、実質的にはスコットランドの吸収合併であった。しかし、スコットランドが得たものもある。イングランドと自由貿易圏を形成し、航海法で阻まれていたイングランドの植民地での貿易が可能になった。長老主義に立つ法定教会の地位は保証されて、17世紀の革命の成果を保持した。なにより強調したいのは、この合同が、両国の議会代表による論議をへて、両議会で合同条約として批准されたことである。そのプロセスには、不完全ながらも請願など下からの意見も反映されていた。

　この議会の合同は、構成領域が相互に対等な発言権を有する連邦制ではなかったので、領域の結び付きとしては不安定な制度であるといえよう。そうした欠陥を両領域は時代ごとに移り変わる大義を共有して補い、合同を支えてきた。18〜19世紀は帝国の共有、20世紀前半は世界大戦の勝利、帝国を失った20世紀後半では福祉国家の実現という大義である。しかし合同に最大の危機をもたらしたのは、サッチャー政権であった。同政権の福祉国家政策から新自由主義政策への転換はスコットランドで支持されず、1987年の総選挙では72議席中保守党は11議席しか獲得できなかった。しかし、イングランドの支持により政権は続いた。

合同の票決

　人々が無力感を味わう一方で、その社会のなかから自治運動が始まった。スコットランド国制会議が作成した自治案を1997年ブレア労働党が公約として掲げ、その政権復帰と住民投票によって、自治議会が発足した。自治は合同に柔軟性を与えることによりそれを補強したとみることができるし、またスコットランドに分離独立の道筋をつくったとみることもできる両義性をもつ。この自治議会を、2006年以来独立を標榜するSNP（スコットランド国民党）が率い、14年に独立の是非を問う住民投票をおこなった。結果は独立賛成が45％、反対が55％で独立は否決された。これは画期的な意味をもつ。合同条約が成立してから300年以上経過してはじめてスコットランド人に合同への投票の機会が与えられ、是認されたからである。

　イングランドは、16世紀半ばからスコットランドに対し軍事占領による領土化を諦め、逆にスコットランド王を迎え入れ、交渉や融和策で合同を維持してきた。12世紀からイングランドが支配者として乗り込み、流血の末1801年に統合したアイルランドが、武力闘争をへて1922年に南部が分離独立したのとは好対照をなす。

参考文献

富田理恵「スコットランド議会の成立——1979-1999年」『史観』（早稲田大学史学会発行）第146号、2002年、51〜65頁

Laura Stewart, *Rethinking the Scottish Revolution: Covenanted Scotland, 1637-1651*, Oxford: Oxford University Press, 2016.

第IV部
ユーラシアと日本の複合政体

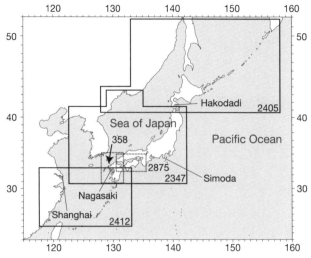

日本近海を覆うイギリス版「近代的海図」（19世紀半ば） 現在、全世界の海図を刊行しているのは、イギリス・フランス・ドイツ・アメリカであり、ロシアも全世界の主要港の海図を刊行している。1840年代までは西洋諸国の海図に日本の海岸線についての情報はほとんど記録されていなかった。本図は、19世紀半ばにイギリスが刊行した小縮尺の海図の範囲を示している。海図が作成されることは、国土や領土が外国の船舶により接近可能・上陸可能な空間となることを意味していた（4桁の数字は海図番号）。左図は菊池眞一「幕末から明治初年にかけての日本近海英国海図――日本水路部創設前の海図史」（海上保安庁『海洋情報部研究報告』43、2007年）を基に作成。

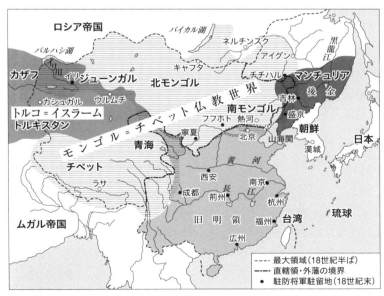

大清帝国の支配領域とその構造　出典：杉山清彦「マンジュ大清国の支配構造」『岩波講座世界歴史12　東アジアと東南アジアの近世――15〜18世紀』岩波書店、2022年を基に作成。

第**10**章

ムガル帝国とイギリス支配

粟屋利江

1 ｜ インド近世史研究の動向と複合国家論

ムガル帝国とは

　「ムガル帝国は、前近代の世界史において知られる、最大の中央集権化された国家の一つであった」。アメリカのムガル史研究者ジョン・F・リチャーズは、ムガル通史をこのような一文で書きはじめている[Richards 1993]。ムガル期の人口規模についてはさまざまな推計が示されているが、リチャーズは16世紀後半までに、1億から1億5000万人という数字をあげている(1)。インドが1947年に独立した際、イギリスの間接支配下にあった大小の藩王は600ほどを数え、そのなかにはヨーロッパの国の規模をこえる大藩王国も存在した。こうした藩王国は、イギリス東インド会社が軍事保護条約を結んだ地方政権や、西インド・中央インドの場合には、マラーター連合に対する東インド会社の勝利後、政治的判断から大小の勢力を藩王として存続させたという歴史を背景にする[小川 2019年]。英領インド領や他の藩王国の内部に散らばった所領を有する藩王国も少なくなく、例えば、バローダー藩王国は、地図上では「スイス・チーズのかけらのよう」にみえた(2)。

複合国家ムガル？

　「複合的」、もしくはそれに類した形容詞は、南アジア・インドの社会を形容する用語として長らく使われ、それはムガル期についても同様である。ただし、それはあくまで宗教・言語・文化・エスニシティなどのレベルの問題であり、「国制史」「国家論」のレベルで必ずしも論じられてきたわけではない。ムガル帝国の場合、そもそも「帝国」とみなされる段階で、定義的にも、多様な歴史と特徴を有した地域を支配する存在であるから、「複合的」であるのは当然ともいえる。ムガル史研究者を代表する一人である近藤治が、ム

152　第Ⅳ部　ユーラシアと日本の複合政体

ガル期の文化を特徴づけるとき複合文化と呼ばれることを踏まえて、それを国家論のレベルに応用したものとして複合国家という表現を使ったのが目を引くが、ヨーロッパ近世史研究分野における「複合国家」論をめぐる議論を踏まえたわけではない［近藤 2007年］(3)。

　複合国家を、文化的に多様な地域を単一の君主が治めるような国家形態、といった極めて形式的で単純化した政体像のレベルで捉えるならば、ムガル研究は、ある意味、それを前提としてきたといえよう。ただし、「集権化」の理解や解釈については議論があり、また、地域の自律性のあり方、中央と地方の相互関係についてはインド独自の要素が研究されてきたのである。多様な地域とムガルとの関係は一様でないが、近世ヨーロッパ史で顕著な種々のレベルにおける身分制議会は存在せず、ヨーロッパ史でしばしば論じられている固有の法や特権をめぐる交渉といったかたちでは議論は構成されない。政略結婚は珍しくなかったが、婚姻ネットワークや相続によって同君連合のようなものが生ずることもなかった。

　問題を複雑にしているのは、ムガル史を論じるとき、いつの時代をみるかという問題である。ムガル期は1526年のバーブルによる創始からインド大反乱を契機とした1858年の滅亡までとされるが、第6代皇帝アウラングゼーブ（在位1658〜1707）がデカン地域の二つのムスリム王朝（ビジャープール、ゴールコンダ）を征服し、最大版図を確立したのは1680年代後半であり、1720年代にはすでに、ハイダラーバード、ベンガル、アワド、アールコットにおいて、「継承国家」と総称される諸権力が自律化の方向に向かっていた。

　ヨーロッパの経験を暗黙のうちに「モデル」として非ヨーロッパの歴史を比較すること、ましてや、そうしたモデルをあてはめるという営為（しばしば、モデルからの逸脱、遅れ、とされるのだが）に対する批判はすでに常識となっている。ポストコロニアルの理論家としてインド史の分野をこえて広く読まれるようになったディペーシュ・チャクラバルティが、「ヨーロッパを地方化する」と挑戦的に主張したことは記憶に新しい(4)。

複合国家論をムガル史研究からみる

　こうしたことを踏まえ、本章では、ムガル史を中心にインド近世史および、イギリス支配への移行時代に関する近年の研究動向を振り返ることを通じて、複合国家、複合君主政、礫岩国家という概念に対するヨーロッパ近世史研究

における関心のありようの意味について間接的にアプローチすることにしたい。ムガル帝国(そしてそれを引き継いだイギリス支配期のインド)を「複合国家」としていかに論じられるか否かを問うことは、本章の射程にはないことをあらかじめお断りしたい。

インド史における近世史の位置づけについて補足するならば、インド史研究分野での「近世史」という時代区分は1990年代以降に定着してきたように思われる。16〜18世紀が想定されることが多いが、開始時期を16世紀より以前に設定する場合もある。一方、終了の時期については、19世紀の20年代、30年代、40年代、インド大反乱などさまざまである。17世紀後半から19世紀初頭までを、「長い18世紀」と捉える議論もある。

2 │ ムガル帝国研究を振り返る

帝国の統合を担保したもの

ムガル史に関する本格的な研究は、インド独立前からイギリス人行政官・歴史家 W. H. モアランド、J・サルカールらを代表とするインド人研究者によって開始されるが[5]、とくに1950年代以降、アリーガル・ムスリム大学を拠点とするマルクス主義に影響された研究者たちの研究が大きな影響力をもった。「アリーガル学派」として知られるこれらの研究者たちは、なんらかの固定したプログラムを共有しているわけでは決してないが、①高度に官僚化された集権的国家というムガル像、そして②ムガル国家の崩壊にともなう混乱の時代としての18世紀という理解をほぼ共有していた。こうした理解に批判が示されるのが1980年代以降である。

そうした批判と近年の研究動向を紹介する前に、ムガル国家の組織的、イデオロギー的求心性を担保したとみなされてきた諸要素について、簡単に確認しておく。

高度に中央集権化・官僚化された国家というムガルの歴史像を支えてきた主要な要素は、地税制度と、ムガルの軍事官僚制度であるマンサブ制度といえよう。第3代皇帝アクバル時代(在位1556〜1605)に整えられたという地税制度は、作物別の平均生産量・平均価格の情報に基づいて政府の取り分(3分の1とされた)を現金に換算して示した。領土は州(スーバ)に分けられ、州にはさらに県(サルカール)、郡(パルガナ)という下位区分があり、パルガナ

154　第Ⅳ部　ユーラシアと日本の複合政体

が地税徴収の基本単位だった。各単位には、徴税・軍・司法に関する官吏が任命された。一方、マンサブ制度とは、皇子を含め、直属の臣下にマンサブ（地位・役職の意味）を与え、武将や文官を階層化したものである。マンサブを有するものはマンサブダールと呼ばれる。マンサブはザート（個人の位階でマンサブと同値）とサワール（保持すべき騎兵・騎兵数の位階。必ずしも実際の騎兵数を表したわけではない）という二つの数値で示された。ザートとサワールに対応した給与が、その額に相当する地税徴収のある給与地を通じて与えられる（ジャーギールは飛び地であることもあった）。軍事提供を条件に有力層に封土を与えるという支配制度はムガルに限ったものではないが、原則としてジャーギールが数年で交替され、官職のヒエラルキーと結びつけられた点に新しさがある。

　ラージプート大領主などのように、ムガル政権に恭順し、自己の所領がそのままワタン・ジャーギール（世襲領土）として認められる場合もあった。彼らは、高位のマンサブを得て、所領とは別にジャーギール地も与えられ、ムガル軍の中核的な軍を提供した。500位（シャー・ジャハーン以降1000位）以上のマンサブダールは「貴族層」としてほかとの格差が大きく、マンサブ制は一種の貴族制の側面もあったといえる。アクバル時代末期、マンサブダールへの俸給は帝国全土の地租評価の約82％におよんだという[Richards 1993]。官僚制とはいえ、登用や昇格に厳格な規則があったわけではなく、財務・宮内・宗務・軍務の４つに分かれた部門のあいだの移動もあった。実力や実績も評価される一方で、皇帝との個人的な近さが重要であり、また、世襲ではなかったが、高位のマンサブダールの息子たちは大抵マンサブを与えられた。イラン系などインド外に出自をもつマンサブダールの比重が大きかったとはいえ、マンサブ制度は、ヒンドゥーであるラージプートやマラーターなどを登用することによって、ムガル体制に組み込むメカニズムとして機能した(6)。ムガルの地税・官僚制度の枠組みや用語は、かたちを変えながら、直接支配を受けない地域にも浸透していった。

正統化・イデオロギー・紐帯

　征服国家、かつ圧倒的に非ムスリム人口から構成された社会の支配者として出発したムガルの権威は、軍事力と官僚制以外に、さまざまなかたちで追求された。創始者バーブルはよく知られるように、父方をティムールに、母

第10章　ムガル帝国とイギリス支配　155

方はチンギス・ハーンに遡る家系の出身であるが、バーブルもそれ以降の皇帝たちも、ティムールの血筋をとくに誇った(7)。征服事業の成功そのものが、権威の正統化に寄与したのみならず、皇帝が移動する際に組織された、宮廷のレプリカのような壮大なキャンプも、ムガルの権威を知らしめた。

皇帝の絶対的権威については、アクバルの側近であるアブル・ファズルによるアクバルの年代記『アクバル・ナーマ』のなかで典型的に示された。ファズルはアクバルのイデオローグとも評されるが、彼は、神の恩恵を受けた支配者としての偉大なるアクバル像を創り上げた(8)。皇帝がパフォーマンスをとおして示す「聖性」がムガル皇帝の権威(つまり、イスラーム教義ではない)の支柱であったと強調する研究もある。

皇帝への個人的忠誠を醸成する儀礼は豊富である。皇帝の身体にふれた(実際はどうであれ)ヒルア(名誉のローブ)の贈与のほか、皇帝の誕生日におこなわれた計量の祝祭(大きな秤で皇帝の体重をはかり、それと同じ重さの物品を参加者たちに付与するもの)、皇帝が宮殿のせり出した小窓に姿を現す慣行などである。後者二つについては、それぞれヒンドゥー王権儀礼の一つであるトゥーラー・プルシャ、ヒンドゥーの信仰形式にみられる神像のダルシャン(一対一で対面すること)との関連が濃厚である。アクバルに関しては、民衆レベルのアクバル像について多くの研究がある。それらは、アクバルをラーマ王、クリシュナ、ラクシュマン、アルジュナといったヒンドゥーの神話や叙事詩の世界の英雄と結びつける現象を指摘している。

ムガルの国家イデオロギーの中核の一つとして知られるスルヘ・クル(「万民との平和」「普遍的和解」などと訳される)という概念がある。これは、しばしば、アクバルとその忠臣アブル・ファズルが進めた、非ムスリム人口を統治するための戦略的な手段としての「宗教的寛容」と理解される。しかし、統治手段といった意味をこえた「良き統治」の目標・指標、理性の重視、内的な自己実現といった次元を含む概念として論じる最近の研究がある(9)。

「ヒンドゥー」を取り込む策として、アクバル以降の、とくにラージプートの領主家との婚姻関係がしばしば注目されてきた(10)。このような関係をとおして、嫁を出したラージプート家がムガル体制のなかで地位を上昇させたり、ムガル宮廷において「ヒンドゥー」文化が浸透した。とはいえ、ムガル側にせよ、ラージプート側にせよ、皇帝のメモワールや歴史詩などの分析によれば、婚姻関係が重視されることはなく、むしろ言及を避けるなど、婚

姻関係の位置づけは単純ではないようだ。

　ペルシア語がムガルの「統合」に果たした役割も重要である。ペルシア語は13世紀初頭、デリーにムスリム王朝が成立して以降広まるが、アクバル時代に公用語とされたことによって、エリート層を中心として、その浸透に拍車がかかった。ペルシア語知識を有する層において教養の柱になったアフラーク文献は、政治倫理を説き、政治における正義、理性の重視、対立の回避、礼節などを重んじた。留意すべき点は、こうした文献は、必ずしも、「イスラーム」の教義に基づくものではなかったという点である。ムガル支配を「文書の支配」と呼んだのはムガル史研究者 J・サルカールだというが、ムガルの文書主義を支えた膨大な書記たちのなかには、多数の非ムスリムが含まれた。ペルシア語知識は、「ヒンドゥー」が改宗することなく、書記職に参入することを可能にし、かつ彼らもまた、ペルシア文学・教養の世界に親しむことになった。司法の領域については、ムガルのもとで配置されたイスラーム法官によるシャリーア法廷に対して、オスマン帝国と同様、「ヒンドゥー」など非イスラーム教徒も訴えを出したことを近年の研究は明らかにしている［真下 2023年］。それらの研究によれば、「イスラーム法」は地域の状況に応じて柔軟に解釈される一方、「ヒンドゥー」にとって必ずしも「イスラームの」法として認識されていなかった。

　以上のような求心性を内包するさまざまな仕掛けやその影響は、ムガル帝国が、征服王朝から「インド」王朝へと変容する過程も示しているといえよう。また、18世紀にムガル国家が分裂・衰退し、実質的な権力としての体をなさなくなった後もなお、ムガル皇帝が「権威」の源泉として機能したことを一部、説明しよう。

3 ｜ ムガル帝国の「衰退」とイギリス支配への移行

18世紀の再考

　ムガル期における交通網の統合や銀の流入、世界交易との緊密な結び付きなどを背景として、人口の増加、商工業の急速な発展、現金経済の進展、商人・銀行家の成長、換金作物の生産増など、さまざまな領域において経済が活性化したことを否定する論者はほぼいない。しかし、アリーガル学派は、そうした潮流を認めながらも、例えば、農民に課された地税負担の重さ、地

税の金納化にともなう「強制的」現金経済化の側面を重視した。また、経済の活性化が、上位マンサブダールに代表される上層エリートによる誇示的消費へと浪費された側面を強調する傾向があった。そして18世紀に一気に加速化したムガル体制の崩壊によって、経済・社会的な混乱の時代を迎えたという理解を示したのだった。

　ムガル帝国が分裂・衰退する18世紀は、長らく、「混乱」「暗黒」の時代とみなされてきた。しかし、1980年代からそうした歴史像を、ムガル中心の視点からの理解であると批判し、18世紀の社会・経済動向を再検討する、「修正派」と呼ばれる潮流が登場する(11)。修正派の特徴は、18世紀を社会経済的により動的に捉えようとする点にある。

　修正派は、ムガル帝国衰退後に各地で台頭する自律的な政治権力のもとで起きた集権化のさまざまな動きを重視し、その過程で、とくに、商工業・交易の発展が進行したことを指摘する。例えば、いくつかのムガル期の大都市が衰退した一方で中小都市が台頭したことを重視するのである。マイソールのティプー・スルターン政権などを「軍事財政国家」と性格づける論者もいる。また、商人のなかで、国内外の交易や金融のみならず政治の領域にも食いこむ層の活躍が指摘される。こうした多岐にわたって活動した有力な商人・銀行家をC. A. ベイリとサンジャイ・スブラフマニヤムは「ポートフォリオ資本家」と呼んだ(12)。また、従来のムガル研究では、農民のさらなる搾取の要因として否定的に描かれてきた地租請負制度も、それが投資と開発に結びついた側面に関心を喚起する。18世紀の「混乱」は、むしろ、「ムガルの平和」のもとでの経済的繁栄の帰結であったと評価されるといえよう。

　修正派を代表する研究者であるベイリは、地域に成長した「地租中心の国家と、農村社会の大衆とのあいだ」で存在感を増したサーヴィス・ジェントリ（在地郷紳）、商人などの「中間的な諸階層」の重要性を強調したが[Bayly 1983]、この視角は、以降の研究に大きな影響を与えた。彼はまた、カーストを横断するヒンドゥー商人の社団的な組織の成長を指摘した[Bayly 1983]。

　18世紀後半は、イギリス東インド会社の支配がベンガルに確立し、植民地支配へと移行する時代であった。会社の政治的台頭を、当時、イギリス人や現地のインド人エリートは「革命」と表現した。従来の歴史研究においても植民地支配への移行はそれ以前からの「断絶」として理解されてきたが、修正派は「連続」性を強調する。つまり、東インド会社の支配は、既存の商業、

158　　第Ⅳ部　ユーラシアと日本の複合政体

流通のネットワークやシステムに依存したにすぎず、よく引用されるD・ウォッシュブルックの表現を借りれば、「ある意味で、植民地主義は、資本主義的発展という南アジア社会の歴史の論理的帰結である」ということになる(13)。イギリス植民地支配の文書行政は、先行する時代における書記職の力強い成長が支えたという事実も看過できない。修正派によれば、したがって、植民地支配体制のもとでのインド社会の本格的な変貌は、19世紀をこえた時期に設定されることになり、ここで、イギリス史における「長い18世紀」の議論とも結びつき、ムガル期の「近世的発展」の最終局面に位置づけられる。修正派の介入は、ある意味で、インドの内的発展と、現地側の「エージェンシー」を認めるという側面があった。しかし、こうした視座は、中里が指摘するように、植民地支配における被植民地側の「協力者<ruby>協力者<rt>コラボレイター</rt></ruby>」の重要性を説いたJ・ギャラハーとR・ロビンソンの議論に遡ることが可能である［中里 1999年，161頁］。

　18世紀後半から19世紀初頭までのイギリス植民地国家形成をめぐっては、当時の本国における「主権」のありようの理解を含め、イギリス史、帝国史研究の動向を見据えて論じられている。すでにスブラフマニヤムは、東インド会社が当初から「政治的な」性格を有したと指摘していたが、東インド会社を、近世におけるコーポレーションの一つであり、近世的ガヴァナンスの形態と性格づけるフィリップ・スターンの議論は、ムガルやそのほかの現地政権に対して権利や特権をしばしば「傲慢」に要求した、「単なる商社」だったとみなされる東インド会社の行動パターンを説明するように思われる。一方、ジョン・ウィルソンも、インドのみならず、本国の主権も拡散した性格であったと主張する。ウィルソンはさらに、18世紀のイギリスの政治・文化・思想状況から植民地国家形成を説明する従来の研究を批判し、「ブリテン」の政治的近代性の特徴とされる要素の多くは、現地の社会から隔絶された存在である統治当事者たちの試行錯誤から生まれたと論じる。また、初期の会社支配がムガルの「古来の国制」との継続性を強調したのは、本国における「古来の国制」という中核的なイデオロギーを共有するものであったとするロバート・トラヴァースも、植民地国家形成のゆるやかで、複雑なプロセスを示している(14)。

　ここで、スターンとウィルソンがいずれもJ・H・エリオットの「複合国家」論に言及している点が注目される。マーシャル、ベイリらは、東インド

会社の振る舞いに、絶対的主権概念の存在を読み取る視座を示しているが[Marshall 2003; Bayly 1998]、いずれにせよ、インド・イギリスにおける主権概念の性格やその変容の問題は、インド側、イギリス側の双方からのさらなる検証が必要であろう。また、「異人」を統治する現地のイギリス人官吏たちの不安や躊躇を重視するウィルソンの議論は、ブリテンの人口の少なさ、国の小ささに関する自己認識を強調するリンダ・コリーの議論を想起させ、インド研究者は、こうしたイギリス(帝国)史研究の動向に注視する必要があるであろう。

ムガル国家はリヴァイアサンかペーパー・タイガーか?

修正派の理解は、18世紀にとどまらず、それ以前の時期におけるムガル国家の性格をめぐる議論も活性化させた。大きな流れは、地方・ローカルなレベルにおける、帝国の「生きられた」実態と歴史的動態への注視である。その過程で、あらためて、権力の多層性と流動性の様相や動態が明らかにされつつある。アリーガル学派がそうした側面を無視したわけではなく、集権性が強調されてきたのであり、アリーガル学派批判は、そのバランスを逆転させているといえる。

ヨーロッパ史をモデルとせず、南アジア独自の国家形成のありようを議論する営為は長く続いてきた。例えば、バートン・シュタインの「分節国家」モデルは議論を生んだ[Stein 1980]。同モデルはごく簡略化するならば、王朝の政治権力は、中核地域のみに行使されるものの、各地の諸政体は自律しており、それらに対しては「儀礼的な」支配しかおよぼさなかったというものである。シュタインの議論は、もっぱら南インドの諸王朝(時代的には、ヴィジャヤナガル朝まで)を対象にしており、北インドに関しては、ラージプートの政体を例外にすれば、ここで問題にしているムガル研究には直接的にはかかわらない。とはいえ、従来強調されてきたムガルの集権性を批判し、さまざまなかたちで、その分権性・多層性が指摘される昨今の潮流と共通点を有するといえる。

すでに1960年代、アメリカの歴史人類学者バーナード・コーンは、18世紀のインド史研究がムガル帝国中心であることを批判し、同時代のインドの政治は4つのレベルに区分することが可能であると指摘した。つまりムガル帝国のレベル、二次的レベル、地域的なレベル、そしてローカルなレベルであ

160　第Ⅳ部　ユーラシアと日本の複合政体

る。二次的レベルとは、ムガルの衰退後に登場する継承国家、地域的レベル
とは、二次的レベルを構成する諸集団であり、そのリーダーの地位は帝国ある
いは、二次的レベルの権威に認知されたものである。ローカルなレベルと
は、有力なリネージ（出自集団）、冒険家、元徴税官吏から政治的リーダーに
なった者、土着の領主層などのレベルであり、彼らは、直接、農民・商人・
職工などを支配する位置にあった[Cohn 1987]。

　18世紀にとどまらず、地域の自律性や、皇帝権・王権の特権や権力、権威
が複数の層で分有されていたことに近年の研究は注目する。ベイリは、「帝
国」や「国家」はつねに制限的な政治的存在であり、威厳と権力をめぐって
多くの分有者が存在し、その権利と義務は重なり合っていたとし、ムガル皇
帝はインドの王というより、「王の中の王」であったと表現する[Bayly 1988, p.
13]。また、当節のタイトルとした表現を使ったアーラムとスブラフマニヤ
ムは、ムガルがさまざまな歴史と支配論理・構造を有した地域を包摂してい
く過程は必然的に地域の条件への対応を必要としたのであり、その結果、ム
ガル帝国の実態は「床一面のカーペット」というより「パッチワークのキル
ト」ではなかったか、と問う[Alam and Subrahmanyam 1998, p. 57]。

　西インドのマラーター政権を専門とするアンドレ・ウィンクは、反乱や扇
動という意味を有するフィトナという用語を使って、インドの政治が内包す
る、体制に抗するメカニズムを指摘した[Wink 1986]。彼によれば、上位権威
への忠誠は流動的で、フィトナを通じて勢力の拡大が追求された。日本では、
小谷汪之が、西インドの実証研究から、近世における郷主や郷書記などを中
核とする地域社会の構造（ワタン体制）の強固さを強調し、デカンの諸政権は、
同地域社会をほぼそのまま地域行政に利用したと論じたことはよく知られて
いよう[小谷 1989年]。

　地域社会とマラーター連合、そしてムガルとの関係については、小川が詳
細に分析している[小川 2019年]。最盛期のマラーター連合は、マラーター王
国創始者シヴァージーにたどる王にかわって実権を握った宰相（ペーシュワー）と、所領を有
し自律性の高い諸侯からなっていたが、宰相のみならず、諸侯もまた、ジャ
ーギールを与えられた配下をかかえていた。支配の基本単位であるパルガナ
のレベルでは、宰相権力を代表し、徴税や治安維持などにあたる文官カマヴ
ィスダール（バラモンが多数を占めた）と並んで郷主が統治に関与し、それぞ
れ規定の収入源を有した。それでも小川は、1719年のムガル皇帝から得た

第10章　ムガル帝国とイギリス支配　　161

勅令[15]が、マラーターにとって支配拡大の正当化とされたなど、19世紀半ばまで、ムガルの権威がマラーターにとって上位の権威であったことを強調する[小川 2019年]。

スーラトとキャンベイを研究対象としたファルハト・ハサンは、在地におけるムガル国家権力構造の働きをみるとき、資源の分配と権力の分有に三つのレベルが存在すると指摘する。すなわち、帝国の官吏のレベル、地域で任用された多数の小官吏のレベル、そして、在地の諸制度に由来するレベルである。彼によれば、帝国の官吏のレベルでさえ、在地の権力保持者たちとの諸関係に規定された[Hasan 2004]。現金経済の浸透にともなう「政治の商業化」[Bayly 1983, p.175]とも呼ばれる状況のもとで、さまざまなレベルの官職は財力と人的ネットワークによってさらに変質していく。

一方、ロイ・フィシェルはデカンの諸スルターン王朝の自律性を強調すると同時に、ローカル・レベルでの非ムスリム・エリートたちがパワーを維持したと指摘する。また、各王朝が過去の「ヒンドゥー」地方王朝の記憶やシンボルを利用したことに注意を喚起する[Fischel 2020]。

ムガルは、16世紀半ばから1世紀にわたって領土の拡大を続けたのであり、ラージプートのような大領主や、成熟した王朝を包摂していった。ムガルの支配は、そうした先行する体制に左右され、それぞれの地域との関係性は多様なかたちをとったのは不思議ではない。「征服」の内実は、しばしば、恭順を示した既存の政体を温存するにとどまったような場合もある。さらには、先行する体制そのものが、その下部に、「ザミーンダール」と総称される在地の権力保持層を最基層として複数の権力ヒエラルキーを内包していた。近年の研究は、こうしたローカルなレベルにおいて、ムガル官僚との駆け引きや共謀関係、その結果としての、徴税過程における理念と実態の乖離などを指摘する。複合性は、王権とさまざまな地方権力の支配層のあいだにとどまらず、何重にも重なり合っていたといえる。

その一方で、ムガルの集権性を批判するアーラムとスブラフマニヤムですら、ムガルが唯一の権威の源泉となっていたことを否定しない[Alam and Subrahmanyam 1998]。求められているのは、権力と権威の働くメカニズムをさらにローカルな歴史的条件に即して解明していくと同時に、海外交易の興隆がムガル社会に与えた影響を鑑みても、グローバルな文脈にムガル期のインドを位置づけることであろう。

4 ｜ 非ヨーロッパ地域の歴史研究と複合国家論の意義

近世と近代

　J・H・エリオットがチャールズ・ティリーから引用した「1500年には「約500前後の独立した政治単位」からなっていたヨーロッパは、1900年には「約25ヵ国」のヨーロッパに姿を変えた」という一文は印象的である［古谷・近藤 2016年, 55-56頁］。主権と国民と領土からなる国民国家を最終到達点とする目的論的歴史叙述・研究を批判するさまざまな研究潮流を想起させるからである。1980年代以降、ポストコロニアル研究として注目を集めたインド近代史研究発の「サバルタン・スタディーズ」の営為も、日本における国民国家論と共通し、そうした史観のもつ「抑圧性」（インドの場合は、さらに植民地支配にともなう、認識論的暴力といった次元が加わる）を批判したといえる。

　岸本美緒は、近世史研究の意義を論じる刺激的な論考のなかで、「「近世性」の実体的定義を断念し」、むしろさまざまな地域が広域的変動の衝撃に対応して独自の方法で新しい秩序のあり方を模索する、そうした「動的過程そのものに着目する方向」といった視座を示している(16)。こうした方向性は、「モダニティ」をヨーロッパ史から切り離し、グローバルな現象と捉え、ユーラシア近世を接続された歴史として描こうとするスブラフマニヤムの主張とも通底していると思われる。

　実際、これは近年盛況なインド近世史研究がある程度共有する方向性であるようだ。インド近世の国制問題よりは、文化／文学・信仰／宗教などの分野で顕著であり、そうした状況は「文化論的転回」とも評される(17)。それらの研究は、地方語の成熟にともなうさかんな文筆活動、宗教実践・組織の活性化、そして地域・言語・宗教の境界をこえたコミュニケーションへの注視に特徴がある。「中間層」の存在に注目したベイリの研究に刺激を受けていると思われるが、ヒンドゥーかムスリムかを問わないムガル期の書記層の世界を、教育から心性、価値観など多角的な切り口から論じた研究の急増には目を見張るものがある。「文学的」な作品から社会・歴史像を探る研究も、ムガルと地方権力者たちの多元的な表象のありようを示し刺激的である(18)。また、ムガル時代の政治領域に遅まきながらジェンダーの視角も導入されつつある(19)。こうした研究群は、政治的境界を軽々とこえるような流動的で多様・多層な社会を焦点化しているという点で、間接的に主権・国民国家を

相対化する視点を提供しているといえよう。また、1980年代以降台頭してきたヒンドゥー右翼勢力が、反イスラームのプロパガンダを広めるのみならず、インド史から「イスラーム」の存在を除去しようとしている昨今の政治・文化状況に対する反論として重要である。求められているのは、おそらく、政治社会構造との有機的な接合であろう。

ムガル研究の意義

インド独立前から強調された、ムガルの高度に官僚化された中央集権的国家というイメージは、植民地化以前のインドにおける統一国家の存在という歴史を希求するナショナリズム意識に支えられていたとも指摘される。そうした立場からすれば、18世紀のムガルの衰退があってはじめてイギリス支配が可能になったということになる。今日、ムガル国家における「主権」の分有のあり方、その変化について研究が蓄積されつつあり、地域政権レベルでの集権化の過程に、ベイリのように、地域的なナショナリティの創生を読み取る議論がある[20]。しかし、それらの動きは東インド会社による征服によって頓挫し、その後の推移は不明のままであり、植民地支配をへて、インドとパキスタンという二つの「国民国家」の誕生に帰結した[21]。いずれにせよ、植民地支配を体験した地域における「主権国家」から「国民国家」への移行自体が複雑なのである。イギリス支配がムガル期の諸制度を再利用したことはつとに指摘されているが、地域社会における権力の重層性（複合性）が、イギリス支配のもとでどのように変容したのか否かは、独立後の両「国民国家」の政治理解にもかかわる重要な問題である。

21世紀にはいって、「帝国」やグローバル・ヒストリーへの関心が高まり、ムガル帝国もそのなかで再度、取り上げられる機会が増えている。こうした動向もまた、「主権国家」「国民国家」の再考と結びついている。「複合国家論」が提起するのは、植民地支配前の南アジア政治社会と今日のインド、パキスタン、バングラデシュにおける権力の複合性の連続と断絶を、グローバルな文脈のなかで捉える感性と歴史的想像力の必要性であるように思われる。

註

（1） サンジャイ・スブラフマニヤムは1600年までに7000万人ほど、17世紀末までに1億2000万人近くとし、一方、オスマン（アラブ地域を除く）、ハプスブルク両帝国につい

て、それぞれ1530年代の初めに1700万人、1650年に2000万人という数字を示している。 Sanjay Subrahmanyam, "A Tale of Three Empires: Mughals, Ottomans, and Hapsburgs in a Comparative Context", *Common Knowledge*, 12-1, 2006, p. 80, 84.

（ 2 ）　Barbara N. Ramusack, *The Indian Princes and Their States*, Cambridge: Cambridge University Press, 2004, p. 208.

（ 3 ）　近藤自身は、ムガル期を絶対主義を特徴とする後期封建制の近世社会と位置づけている（近藤治『ムガル朝インド史の研究』京都大学学術出版会、2003年）。

（ 4 ）　Dipesh Chakrabarty, *Provincializing Europe: Postcolonial Thought and Historical Difference*, Princeton: Princeton University Press, 2000.

（ 5 ）　研究史については Alam and Subrahmanyam ［1998］を参照。

（ 6 ）　1647〜48年の上位マンサブダールの構成におけるヒンドゥーの比率は20％ほどだった。マンサブダールの人数は、アクバル末期に283人、1647年に445人であった［Richards 1993］。

（ 7 ）　バーブルは、ティムールが1398年にインドに侵攻した過去を、みずからのインド支配の根拠とした。

（ 8 ）　J. F. Richards, "The Formation of Imperial Authority under Akbar and Jahangir", in J. F. Richards（ed.）, *Kingship and Authority in South Asia*, Delhi: Oxford University Press, 1998.

（ 9 ）　Rajeev Kinra, "Revisiting the History and Historiography of Mughal Pluralism", *ReOrient*, 5-2, 2020.

（10）　第 4 、 5 代皇帝のジャハーンギール、シャー・ジャハーンはいずれも母親はラージプート出身である。

（11）　修正派の主張の要点と特徴、ならびに問題点については中里［1999年］が的確に整理している。なお、中里は「再検討派」という表現を使っている。

（12）　Sanjay Subrahmanyam and C. A. Bayly, "Portfolio Capitalists and the Political Economy of Early Modern India", *The Indian Economic and Social History Review*, 25-4, 1988.

（13）　David Washbrook, "Progress and Problems: South Asian Economic and Social History c. 1720-1860", *Modern Asian Studies*, 22-1, 1988, p. 76.

（14）　Philip J. Stern, *The Company-State: Corporate Sovereignty and the Early Modern Foundations of the British Empire in India*, Oxford: Oxford University Press, 2011; Jon E. Wilson, *The Domination of Strangers: Modern Governance in Eastern India, 1780-1835*, Basingstoke: Palgrave Macmillan, 2010; Robert Travers, *Ideology and Empire in Eighteenth-Century India: The British in Bengal*, Cambridge: Cambridge University Press, 2007.

（15）　同勅令は、毎年の貢納金支払いの見返りに、マラーター固有の領土を認知し、ムガルの支配下にあったデカン 6 州におけるチョウト（地税の 4 分の 1 ）とデーシュムキー（同10分の 1 ）の徴収権を認めた。

（16）　岸本美緒「中国史における「近世」の概念」『歴史学研究』821号、2006年、34頁。

（17）　Muzaffar Alam and Sanjay Subrahmanyam, *Writing the Mughal World: Studies on Culture and Politics*, New York: Columbia University Press, 2012.

（18）　Allison Busch, "Literary Responses to the Mughal Imperium: The Historical Poems of Keśavdās", *South Asia Research*, 25-1, 2005.

（19） Rosalind O'Hanlon, *At the Edges of Empire: Essays in the Social and Intellectual History of India*, Ranikhet: Permanent Black, 2014.

（20） C. A. Bayly, *Origins of Nationality in South Asia: Patriotism and Ethical Government in the Making of Modern India*, Delhi: Oxford University Press, 1998.

（21） 地域的なナショナリティは、独立インドの言語州として一程度、復活したといえるかもしれない。

参考文献

小川道大『帝国後のインド──近世的発展のなかの植民地化』名古屋大学出版会、2019年

小谷汪之『インドの中世社会──村・カースト・領主』岩波書店、1989年

近藤治「ムガル帝国の形式と発展」小谷汪之編『世界歴史大系　南アジア史 2　中世・近世』山川出版社、2007年

中里成章「インドの植民地化問題・再考」『岩波講座世界歴史23──アジアとヨーロッパ 1900年代-20年代』岩波書店、1999年

古谷大輔・近藤和彦編『礫岩のようなヨーロッパ』山川出版社、2016年

真下裕之「ムガル帝国における国家・法・地域社会」『岩波講座世界歴史13──西アジア・南アジアの帝国　16〜18世紀』岩波書店、2023年

Muzaffar Alam and Sanjay Subrahmanyam (eds.), *The Mughal State 1526-1750*, Delhi: Oxford University Press, 1998.

C. A. Bayly, *Rulers, Townsmen and Bazaars: North Indian Society in the Age of British Expansion, 1770-1870*, Cambridge: Cambridge University Press, 1983.

C. A. Bayly, *Indian Society and the Making of the British Empire*, Cambridge: Cambridge University Press, 1988.

Bernard S. Cohn, "Political Systems in Eighteenth-Century India: The Banaras Region", in *An Anthoropologist among the Historians and Other Essays*, Delhi: Oxford University Press, 1987.

Roy S. Fischel, *Local Sates in an Imperial World: Identity, Society and Politics in the Early Modern Deccan*, Edinburgh: Edinburgh University Press, 2020.

Farhat Hasan, *State and Locality in Mughal India: Power Relations in Western India, c. 1572-1730*, Cambridge: Cambridge University Press, 2004.

P. J. Marshall (ed.), *The Eighteenth Century in Indian History: Evolution or Revolution?*, New Delhi: Oxford University Press, 2003.

John F. Richards, *The Mughal Empire*, Cambridge: Cambridge University Press, 1993.

Burton Stein, *Peasant State and Society in Medieval South India*, Delhi: Oxford University Press, 1980.

André Wink, *Land and Sovereignty in India: Agrarian Society and Politics under the Eighteenth-Century Maratha Svarājya*, Cambridge: Cambridge University Press, 1986.

第**11**章

大清帝国
ユーラシア東部の複合国家

杉山清彦

1 ｜「中国」王朝国家の二つの像

　近世のヨーロッパで発達した複合国家(1)と比べみたとき、皇帝の支配する中国の王朝国家の姿はどのように映るだろうか。

　一つは、それとはおよそ対照的な中央集権の統一帝国というものであろう。そこでは、儒教に基づく天命の観念のもと、ただ一人の統治者として皇帝が君臨し、封建領主たちではなく百官が手足となって全国の行政区を分掌し、単一の法が画一的に行きわたる像が描かれる。そしてその理念と秩序体系は域外の諸国にもおよぶと観念され、華夷秩序として姿を現す――このような像は遠く秦代に始まり、近世の明代において完成したとみなされている。

　もう一つは、第一の見方とはまったく逆に、内部に多様な言語や宗教をかかえこんだ多民族国家という像である。この見方からは、天命を受けた皇帝が、漢人のみならずモンゴル人やチベット仏教徒、ムスリムなど多様な人々に君臨して全体を統合している姿として理解される。これはモンゴルの元、満洲の清が代表とされ、むしろヨーロッパとも通じる複合性が強調される。

　ここで明と清の名前があがったように、この相異なる二つの像は、いずれも本書が対象とする16世紀以降の時期に大成されたものであった。近世とは、ユーラシア西部のヨーロッパだけでなく、ユーラシア東部においても国家の領域や形態が大きく姿を変遷させた時代なのである。

　周知のように、清は明に取ってかわって北京の玉座の主となり、さらに勢威を拡大してパミール高原におよぶ大領域を現出した（第Ⅳ部扉、「大清帝国の支配領域とその構造」の地図参照）。その版図は現代中国の領域・住民構成の原型となっただけでなく、現在の省制地区が明代の領域に、自治区が清代に加わった地域にほぼ対応しており（例外が東北部）、構造面でも今日の基礎をなしているのである。

167

では、二つの像として描かれる明清両朝は具体的にどのように組織され、いかに統合されていただろうか。本章では、明の領域や諸制度をその一部として取りこみつつ、それよりもはるかに巨大な統合をなした清代に焦点をあてて、「中国」という先入主にとらわれずに、ユーラシア東部の複合国家の姿を概観したい(2)。

2 ｜ ユーラシア東部の「礫^{れき}」とその集塊^{しゅうかい}プロセス

漢地とマンチュリア

　まず、舞台となるパミール高原以東のユーラシア東部を見渡してみよう。

　人口・経済面で圧倒的な存在感を誇るのが、東流する黄河・長江の二大河を中心とする、万里の長城以南のシナ本土^{チャイナ・プロパー}と呼ばれる地域である。これは16世紀段階の漢人の居住圏とおおむね重なり、ゆえに漢地ともいう。当時は北京に都をおく明の支配下、およそ1億もの大人口が蝟集^{いしゅう}していたが、17世紀にはいると、「全般的危機」と連動した災害や社会不安のなか、しだいに貧富の格差の拡大や内外の戦争・反乱に悩まされるようになった。

　その角逐の焦点の一つが、次代の揺籃^{ようらん}の地となったマンチュリアである。大陸東北部は、現在では中国(遼寧^{りょうねい}・吉林^{きつりん}・黒龍江^{こくりゅうこう}3省)とロシア(沿海地方・アムール州など)に分かたれているが、元来は一つながりのツングース系諸民族の活動の舞台であった。中・露にまたがって日本海にいたる、森林が優越する地域を、ここではマンチュリアと呼ぶことにしたい。

　マンチュリアの語源となったのはマンジュ(manju)という語で、「満洲」とはその漢字音写である。元来はツングース系ジュシェン(jušen 女真、女直)人の一部族名だったが、1635年にジュシェンにかえて民族名とされたものである。よく誤解されているが、このジュシェン・マンジュ人は、モンゴルと同じく騎射戦術を長技とするものの遊牧民ではなく、集落をつくって畑作を営みながら狩猟・採集に勤しむ人々であった。ヨーロッパでいうならば、ともにローマからは「蛮族」とくくられるけれども、当人たちの生業は違う、遊牧のフンに対するゲルマン諸部族のようなものといえよう。彼らは文化的にモンゴルに近く、自分たちのマンジュ語(ジュシェン語)をモンゴル文字を借用したマンジュ文字で書き表し、漢字・漢文は用いなかった。すなわち、清を建てた人々は、本来東アジアの漢字文化圏の住民ではないのである。

168　　第Ⅳ部　ユーラシアと日本の複合政体

16世紀末、そのなかから現れたアイシン・ギョロ（aisin gioro 愛新覚羅）氏の一首長ヌルハチ（1559〜1626）がマンジュ国（グルンはモンゴル語のウルスと同じで、くにたみ、くにの意）を建て、1616年にハン位に即いて全ジュシェンを統一した。跡を継いだ子のホンタイジ（在位1626〜43）は、モンゴル大ハーンのチャハル王家を降したのを契機として1636年に皇帝位に推戴され、新たにマンジュ語でダイチン・グルン（daicing gurun）、漢語で大清国という国号を定めた。漢語としての大清の由来は明らかではないが、ダイチンはマンジュ語・モンゴル語で堅固、卓越を意味し、抽象語による二字国号という点で、モンゴルの「大元」を踏襲した命名であった。そこで本章では、「大清／ダイチン」を国号としマンジュ人を支配層とするユーラシアの帝国とみる立場から、この国家を大清帝国と呼ぶことにしよう。

マンチュリアで建国したこの国家は1618年——三十年戦争の始まりと同年にあたる——から対明戦争を続けていたが、44年、明が内乱（李自成の乱）で内部崩壊すると、第3代順治帝（在位1643〜61）は山海関をこえて北京に入り（入関）、ここに大清皇帝は中華皇帝の座をも継承することとなる。以後、1680年代までに旧明領を平定し、大清帝国の領域はマンチュリアと漢地・台湾にまたがるようになった。

モンゴル、チベット、東トルキスタン

目を北に転じてみよう。マンチュリアの西、漢地の北にはモンゴルの高原地帯が広がり、そこから西にカザフ、ウクライナ、ハンガリーへと草原のベルトが続く。東の大興安嶺と西のアルタイ山脈にはさまれたモンゴル高原は草原地帯の東の中心であり、17世紀初頭には、ゴビ砂漠の南北に多数のモンゴル系遊牧勢力が割拠していた。

南モンゴル（漠南、内モンゴル）では、大ハーン家のチャハルをはじめとしてトゥメト、ホルチンなど多数の集団が分立し、北モンゴル（漠北、外モンゴル）にはハルハ、さらにアルタイ以西の西モンゴル（ジュンガリア）にジューンガル、ホシュートなどオイラト(3)諸集団が展開していた［宮脇 2018年］。ヌルハチ父子は、このようなモンゴルの分裂状態に乗じて個別に征服・取り込みを進めたのである。南モンゴルの諸集団はおおむね1636年までに大清傘下にはいり、ホンタイジの皇帝選挙に参集した。

他方、より遠方のハルハは独立性が高く、臣礼は名目的なものにすぎなか

第11章　大清帝国　169

ったが、1670年代に西隣のオイラトの一部族ジューンガルがガルダン・ハーン（在位1678～97）のもとで強大化すると、状況は一変する。ガルダンの侵攻でモンゴル高原を逐われたハルハの諸侯は、1691年に康熙帝（在位1661～1722）に救援を乞うて臣属を誓い、ここに北モンゴルも大清領内にはいった［岡田 2016年］。

　北・西モンゴルは、青海（モンゴル語でフフ・ノール、チベットのアムド地方）地方をへて南方のチベットとつながる。おおむね標高3000メートル以上の高原地帯であるチベットでは、各地の河谷で牧畜と畑作農耕がおこなわれ、領主や寺院勢力が割拠していた。16世紀は、この地で発達してきたチベット仏教がモンゴル方面に爆発的に拡大した時期であった。南北モンゴルでは王侯から牧民までが信奉するようになり、西のオイラトや東北のマンジュ人にも広まったので、チベットとモンゴルを南北の核とするチベット仏教世界が中央ユーラシア東部に形成された［石濱 2001年］。

　この頃、チベット仏教各派は世俗権力と結んで勢力拡大を競っていた。そのうちのゲルク派はオイラトの一派ホシュートを呼び寄せて敵対勢力を倒し、かくて青海に拠るホシュート首長が王となって教主ダライ・ラマを奉じるチベット王国が成立した（1642年）。これを機にダライ・ラマは聖俗両界に対する権威を確立し、その提携相手になろうとして青海ホシュート、ジューンガル、大清の三者が競い合う構図が生まれた。1717年、ジューンガル軍がラサを急襲して青海ホシュートのチベット王を討つと、清軍が介入して20年にジューンガル軍を駆逐した。この結果、漁夫の利を獲た大清皇帝がチベット仏教の保護者の座を手にすることとなり、歴代ダライ・ラマと施主―帰依処の関係を結んで、大檀越（檀家）として振る舞った。

　モンゴルとチベットのあいだには、楔を打ちこむようにタリム盆地が横たわる。この地は、西からイスラームが広がってトルコ系ムスリム（現代のウイグル人）の住まう世界になっていたので、東トルキスタンと呼ばれる。トルファン、カシュガル、ヤルカンドなど各オアシスには彼らの勢力が割拠したが、17世紀後半にジューンガルの侵攻を受けて間接支配下におかれた。

　このような形勢は、18世紀半ばに一気に転換する。ジューンガル帝国が継承争いから内乱状態に陥り、その隙を衝いた清軍の遠征によって、あっけなく滅亡したのである（1755年）［小沼 2014年］。宿敵を平らげ、その属領だった東トルキスタンも併合した乾隆帝（在位1735～96）は、1759年、版図に加えた

170　　第Ⅳ部　ユーラシアと日本の複合政体

旧ジューンガル領を「新疆」（新しい領土）と命名した。かくて大清帝国の領域はパミール高原以東の大半を覆うこととなる。その後、19世紀後半に沿海州と新疆の一部とがロシア領になり、また20世紀前半に北モンゴルが独立したことを除いて、その陸上国境は今日の中国にほぼ引き継がれている。

このように、最終的に18世紀中頃までに大清帝国の支配下・保護下にはいった諸地域は、第Ⅳ部扉の図に明らかなように、環境・生業や信仰、言語文化などを根柢から異にしており、そもそもそれまで一つの王権の治下にはなかった。またその拡大過程は、一貫した構想に基づき何らかの目標へ向けて進められたものではなく、そのときどきの課題に対応していった結果の集積であった。それゆえ、個別に「集塊」された諸地域がどのように統治・統合されていたかが、つぎに確認すべき課題となるであろう。

3 │ 集塊された諸地域の統治形態

まず、ほぼ漢地と重なる明代後期の統治制度をみてみよう。その特色は、世界史的にも突出した皇帝独裁体制である。単独で政務を司る宰相はおかれず、皇帝が六部をはじめとする実務官庁群を直轄し、秘書・相談役である内閣大学士（複数名）が執務を補佐した。実際には明の皇帝の大半は不熱心か無能力だったため、内閣大学士が政府首班の役割を果たしたが、その前提には皇帝の独裁的な大権があることは忘れてはならない。

地方統治は省―府―県の三層構造を基本とし、基礎単位の県は約1200あった。各単位には科挙で採用された文官が長官に任じられ、任地で土着化しないよう数年で転任させられた。最大単位の省（明初に13、清代には18）には長官として職掌別に都指揮使（軍事、清代には廃止）・布政使（行政）・按察使（司法）がおかれ、明中期以降、上級の長官として総督（おもに複数省を管轄）・巡撫（1省を管轄。両者を督撫と総称）が設けられた。

官制上の特徴は、中央・地方間、また中央官庁間や地方長官同士が互いに指揮命令関係になく、それぞれ皇帝に直属していたことである。また、一つの地域や職務における権限が分割されていたり重複するようになっていて、どの長官も単独での決裁ができない仕組みになっていた。中国の皇帝独裁は、このようにして制度的に担保されていたのである。

このような明の制度、より正確にいえば明末段階の諸制度はおおむね清代

に引き継がれたので、両朝の体制はしばしば同一視されるが、大清帝国にとってみれば、それは占領地統治にあたって現行のやり方を流用した、ということであって、あくまで一面でしかない。この帝国をマンジュ人が支配する複合国家として捉えるならば、皇帝が百官を従えて万民に君臨する姿は、実は清代においては支配構造の一半を示すものでしかないのである。王朝の根幹部分においては、政権創立以来のマンジュ独自の政治機構・支配集団が一貫して存していた。その中核となったのが八旗である。

　八旗は、その名のとおり八種の軍旗によって呼び分けられた八つの集団(旗、マンジュ語でグサ)からなる軍政一致の組織で、国家の軍事力と統治組織の根幹をなした。八旗には、すべてのマンジュ人と初期に帰属した一部のモンゴル人・漢人・朝鮮人らが旗人として所属し、うち三旗を皇帝みずからが、他の五旗を王公爵(和碩親王から輔国公までの位)をもつ上級王族(研究上、旗王という)が率いて、支配の中核を担った。

　入関後、旗人は民籍に登録された一般漢人(民人)とは戸籍上区別される世襲的な身分集団となり、農・工・商業に従事することを禁じられて、軍人・官僚の人材供給源となった。八旗内部の人事・行政は旗人だけで完結していて漢人官僚は一切排除されており、逆に旗人が人事をとおして旧明朝官制に浸透し、組織を内部から押さえたのである。要職には旗人だけ、もしくは旗人と漢人を同数任用し(満漢併用制)、意思決定・執行の実権をマンジュ人の手に確保した。領内の要地には、北京の八旗から分派した駐防八旗を重点配備し、漢人軍隊の緑営(緑旗)と組み合わせて全土に睨みを利かせた[定 2003年]。出身地のマンチュリアにも旗人の駐防将軍をおいて直轄支配し、ツングース系・モンゴル系住民を八旗やそれに準じる組織に編成して統治した。

　特筆すべきは、清代をとおして中央・地方ともにマンジュ人支配層の内乱が一切起こらなかったことである。三藩の乱(1673～81年)は漢人藩王の反乱、太平天国(1851～64年)は漢人宗教結社の蜂起であり、王族による内乱や駐留軍の自立化は絶えて起こらなかった。わずか数十万のマンジュ人が1億人以上の漢人を支配するという緊張感と八旗制固有の厳格な統制とが、このような強い求心力として表れたということができよう。

　王公が旗制に編成された麾下を率いて臣従するという方式は、モンゴルをはじめとする非漢地の諸勢力に対しても広く準拠された。服属したモンゴルの遊牧集団は八旗になぞらえた旗(モンゴル語でホショー)に編成し、その首

172　第Ⅳ部　ユーラシアと日本の複合政体

長には、王公爵を与えるとともに八旗の旗王に相当するジャサクという地位に任命して支配させた。これをジャサク旗といい、さらに複数のジャサク旗で盟を構成させた(盟旗制)[岡 2007年]。南モンゴルに6盟49旗、北モンゴルは4盟86旗、青海には29旗が展開し、新疆でもハミ、トルファンのムスリム君侯やジュンガリアのオイラト系首長に対して適用された[宮脇 2018年, 第10章]。ジャサク旗には軍役が課され、諸侯には北京への参勤交代が義務づけられた。

　他方、在地有力者・指導層はあるけれども首長・領主とはいえない場合は、官職・爵位を与えて統治に起用した。ジャサク旗は編成しなかったチベットでは、ダライ・ラマのもと摂政や貴族による執政を認め、政治・軍事顧問として駐蔵大臣を派遣して、内政に関与するとともに外交と安全保障を代行した[デエ 2022年]。新疆のうちタリム盆地のオアシス地帯では、トルコ系ムスリムの有力者をベグという官職に任じて行政にあたらせ、駐防八旗を指揮するイリ将軍がジャサク旗ともども統轄した[承志編 2012年; 小沼 2014年]。

　このように、漢地をみると明代と変わらぬ一君万民的支配が展開している一方、中枢部と内陸域に目を向けるならば、自己の家臣・領民を率いる首長たちが、マンジュ人皇帝に臣従して連合している姿が立ち現れるのである。王公爵を授けられた内陸域の諸首長は、宗室王公に対して外藩王公と呼ばれ、その集団・領域は外藩と称された(4)。帝国は一面において、八旗を統べるアイシン・ギョロ氏の宗室王公と、ジャサク旗を率いるモンゴル王公を頂点とする外藩王公との連合であったのである。ひるがえって、王公身分が存在せず、非世襲原理の科挙官僚が直接出仕するという点において、むしろ漢地こそが帝国内で異質な地域であったということもできるであろう。

4 ｜ 大清帝国の統合と統御

多元にして一体の統治

　このように多様な来歴と統治形態をもつ各ブロックからなる帝国は、全体としてどのように統合・統御されていただろうか。それにはいくつかの特徴を指摘することができる。

　第一に、空間すなわち属地的にではなく、人すなわち属人的に組みあげられていたことである。上述のように、帝国は本拠のマンチュリア、旧明領の

漢地、南北モンゴル・青海、チベット、東トルキスタンといったブロックを
集塊したものではあるが、第一義的には、地理空間ではなく人を単位として
把握していた。臣下・領民を、旗人は八旗、漢人なら県、遊牧民ならジャサ
ク旗などというように属性ごとに把握・統轄し、同じ地域にいてもそれぞれ
の系統の機関に管理させたのである。法制上も、帝国全体および漢人に対し
ては『大清律例』が適用される一方、旗人には『八旗則例』、外藩モンゴル
には「蒙古例」など属性ごとの専用法が制定されて『大清律例』と併用され
た[萩原 2006年]。その適用は基本的に地域ではなく対象の属性によっており、
個別の法が設けられながらも異法域空間とはなっていなかったのである。

　むろん、漢人は基本的に漢地に住まい、トルコ系ムスリムは新疆のオアシ
スに暮らしているように、地理空間と主たる住民はおおむね対応していたし、
また政府も、無用の摩擦を避けるためブロックをまたぐ人の移動・移住を制
限ないし禁止(封禁)するなど、統治においては地域区分が一定の役割を果た
していたことは疑いない。しかし、あくまでも把握の単位は人であり、帝国
は排他的な地理的境界をもつ領邦的単位の連合・合同、というかたちはとっ
ていなかった。この点は、ヨーロッパにおける同君連合や近代における連邦
政体との原理的違いといえよう。

　第二に、現地の在来の枠組みや慣行を基本的に維持し、支配層・有力者層
と提携・協同した。上にみたように、モンゴル、青海、チベット、東トルキ
スタンにおいては、モンゴルの遊牧君長や聖俗のチベット領主、ムスリムの
都市有力者などが、官職や爵位を授けられて在来住民の統治にあたった。こ
れは見方を変えれば、版図の拡大に際して、秦以前からおこなわれてきた新
県を設置して内地化していく郡県化政策はとらなかったということでもある。
ひるがえって、漢地において科挙が継続され漢人文官が行政を司ったのも、
在地社会の統治を在来の支配層に委ねているという点で、身分編成や形式は
異なるものの、外藩統治と基本型は同じとみることができよう。

　同時に、各地に楔として監督官や駐留軍を派遣して監視・治安維持にあた
らせた。外藩地域では、モンゴルにフレー辦事大臣(現ウランバートル駐在)
や綏遠城将軍(フフホト)、チベットには駐蔵大臣(ラサ)、新疆にはイリ将軍
(イリ)などがおかれ、駐防八旗を指揮したり外藩王公やラマの顧問・監視
役を務めた。これらの地域の軍事・統治は旗人の専管事項であり、監督官・
駐留軍はマンジュかモンゴルの官員・将兵であった。旗人は帝国全域をいわ

174　第Ⅳ部　ユーラシアと日本の複合政体

ゆる「行政的巡礼」圏（アンダーソン『想像の共同体』が説く、行政官が赴任しうる空間範囲［アンダーソン 2007年］）としており、これに対し漢人文官は、19世紀まで原則として漢地以外の統治には関与を許されなかった。

　第三に、これら多様な地域にまたがりさまざまな形式で服従する臣下を、爵制によって統一的に把握・序列化した。その最上層を構成したのは王公爵の保持者であり、外藩王公は、宗室王公とともに王公身分を構成して身分秩序の頂点に立った［岡 1994年］。外藩統治のための機関として中央に理藩院がおかれたが、これは接遇や事務を担当するものにすぎず、礼制上は、宗室の旗王たちと同格の外藩王公が上位であることは歴然としていた。チベット仏教僧にも僧職位を授けて序列化しており［池尻 2013年］、自立性の高いチベット本土でも、有力者には王公爵を与えて位階制上に位置づけた。

　このように大清帝国の支配は、末端をみると民族や地域を単位とするブロックに分かれているように映る一方で、各ブロックの上層やそれと中央との関わりに目を移すと、一元的に整序・統御されているようにもみえるのである。換言すれば、帝国の構成各部は、人間集団としても構成地域としても、ヨーロッパにおける社団や地域政体と違って自立しうる単位ではなかったということである。ある程度明確な輪郭をともなった人的・空間的まとまりやその長の地位があっても、分離や結合の単位とはみなされておらず、その資格や権利も認められていないのである。もちろん、それを単位として中央に代表を送るようなかたちにもなっていなかった。

　それゆえ統治は、構成各部に持ち分のごとく配分された発言権・参与資格に基づく相互交渉によってではなく、それぞれ個別に結びついた回路をとおして、皇帝がパトロネージを操りながら全体を総攬するかたちで進められることになる。そもそも帰属した経緯も服属形態もそれぞれ異なる諸集団を結びつけるのは皇帝と各集団とのあいだの個々の君臣関係にすぎず、統治のあり方は対象ごとに個別的であった。

帝国を束ねる皇帝の「いくつもの顔」

　そのため大清皇帝は、支配下・保護下のさまざまな人々に対し、それぞれに対応した「いくつもの顔」――八旗を率いるマンジュのハン、明皇帝を継承した天子、モンゴル君長たちを従える大ハーン、チベット仏教の大檀越にして仏法を護る転輪聖王、そして異教徒ながらムスリムの信仰を是認する

第11章　大清帝国　　175

君主——をもって君臨した。それぞれの論理に基づいて正統性を調達することで忠誠を取りつけ、全体を統合していたのである。

このことは、皇帝支配を支える正統性の来源が一つではないことを意味する。帝国の多元性を反映して、支配権は天、チベット仏教、儒教など複数の論理で正統化されていた。とりわけ広域支配において重要な役割を果たしたのがチベット仏教である[石濱 2001年]。その特徴は、単一の天子＝皇帝の支配に収斂して並立を認めない儒教的世界観とは異なり、複数の王権の併存・交渉を許容するところにある。大清皇帝は、それゆえにジューンガル君主や青海ホシュート王などと並立しえたし、また観音菩薩の化身であるダライ・ラマに対し文殊菩薩の化身として、仏教的神格をもつ者同士で並び立つ——上下の関係でなく——ことができたのである。さらにいえば、儒教の理念を体現する天子という側面も、皇帝にとってはそのような多面的属性の一つであったといえよう。

比べみるならば、ヨーロッパでは東西教会分立や宗教改革、宗派化といった多様化の趨勢がありながらも、あくまでキリスト教・ラテン文化の共有が前提となっていたのに対し、大清帝国においては、そもそも信仰体系・世界観・言語文化自体が多元的であるところに大きな違いがある。それゆえ頂点に立つ皇帝は、特定の価値体系に依るのではなく、まさに秩序と安寧を実現していること自体を根拠として君臨していた。

もう一つ重要な特徴は、やはりヨーロッパとは異なって、皇帝のもつこのように複合的で多様な性格は、はっきりとは分けられないということである。君主号は「ハン」「皇帝」といったシンプルなもので、ステュアート家やロマノフ家の君主のように延々と称号を連ねることも、ハプスブルク家の皇帝・国王のように統治対象ごとに資格を使い分けることもなかった。「いくつもの顔」は皇帝個人の一つの人格のうちに体現されており、ある宮殿にはいればハーンから皇帝に変わるというわけではなく、また天子なりハーンなりの資格で対象ごとに法令を発したり特権を付与したりしているのでもないのである。むしろ、このように多元的でありながら一体であるという大清皇帝権力のあり方こそ、多様な経緯・論理で支配を受け容れたさまざまな集団・地域を統合する秘訣であったといえよう。

多元的でありながら一体とは、前節でみた帝国支配のあり方でもあった。すなわち大清帝国の支配は、儒教や科挙官僚など単一の理念や資源を軸にし

ていたのではなく、多面性をもって全体を統合する皇帝が、帝国の構成各部それぞれから資源を動員しながら統御していたのであり、その構造の複合性と運用の柔軟さこそが、帝国の拡大と安定的統治を可能ならしめていたということができる。

5 ｜ 複合国家「アイシン・ギョロ朝」と近代

　このように、一君万民の理念に基づいて組織された明の領域・体制をその一部として取りこみ、さらに版図を拡大して大統合を成し遂げた大清帝国は、多元的・複合的な構成をとりつつ、多面的な性格をもつ皇帝が専制的に統合・統治する帝国であった。集塊された多様な地域・集団は、マンジュ人皇帝を共通の君主として戴くことによってのみ束ねられていたのである。そのような点からみるならば、大清帝国は、アイシン・ギョロ王家に臣従した地域・集団の集合体という点で、「アイシン・ギョロ朝」と表現することもできよう。またそのように捉えるとき、この帝国を「中国王朝」としてほかから切り分けてしまうのではなく、オスマン朝、サファヴィー朝、ムガル朝、ロマノフ朝、ハプスブルク朝などと並び立つ近世帝国の一つとして位置づける道が開かれるであろう。

　このような大清王権の性格は、16世紀以降のヨーロッパと比較するならば、さまざまな地域を編入しながらも単一の君主号をとり続けたという点ではフランス王国に通じるといえるが、治下の多様性はそれよりもはるかに大きく、その複合性と広がりはハプスブルク君主国やロシア帝国に比すべきといえよう。さらに、支配者とその言語・宗教が治下のマジョリティと異なるという点では、イギリスのインド統治やロシアのアジア領支配を想起することもできる。

　そして、そのマンジュ支配を打倒し伝統的な普遍的理念とも訣別する一方で、王権が集塊してきた領域のみを引き継ごうとしたのが、20世紀以降の中国国家であった。集塊したマンジュ王権が玉座から下りたとき、複合した構成各部はいかなる進路を選択すべきか——帰属の経緯も臣従の形態も個別的であった各部の判断が一つにはならないことは、必至であった。中国の近現代は、複合国家を国民国家に転換しようとして軋みの音を上げ続けており、それは今もなお私たちの耳に届いている。

第11章　大清帝国　　177

註

（１）　近世のヨーロッパと複合国家については、大津留厚『ハプスブルクの実験——多文化共存を目指して』春風社、2007年(初版1995年)、岩井淳『ピューリタン革命と複合国家』(世界史リブレット115)山川出版社、2010年、古谷大輔・近藤和彦編『礫岩のようなヨーロッパ』山川出版社、2016年、近藤和彦『近世ヨーロッパ』(世界史リブレット114)山川出版社、2018年、立石博高編著『スペイン帝国と複合君主政』昭和堂、2018年、岩井淳・竹澤祐丈編著『ヨーロッパ複合国家論の可能性——歴史学と思想史の対話』ミネルヴァ書房、2021年、などの成果を念頭においている。

（２）　本章は拙著『大清帝国の形成と八旗制』名古屋大学出版会、2015年、および拙稿「複合国家としての大清帝国——マンジュ(満洲)による集塊とその構造」『歴史学研究』1007号、2021年、「マンジュ大清国の支配構造」『岩波講座世界歴史12』岩波書店、2022年、「ハン・ハーン・皇帝——中央ユーラシアと東アジアのなかの大清君主号」佐川英治編『君主号と歴史世界』山川出版社、2023年、「大清帝国論——ユーラシアの帝国から中国の「清朝」へ」『思想』1203号、2024年、などに基づき、そのつどの注記はしない。

（３）　オイラトは非チンギス・カン裔の遊牧部族連合で、広義にはモンゴルに含まれるが、トド文字など独自の文化や集団意識をもち、ロシアなどからはカルムイクと呼ばれる。宮脇[2018年, 第7・9章]。

（４）　外藩、藩部の語彙と概念については、岡本[2017年, 第1章]などで論じられている。

参考文献

B・アンダーソン(白石隆・白石さや訳)『定本　想像の共同体——ナショナリズムの起源と流行』書籍工房早山、2007年(初版1987年)

池尻陽子『清朝前期のチベット仏教政策——扎薩克喇嘛制度の成立と展開』汲古書院、2013年

石濱裕美子『チベット仏教世界の歴史的研究』東方書店、2001年

岡洋樹「清朝国家の性格とモンゴル王公」『史滴』16号、1994年

———『清代モンゴル盟旗制度の研究』東方書店、2007年

岡田英弘『大清帝国隆盛期の実像——第四代康熙帝の手紙から 1661-1722』藤原書店、2016年(『康熙帝の手紙』中公新書、1979年の改題増訂)

岡本隆司『中国の誕生——東アジアの近代外交と国家形成』名古屋大学出版会、2017年

小沼孝博『清と中央アジア草原——遊牧民の世界から帝国の辺境へ』東京大学出版会、2014年

承志編『国境の出現』(中央ユーラシア環境史2)臨川書店、2012年

定宜荘『清代八旗駐防研究』遼寧民族出版社、2003年(初版1992年)

L・デエ(今枝由郎訳)『チベット史』(新装版)春秋社、2022年(初版2005年)

萩原守『清代モンゴルの裁判と裁判文書』創文社、2006年

宮脇淳子『モンゴルの歴史　遊牧民の誕生からモンゴル国まで[増補新版]』刀水書房、2018年(初版2002年)

第**12**章

近世日本の「複合的構成」と公のゆくえ

杉本史子

1 ｜ 権力集中と「複合的構成」

　近世日本の政治体制については、その集権性が注目されてきた。しかし、紛争とその解決の問題の分析には、この体制の複合的で複雑な権力編成と、諸領主（いわゆる幕府・藩のみならず、天皇・朝廷、寺社を含む）、諸集団それぞれの刑罰権・裁判権が併立する状況が念頭におかれなければならない(1)。

複合性への視点──公私のあり方、自他・内外認識

　軍事組織を基盤とした徳川政権は、強大な権力を背景に、諸大名家や諸集団に依拠した複合的な構成を統治の基礎とした。本章では、近世日本の「複合的構成」の意味を問うにあたって、公私のあり方、自他・内外認識が、その集権性とどのような関係をもち、機能していたかを議論の俎上に載せていく(2)。本章の記述のなかから、これらの問題が、自分たちを支える場やそれを取り巻く世界・外界といった歴史的空間や、それに対する認識・世界観の問題に密接にかかわっていた［杉本 2018年］ことが、浮き彫りにされていくはずである。

権力の集中と内外関係の重層

　17世紀に形成期を迎えた徳川政権は、一方で大名、他方では天皇や宗教勢力といった、人と土地を支配する支配層を編成していった。将軍は、大名と主従制を結び、領地を認定するかわりに軍事動員を課した。武家に対し武家諸法度を制定し、また、武家の政権としてははじめて、天皇・朝廷および公家に対する法（禁中並びに公家中諸法度）を設定した。中世末期において軍事的経済的に大きな力をもっていた寺社にも法（「諸宗寺院法度」「諸社禰宜神主法度」）を課した。そして、広大な直轄領を支配し、また、江戸・京・大坂・長

崎・奈良などの主要都市、幹線道路、佐渡などの重要鉱山を直轄し、「貨幣の統合」(3)をおこなった。

しかし、この政権は、全国を覆う独自の統治機構を作り上げることはなかった。「日本」には、幕領以外に266(1865年の状況)の大名領が存在していた。

諸領主は、犯罪人をそれぞれ領外に追放する追放刑をしばしばおこなっていた。「幕府」の、武士に対する「重き追放」は、関東・畿内などの14カ国と東海道筋・木曽路筋からの追放であり、これらの領域内が、いわば内側の空間であった。この「重き追放」をはじめ、居町・村といった小範囲からの追放まで、いくつものレベルの追放がおこなわれていた。そのうえ、武士・僧侶神職およびその妻子と、百姓・町人とでは、異なる基準が適用されていた。大名も、自領外への追放とともに、江戸・大坂・京都などでの居住を禁じることが可能であった。「日本」と呼ばれる空間のなかに、さまざまな支配空間の内と外がいくつも重なり合いながら、同時にずれをもって存在し続けていた。

複数の「公儀」の存在と、それらを編成する『公儀』の登場

日本列島上では、14〜16世紀にかけて「家」の一般的成立がみられ、17世紀には庶民層にまで広がり、社会の基礎的単位となっていた。「幕府」も「藩」(4)も、主君の家(「御当家」)を中核とし、軍事・家職制度を基礎とした統治組織をもっていた。そして、それぞれの下位者に対しては、「公儀」を名乗った[朝尾 2004年, 第3巻, 248頁, 第6巻, 139頁]。

「公儀」を考えるとき、藤井讓治が、「公儀」の研究史上往々にしてみられた、①大名にとっての「公儀」を、即自的に、幕府ないし将軍と結びつける見方や、②「公儀＝公権力とする予断」について問い直しの必要性を指摘し、さらに中世から近世初頭の多様な意味合いをもった「公儀」(そのなかには、特定の政治勢力に固定したものではない、「私」に対する「公」を意味する「公儀」も存在していた)が相互に影響しあいながら変転を遂げていった過程を描き出したことは重要である。この過程をへて、17世紀半ばには、「幕府」という語に置き換え可能な政治権力のあり方、すなわち、「天下人」「将軍」を戴きながらも、「天下人」「将軍」一人のものではなく、複数性・合議制に基づいた政治権力が形成された[藤井 2002年]。

この体制下、家(当主・嫡子)に対する統制は詳細を極めた。当主・嫡子は

江戸城での殿席・官位・城の有無など複数の指標により編成され、家同士の婚姻もまたコントロールされた。

　一方で、「国主は政務の器用を選ぶべきこと」という1615年武家諸法度にみられた地方官的規定(5)は、1629年武家諸法度には継続したが、1635年武家諸法度からは削除された。また、将軍－大名間において、公式に位置づけられた諸侯会議や諸身分の会議はおかれなかった。将軍権力は、他の大名・旗本の領地については、かつて旗本領を指すこともあった「私領」という語を使用し、大名の施政を「自分仕置」と呼ぶ一方、幕領については、17世紀後半頃から、室町時代以来皇室領地に使われていた「御料」[山口 2008年, 160頁]の語を用いるようになっていった。他の諸「公儀」を、公的存在として全体秩序のなかに位置づける方向は必ずしも十分には定置されなかった。

　このような特質をもった近世日本の中央的権力とその秩序構造を、当時の用法を踏まえて、本章では『公儀』と呼ぶ。

　『公儀』は1630年代には、直轄軍を増強するとともに、自己の官僚制を整備していった。その要として位置づけられたのは老中であった。老中以下重職の重要職務は、代々の将軍霊廟への代参など将軍家の吉凶行事の執行であり、「江戸城」での儀礼や面命の場は、個々の大名(家)がどれだけ将軍(家)の私的エリア近くに位置できるかという階層秩序を可視化した(6)。『公儀』には将軍(家)の「私」が即自的に結びついていた(7)。

　『公儀』の官僚制はつぎのような特質をもっていた。『公儀』を担う役職に就任したのは、徳川宗家の広義の家臣層(徳川宗家の家臣団を出自とする大名〈いわゆる「譜代大名」〉と、直臣〈旗本・御家人〉)であった。大名全般が、この『公儀』の役人に任用されるという方式は、近世を通じてとられることはなかった。徳川宗家だけが、自己の家中を、『公儀』の担い手としたのであり、諸大名家の家中は、そこからは排除されていた[朝尾 2004年]。

　諸領主のなかで、国持大名(2代将軍秀忠・3代将軍家光の時期には、国持大名は20家存在した)と呼ばれた大規模大名たちは、将軍家に回収しつくされることのない歴史と家臣団をもち、支配のための法を制定し、一個の政治体を形成していた。と同時に、彼らは、初代将軍家康の婚姻政策のなかで、縁戚関係で天下人家康と結びつけられた(8)。彼らは、将軍家にとってのいわば客分にあたる存在でもあった。正月二日、将軍とともに年頭を祝い、その膳には書院番頭(将軍の親衛隊の一つ)クラスの者が給仕役として添えられた(9)。

『公儀』による「日本」の創出

　そして、全国を66の区画（国＝くに）に分かつ、前代から積み重なった支配空間の観念が、諸領主の実際の支配領域と併存しながら、「日本」の空間の上に重なり合って存在していた。

　日本語の「クニ」は、故郷や郷里と、政治的社会的領域との両方の意味を含意した言葉である。それは、本来的に、人間の社会や集団の営みと結びついた領域を指す言葉であり、人跡未踏の地を「クニ」と呼ぶことはない。各地の「クニ」を編成・統合し、各「クニ」の首長の従属の度合いを深めた二次的行政体としての「国」が形成され、さらにその分割・統合をへて、国家の行政区画としての「国」（令制国）が設置された。天武天皇期（673〜686年）に、畿内と諸国を結ぶ交通路に沿って国境を区切るという方法で、「国」（令制国）の範囲が定められていった(10)。

　律令国家体制の転換後、「国」は、武家政権がいかに自己の権力を正当化していくかという文脈のなかで、さまざまに位置づけられていった（戦国大名の領有を指す「分国」「領国」という「国」や、統一政権形成過程の、豊臣・徳川を「天下」とし、大名領国を中国古代の「国」になぞらえる考え方など）。

　このような状況のなかで、豊臣政権・徳川政権の形成期には、朝鮮侵攻や、島原の乱への対応という軍事的必要から、同時代の中国・朝鮮の政治地図作成の影響下、数次にわたって国単位の絵図・土地台帳（国絵図・郷帳）を提出させる事業がおこなわれた。戦国期の領土紛争が寸土を争うものではなく実質的には中心となる城の争奪戦であり、そのため「国分」協定が半国や郡を単位としていたように(11)、当初、国は、さまざまな支配領域が複雑に重なり合う状況に対して、絵図や土地台帳を徴発する大枠の枠組みにすぎず、必ずしも、国の境が、各領主の領分の境とは明確には区別された、独自の意味をもった境界と捉えられていたわけではなかった。国の境は、相変わらず、隣国へと続く道のうえでポイントとして認識されるにすぎなかった。

　しかし、17世紀半ばに自己の基盤を固めた『公儀』がおこなった、17世紀末〜18世紀初頭の国絵図・郷帳作成事業はこれとは異なる性格をもつものだった。この元禄国絵図作成事業では、現地の村の領域認識に基づき、要所要所の具体的な地形の上に国の境を確定し、双方の国で使用されている境界地名と、最寄りの村からの距離を詳細に記すという、これまでにない「国」の把握がおこなわれた。そしてこのときの国境画定は、基本的に、村と、『公

儀』から任命された各国の国絵図担当とのあいだで確定された。その地域を
領有している領主としての関与は想定されなかったのである［杉本 1999年］。

　この元禄国絵図作成事業における国境画定は、各地の村から提起されてく
る境争論に対し、複数領地にまたがる紛争の裁定者（本章第2節）としてどう
対処するかという『公儀』の問題意識に基づくものだった［杉本 2022年，45-52
頁］。『公儀』は、「国」という伝統的権威をまとった支配層の観念を、当時
の現地の共同体の土地把握を踏まえた新たな空間観念として捉え直した。そ
して、この新たな「国」の集合体としての、新たな「日本」（元禄日本図）が創
出されたのである［杉本他 2011年，42-45頁］。

2 ｜『公儀』の裁きと支配

多様な集団と紛争解決

　近世には、第1節で述べた、将軍家の法、武家諸家の法、寺社法、律令法、
公家法のほかにも、村・町や職能集団の掟など多くの法が存在していた。

　各集団は、自前で紛争処理をおこなう一定の力量をもっていた。例えば村
レベルの紛争解決には、当事者同士の交渉や、仲裁者による調停、領主法廷
への出訴、関係村間での議定、村内での合意など、複合的な解決方法がとら
れた。村は、野山に対する権利を、こうした多様な紛争―解決を繰り返しな
がら、関係集団間での一定の法的位置にまで高めていった［杉本 1999年，138-
146頁］。

評定所裁判の形成と崩壊──「百姓公事」の採用と裁きの垂直的編成

　『公儀』の中核である老中制が整備されたのち、老中会議から枝分かれす
るかたちで、評定所が、独自の法・場をもつ機関として形成されていった。
評定所は、老中のもとで、大目付・目付が立ち合って、寺社・町・勘定奉行
の合議により、複数の支配にかかわり、現地の関係者では解決できない出入
筋や、重要な吟味筋を裁いた。評定所・奉行所は、「天下の理非の相定まり
候所」とされた。

　奉行に訴訟を提起し評定所で裁きを受けるということは、現地の紛争を、
将軍や諸大名が集う宮廷社会、『公儀』の諸役職、情報発信能力をもった江
戸市民の目の集まるステージへと、引き上げることを意味していた。

第12章　近世日本の「複合的構成」と公のゆくえ　183

評定所では、1656年、「山川田畑に関わる公事」についての大名の出訴権を否定し（領主「直公事」の禁止）(12)、「百姓公事」の扱いにするという老中判断が示された。一方、紛争にかかわる「狼藉」については、領主の訴えを主管奉行から老中に仲介することを承認した［以上、杉本 2018年，第2章］。

　17世紀半ばに「百姓公事」を採用し「領主「直公事」」を禁止した評定所は、18世紀後半にかけて、御目見以上の幕臣の現地見分・境界決定とセットになった判決書類（裁許裏書絵図・書下し）方式を頂点とする裁きの体系を精緻に構築した。この体系は、判決権力（『公儀』）、訴訟主体、訴訟主体を支配する権力（「公儀」）の三者関係を、裁く側の論理で垂直方向に編成しようとするものだった。しかし、この体系は、「公儀」からの再審要求による判決書の撤回や、『公儀』の財政逼迫のなかで現地見分を抑制せざるをえない状況下、18世紀末には成り立たなくなっていった［杉本 2022年，第3章］。

　そして、大名領の百姓が評定所への出訴権を認められたことは、前代とは異なる、近世の大きな特質といえる。元禄国絵図作成事業における新たな土地把握は、「百姓公事」のかたちで「論」を提起する百姓たちへの、『公儀』の側からの対応の一つであった。百姓たちは奉行所・評定所に出ることを「公儀に出る」と呼んだ。民衆の側からの『公儀』の捉え方がそこに示されている。さらに、注目すべきは、次項に述べていくように、民衆が、『公儀』によって編成された裁きのあり方を、訴訟主体の立場から読みかえ利用していく動きをみせはじめることである。

刑罰をめぐるコントロール不全と垂直的編成の問い直し

　第1節で述べたように、『公儀』が諸「公儀」に対して公の階層秩序上での十分な位置づけを与えることに抑制的であったことは、『公儀』の全国統治に、諸「公儀」を機動的に動員することを困難にしていた。この点を、「自分仕置令」と追放刑についてみておこう。1697年6月に『公儀』が出した「自分仕置令」では、大名は家中および自領内・自領民については、極刑を含むすべての刑罰の行使が認められる一方、他領にかかわるものに対しては、月番老中にうかがうべきであるとされていた。しかし、仙台伊達家では、自領内で他領者が犯罪をおこなった場合や自領民が他領民に対して罪を犯した場合でも、『公儀』に委ねることはなく、相手側の了解をとりつつ、自分仕置をおこなった(13)。つぎに、第1節で述べた追放刑は、追放され無宿に

なった者が領外の都市に流れ、また密かに追放された場所に立ち帰り累犯を犯す場合も多いという、矛盾をはらんだ刑罰だった。この、追放・無宿・累犯の悪循環を断ち切るため、1722年、『公儀』は、領分からの追放抑制を命じた。しかし、諸家は、それ以後も内々あるいは公然と追放刑をおこなった(14)。追放刑のもつ矛盾に対しても、『公儀』は統御することができなかった。

　そして、『公儀』を担う評定所は、諸領主の裁判所に対して、統一的な審級制のもとにおかれた上級裁判所に位置づけられていたわけではなかった[杉本 2018年．38頁]。民衆側は、このような、複数の支配権や裁判権が並立する状況を、さまざまな角度から利用した(15)。近世において各裁判機関は、基本的には一審制であり、上訴制度を欠いていたが、訴える側は、奉行所を変更して提起し、実質的上訴として利用した[杉本 2018年．49頁]。さらに、事件の審理を『公儀』の直轄領や個別領主役所から、上級機関に移送する要求すら出されていた(16)。

3 │「公議」に基づく新たな秩序の模索

民間情報社会の豊饒性

　『公儀』によって、「御当家」(将軍家)にかかわる事項や、時事的な報道が禁じられていたはずの近世日本社会は、じつは、『公儀』に統御された公式情報ルート以外に、さまざまなレベルの豊饒な情報空間をもっていた。口頭や書写による非公式ネットワークや、身分をこえたサロンが存在し、さらに、社会のなかに広がった民間出版と歌舞伎などの身体的パフォーマンスが結びついた「近世的公開メディア」が、日常の外の世界のできごとを人々に理解可能な物語として提供していた[杉本 2018年．12-16頁，第4章]。

『公儀』と「公議」

　18〜19世紀は、ヨーロッパ諸国における国立の水路測量機関(水路とは、船舶の航行する水面を指す、海川を包括する用語である)と陸地測量機関の世紀であり、国家が、測量とその結果の公開まで統御しはじめた。帆船に比べ、格段に迅速で予測可能な航海が可能な蒸気帆船の発達と、経緯度情報や詳細な実測データをもった「近代的海図」が民間海図を凌駕していく過程が車の両

輪のように進行していった。国家が測量・データ編集・販売までかかわった「近代的海図」は、タウンゼント・ハリスが「世界中のいかなる国民もそれを入手することができる」と表現したように、国際的に開かれた公刊物として全世界へ流通していった。「近代的海図」という『公儀』が統御できない刊行物の波が、「日本」を取り巻き、そのなかに流れこんできていたのである［第Ⅳ章扉「日本近海を覆うイギリス版「近代的海図」」，杉本 2022年，108-138，141-150頁。研究史についても同書参照］(17)。

　このような西欧諸国からみると、「日本」の北辺は地球に残された未測量海域の一つであった。一方、「日本」の為政者たちは、蝦夷地と呼んできた広大な境界領域の広がりのなかに、ユーラシア大陸の北部に中国を凌駕する巨大なロシアが存在することを、工藤平助のカムチャッカ半島についての著作（「加模西葛杜加国風説考」1783年成立）によって突きつけられた。そして、それから約20年後、幕命により作成された高橋景保の『新訂万国全図』（1810年成立）は、千島列島各島、カラフトと大陸との位置関係を示した世界認識に到達していた［岩崎 2021年，55・68頁］。

　1799年、『公儀』は東蝦夷地を松前家から仮上知させ、老中以下に蝦夷地御用を命じた。この蝦夷地幕領化政策については、ヨーロッパによる植民地獲得戦争を念頭においた、「日本」の「『帝国』への第一歩」という評価も与えられている［岩崎 2021年，98-100頁］。

　しかし、ここでは、この蝦夷地御用が、当初、「開国の御趣意」に基づいていたことに注目したい。本章第2節に述べたように、『公儀』は、下からの「論」の提起に対応するため、元禄国絵図作成事業において近世的「国」の把握・創出を指向し、その近世的「国」の集合体としての「日本」図を完成させた。さらに8代将軍吉宗のもとでは当時の技術水準を駆使してその内容を整備した。この流れのうえで、これまで陸奥国（従来、松前地は陸奥国に含まれるとされてきた）より北には国をおいていなかった境界領域＝蝦夷地に、『公儀』による新たな「国」を開く（当時「開国」と呼ばれた）という発想で臨もうとしたのである。この方針が貫徹すれば、10世紀に完成・施行された『延喜式』（律令格に対する施行細則を集大成した古代法典の一つ）に記述された66国2島をこえた、新たな国の設置となり、武家政権が、国という装置をついに「自家薬籠中の物」としたという評価も可能であったであろう。

　しかし、この方向に対し、これまで、朝鮮に対しては宗家、蝦夷に対して

186　　第Ⅳ部　ユーラシアと日本の複合政体

は松前家、琉球に対しては島津家に任せてきたという原則を崩して、蝦夷地交易を将軍家の「御直取り扱い」とすることは、『公儀』が「利を独占されようとしているとの誹りも生じる」など、厳しい批判を記述した箱訴が提出され、「開国の御趣意」は撤回に追いこまれた[18]。

18世紀末のこの批判は、『公儀』に密着した将軍家の「私」のあり方を問題として議論の俎上に載せるもので、1862年以降、松平春嶽がこれまでの『公儀』がもつ徳川家産的性格を「幕私」として批判していく視点につながるものだといえる[19]。家産組織を止揚することなく、「譜代大名」や幕臣のみが天下の政治を左右する[高橋 2007年, 145・220頁]という、『公儀』のあり方そのものを問い直す方向が、大きな奔流となって政治や社会を動かしはじめる。

一方で、本節冒頭で述べた近世の民間情報世界は、「外圧」に対する領主たちの対応を凝視する「公論社会」[宮地 2010年, 60-62頁]を生んでいた。また、評定所にはさまざまな身分から膨大な数の論が提起される状況となっていた[杉本 2018年, 111頁]。中世から使用されていた「公議」「公論」[20]という語が、このような社会の到来を前提に、諸「公儀」の側から、また、論を提起する多様な層（第2節）によって、『公儀』の垂直的編成を批判する用語として語られはじめた。

1863年7月長州藩は、萩から山口への城移転について領内に惣触で知らせた。そこでは、国内「割拠戦闘」の時代には「形勝」の地であった萩から、「海寇碇泊の場所」から隔たった内陸・山口の地へ移転し、大砲を備えた西洋式城郭を建設し周囲に関門を設置するとの説明がなされていた[杉本 2022年, 112-115頁]。このことからもうかがえるように、『公儀』による「泰平」とは、じつは徳川家と国内諸家・諸身分のあいだの軍事・警戒態勢に基礎づけられた、凍結された戦争状況ともいう性格をもっていた。しかし、内に向いていた諸家の砲口は、今や、「日本」を取り巻きつつある、海からやってくる「他者」へと否応なしに向きを変えはじめた。「近代的海図」と蒸気帆船に特徴づけられ、相対的には陸上における行路・位置把握に近づいた「新たな海洋」の登場は、国土観念や陸上の構築物、そして社会そのものを変容させていった[杉本 2022年, 第Ⅱ部]。

排外主義の機運の高まるなか、近世的秩序に組みこまれ支えられていた天皇もまた、政治的主体として発見されていく。誰が西欧諸国との外交主体・

条約締結主体たりえるか(21)という問題が突きつけられていくなか、国家的機構のなかに位置づけられた諸侯会議が議論の俎上に載せられ（1863年12月、朝廷と「幕府」の意思決定にかかわる参与会議の設置）、さらに、『公儀』からは排除されていた諸藩士を下院に参加させる二院制が構想されることになる［井上 1991年，25, 66, 83, 168-169頁］。

洋学者による「公議」の実現と「日本」の創出

　「公議」の希求について、本項では為政者や志士ではなく、これまで政治史のなかではほとんど言及されてこなかった、洋学者による「公議」機関の設立に的を絞り、述べていきたい(22)。渡辺崋山にみられるように、自己の身分からの離脱をはかり、学問的ネットワーク・結社・サロンといったヨコにつながる自発的社会的結合を形作りつつあった洋学者たち［杉本 2018年，245-282頁］は、幕臣のための洋学教育機関として設立された開成所（この機関は、蕃書調所など、幾多の名称改変をへたため、ここでは開成所と総称する）という場を得て、家や主従制や軍事組織を紐帯とする近世の政治社会とは異質の、知と技術を共通項とする専門家集団として、独自の動きを展開しはじめた。彼らは、西欧諸国による「近代的海図」によって日本および日本近海が覆われていくなか（第Ⅳ部扉地図）、これまで『公儀』が創り上げてきた、「国」の集合体にすぎず、経緯度グリッドのなかに位置づけられたナショナルな境界という発想を欠いた「日本」像が、当時の国際情勢下では通用しないことに気がついた。そして、西欧諸国に向けた新たな印刷「日本」図を創り上げた。それは『官板実測日本地図』と名づけられ、1867年パリ万国博覧会に展示され、ナポレオン3世はじめヨーロッパの要路に贈呈された［杉本 2018年，16-17頁，2022年，85-87頁］。

　開成所はまた、1868年戊辰戦争の勃発によって徳川慶喜が江戸へと敗走するという状況のなかで、「会議一同」の名で、前代未聞の、身分を問わない「尽忠有志諸君」に向けた会議体を江戸で招集し（「開成所会議」）、旧「幕府」・「藩」をこえた議論を提案した。新政府側もその様子を注視し、この会議体に多くの建白者が「市をなし」たと捉えている。すでに開成所の柳河春三は、従来の『公儀』の情報ルートとは別の情報媒体を創出しており（翻訳筆写新聞閲覧組織である会訳社の設立）、この開成所会議も、議論の保障とともに、継続的な開かれた情報共有をめざしていた［杉本 2018年，283-354頁］。

さらに、開成所の津田真一郎・西周・加藤弘蔵らが主導し、1868年2月初頭、慶喜のもとで、江戸城西丸大広間（すでに本丸は焼失していた）と、公議所（評定所におかれた）に、それぞれ上院（徳川家臣上層部）、下院（徳川家臣下層部の二三男・厄介、諸藩士、百姓・町人）をおく、一種の二院制議会を開設した。この二院制は、津田・西・加藤の議会研究に基づき、加藤が開成所会議で提案した会議ルール案を参考にするなど、洋学者たちの研究と実践を生かしたものであった。この体制においても独自の司法機関の構想をそのなかに組みこむにはいたっていなかったが(23)、徳川家自体も、議会と連動する、津田の「日本国総政府」に近似する政務機構へと改革されたことは、当時の「公議政体論」が議会に関する議論に終始し、立法府・行政府の関係については議論の俎上に載せることができなかった状況(24)のなかでは、特筆に値する。当時、江戸は、この政体改変に沸き立っていた。

慶喜は、この公議所開設に際して、「全国の公議」をもって皇国制度の基本とするを至当とし、「これまでの家政向を熟考すれば、士・民の心にかなわざる事少なからず、実に以て恥じ入り候、ついてはこの度公議所を設け、広く衆人の公議を採り、上下の情相通じ候様に致したく候（筆者による書き下し）」と表明している。ここで、慶喜が「家政向」と表現した背景には、王政復古後、土地の支配権は天皇に帰属するという「王土」論の立場から旧幕領を接収しようとした新政府側に対し、慶喜側は旧幕領がすべて父祖から相続した家産であり、天皇に返還する「大政」には含まれないとする立場をとったという状況があった(25)。

かつての、将軍（家）の私と不可分の『公儀』のあり方は、徳川宗家の家長みずからによって反転させられた。ここに述べられているのは『公儀』でもなければ「公儀」（一大名）でもない政体(26)であり、士・民の心に背いていたことを恥辱とし、「全国の公議」「衆人の公議」に立脚する政体が模索されたのである。

しかしこの開成所主導の体制は、慶喜の引退（同年2月）を乗り越えて存続することはできなかった［杉本 2018年，306-324頁］。新たな公をめぐる議論は、近世的秩序の根幹をなしていた、家と領有制のあり方そのものを、議論の俎上に載せていくことになる。

註

（１） 本章の「複合的構成」は、以下の行論からも明らかなように、「複合国家」とは区別された概念である。

（２） 三谷太一郎は、「日本の近代とは何であったか」を問うにあたって、「旧体制である幕藩体制」について、①権力を分散させ相互に競わせることで絶対君主が彼らをコントロールする「権力抑制均衡メカニズム」が働いていたこと、②幕末における、「公儀」から「公議」へという急速な移行に注目した（三谷太一郎『日本の近代とは何であったか──問題史的考察』〈岩波新書〉岩波書店、2017年、42〜50、62頁）。本章はこの三谷の着眼点を評価しつつも、複合性を、単に権力分散とそのコントロールとしてみるのではなく、本文に記した観点から叙述する。

（３） 安国良一『日本近世貨幣史の研究』思文閣出版、2016年。

（４） 「幕府」「藩」については、当時の権力の自称ではないなどの批判を受けながらも、こうした実態を一言で表現するために適した用語として今日も多用されており、また近年では「藩世界」といった拡張概念も使用されている。このような研究状況に対しては、近世政治秩序の根幹をなす将軍家・大名家の存続の問題を埋没させてしまう面を生んでいるとの指摘がなされている（高野信治「大名と藩」『岩波講座日本歴史11──近世２』2014年）。

（５） 石井良助『江戸時代土地法の生成と体系』創文社、1989年。

（６） 深井雅海『江戸城御殿の構造と儀礼の研究──空間に示される権威と秩序』吉川弘文館、2021年。

（７） 大名の財政援助をおこなう「幕府拝借金」は、徳川家と縁戚関係にある大名保護に力点がおかれた（大平祐一「江戸幕府拝借金の研究──幕藩関係の一考察」『法制史研究』23号、1973年）。

（８） 福田千鶴「江戸幕府の成立と公儀」大津透・桜井英治・藤井讓治・吉田裕・李成市編『岩波講座日本歴史10──近世１』岩波書店、2014年、222〜224頁。

（９） 笠谷和比古『武家政治の源流と展開──近世武家社会研究論考』清文堂出版、2011年。

（10） 鐘江宏之『律令制諸国支配の成立と展開』吉川弘文館、2023年。

（11） 池享『日本中近世移行論』同成社、2010年、218頁。

（12） 法制史学会東京部会主催シンポジウム「日本近世の法と経済──杉本史子著『近世政治空間論』を素材として」（2020年）における報告をまとめた杉本史子「近世裁判史研究の可能性」（『法制史研究』70、2020年）。山川田畑について評定所への大名の訴訟権が認められなかったことについては、中世法制史研究の側から、領主間の領有秩序を整序するものとしての訴訟制度（所務沙汰）の消滅と位置づける見解が出されている（酒井智大「関所と替地から観た所務沙汰──中世武家訴訟制度と恩賞給与」『国家学会雑誌』第132巻5-6号、2019年、501頁、同「知行の構造と展開（一）」『国家学会雑誌』第136巻3-4号、2023年、161頁。

（13） 吉田正志『仙台藩刑事法の研究』慈学社出版、2012年。

（14） 平松義郎「名古屋藩の追放刑」『江戸の罪と罰』平凡社、2010年、118〜186頁。

（15） Fumiko Sugimoto, "Fixing Sacred Borders: Villagers, Monks, and Their Two Sovereign Masters", Kären Wigen, Sugimoto Fumiko, and Cary Karacas (eds.), *Cartographic Japan: A History in Maps*, The University of Chicago Press, 2016、杉本［2022年、第２章補論］。八瀬村の中核的住民たち（「八瀬童子」と呼ばれ延暦寺の実務

労働者の系譜をもつ)は、中世以来、歴代天皇の意を奉じて下付されてきた租税免除の書類(綸旨)を大切に保管しており、一方では徳川将軍体制下での歴代の京都支配担当者(所司代)からの商売保証書(「下知状」)を蓄積していた。彼らは、延暦寺の寺域からの排除の動きに対して、双方から保証されたこれらの書類を取り揃え、複数の支配者の並立という状況を利用し、徳川将軍の各奉行への訴訟、老中への駕籠訴・駆込訴、そして近衛家(基煕は6代将軍家宣正室の父)による将軍への政治的工作という複数の手段を駆使して、自分たちの権益を実質的に守り抜いた。駕籠訴・駆込訴は、非合法訴訟だったが、軽罪に処せられたにすぎず、老中判断で奉行所・評定所での審理が開始されることもあったため、波状に訴訟を繰り返すことが盛行していた(以上、大平祐一『近世の非合法的訴訟』創文社、2011年)。また江戸の公事宿では、駕籠訴・駆込訴・門訴の作法を公事人に指導していた(服藤弘司「江戸宿公用留」『刑事法と民事法』創文社、1983年)。江戸後期における百姓の「訴訟知」の発達については、渡辺尚志『武士に「もの言う」百姓たち——裁判でよむ江戸時代』(草思社、2012年)、同『江戸・明治 百姓たちの山争い裁判』(草思社、2017年、257頁)。

(16) 前掲、大平[2011年]。

(17) 杉本[2018年]では太平洋の「政治空間化」という視点を提出し、従来の、幕末史を規定したのは国内的要因か対外的要因かという議論の止揚を試みた。また、小野将「幕末の日本、一九世紀の世界」(荒木裕行・小野将編『日本近世史を見通す3』吉川弘文館、2024年)は、太平洋史に注目して研究史を整理し、幕末の日本と19世紀の世界を見通している。

(18) 藤田覚『近世後期政治史と対外関係』(東京大学出版会、2005年)、杉本史子「「伊能忠敬とその時代」の解明のために——羽太正養『休明光記』を素材に」平井松午編『伊能忠敬の地図作製——伊能図・シーボルト日本図を検証する』古今書院、2022年、3〜19頁。なお、2024年現在、基盤研究(C)「中近世日本の法的世界を問い直す——裁判史・政治史・経済史の対話」(22K01120)で、『休明光記』の史料学的検討が進められている。

(19) 1865年10月9日付の徳川慶喜宛松平慶永書翰では、「是迄之幕私幕利は御脱却ニ而、天下合同純一の正議ニ不相成候而は、一旦之処は事鎮り候而も再度之惑乱眼前之儀と奉存候、畢竟丑年以来外国事務ハ幕之御秘事と相成有之候故、乍恐 宸襟も不被為安、諸藩初も安心不仕儀は御承知之通り之事ニ候」と述べている(『続再夢紀事 第四』松平家蔵版、1922年、311頁)。「天下合同純一の正議」に照らすことで「幕私幕利」が浮き彫りにされるという思考方式を示している。丸山眞男は、「公議輿論」の前提として、「具体的な天皇の人格にも、また皇祖皇宗という血脈の連続性にも、完全に吸収されてはいなかった」超越的な天道の理念が脈々と生き続け、「幕府や藩の「失政」によって、原理への忠誠は組織への忠誠から剥離されるようになる」「公議輿論」の思想は、「天下を公と為す」という伝統思想が、新たな状況と知識の下で次々と意味転換を遂げていった過程にほかならない」と述べている(丸山眞男『忠誠と反逆』ちくま学芸文庫、1998年、37頁)。ただし、慶永は、「天意」を現実の天皇の意思の意味で使用しており、「天下合同純一の正議」が、この丸山の説くような、天皇をも凌駕する「正議」であったかどうかについては、慎重な議論が必要だと思われる。

(20) 「公議」「公論」にかかわる研究史を全面的に記述する紙幅は本章にはないが、幕末の公議・公論研究については、白石烈「幕末政治史研究(中央政局分析)入門」『歴史評論』875、2023年3月が、主張者が明確に「公議」「公論」の文言を使用しているかど

うかに注意すべきで「"複数の意見が存在すること＝公議"ではない」と述べている。本章で言及したように、「公儀」『公儀』も、ある種の複数性・合議制に基づいていた。「公議」「公論」研究は、この点をはじめとして、近世史の成果を踏まえて論じられるべきだと考える。

(21)　主権概念は、国内的発展よりも、むしろ対外関係のなかで形成されてきたという指摘は、皆川卓「近世イタリア諸国の『主権』を脱構築する——神聖ローマ皇帝とジェノヴァ共和国」『歴史学研究』989号、2019年、10頁。

(22)　近年、奈良勝司は、幕末の「公議」論は、攘夷願望に根ざす挙国一致要請と不可分に成長したという理解を提示している(奈良勝司『明治維新をとらえ直す——非「国民」的アプローチから再考する変革の姿』有志舎、2018年、240〜248頁)。奈良の分析は、幕閣と「倒幕派」を中心にしており、政権から距離をおく人々や、本章で取り上げる洋学者については、議論の本筋からは外されている。

(23)　1868年1月17日の新政府側の三職七科制においても、聴訟事務についてはどこにもふれられていなかった。しかし、実際には、内国事務裁判所が、内国事務掛参与の下で、天朝領における公事訴訟を処理する構想だったという指摘がなされている(橋本誠一『明治初年の裁判——垂直的手続構造から水平的手続構造へ』晃洋書房、2017年)。

(24)　坂野潤治は、1863年以来検討され、王政復古直前にいったんは成立しかけた議会論(藩主の上院と藩士代表の下院の二院制)について、重要な財権と兵権は行政府でも議会でもなく議員たる各藩主が握っているため、行政府と立法府の権限を明確にする憲法は論じられなかったとの理解を示している(坂野潤治『未完の明治維新』〈ちくま新書〉筑摩書房、2007年、123〜125頁)。

(25)　奥田晴樹「所有を制約するもの——日本の近代的土地所有に見る」山田奨治編『コモンズと文化——文化は誰のものか』東京堂出版、2010年、211〜212頁。

(26)　津田の『日本国総制度・関東領制度』(1867年9月稿)では、日本国と関東府を徳川宗家が統治し、日本総政府の制法下院は「日本全国民の総代」として国民10万人につき一人ずつ推挙し、「関東府」の制法下房は「関東国民」5万人につき一人ずつ推挙するという構想を示しており(大久保健謙「津田真道の著作とその時代」同編『津田真道——研究と伝記』みすず書房、1997年)、1868年江戸で創り上げた政体は過渡的位置づけであった可能性がある。

参考文献

朝尾直弘『朝尾直弘著作集』(第3巻・第7巻)岩波書店、2004年

井上勲『王政復古——慶応三年十二月九日の政変』中央公論社、1991年

岩﨑奈緒子『近世後期の世界認識と鎖国』吉川弘文館、2021年

杉本史子『領域支配の展開と近世』山川出版社、1999年

———他編『絵図学入門』東京大学出版会、2011年

———『近世政治空間論——裁き・公・「日本」』東京大学出版会、2018年

———『絵図の史学——「国土」・海洋認識と近世社会』名古屋大学出版会、2022年

高橋秀直『幕末維新の政治と天皇』吉川弘文館、2007年

藤井讓治『幕藩領主の権力構造』岩波書店、2002年

———『近世史小論集——古文書と共に』思文閣出版、2012年

宮地正人『通史の方法——岩波シリーズ日本近現史批判』名著刊行会、2010年

山口啓二『山口啓二著作集　第二巻——幕藩制社会の成立』校倉書房、2008年

Column #07

東南アジアの複合政体

桃木至朗

東洋学や歴史学の世界で周辺的な位置におかれてきた東南アジアが本格的に注目されたのは、1970～80年代のことだった。そこで展開された研究は、人類学や生態学の影響を強く受けたことによりアナール学派などと共通の発想を示すことも多かったが、かなりの程度まで国家論・王権論に収斂した点が、ヨーロッパの社会史とは大きく違っていたように思われる。

「東南アジア国家」の非領域性

港市国家論など政体と経済基盤の議論も踏まえた代表的な「東南アジア的国家論」である「劇場国家論」(ギアツ)や「銀河系政体」(タンバイヤ)、マンダラ(ウォルターズ)などにおいては、かつてのセデスの「インド化された古代国家」のような東洋的専制論を崩すためにも、国家・王権やその空間編成(領域)の多元性・流動性や可変性が強調された。日本の世界史教科書にも出てくるような主要「王朝」の名前は、ベトナムを除けば首都の名前であり、ある「国」を領域として認識・表象する観念は薄かった。近世後期にいたるまで、スコットが「ゾミア」論で取り上げた「意図的に国家をもたない／国家に加わらない」山岳地帯の社会はもちろん、平野部であっても、地方(ビルマのミョウ、シャムのムアンやマレー世界のヌグリ等々)の住民や土地を詳細に把握・統制することは首都周辺など一部の拠点以外では難しく、それらとの関係は支配者間の婚姻や王子の分封を含む人間関係に依存することが多かった。

非制度的な統治

ただそれが、「封建国家」や「複合国家」が想定するような契約的関係や個々の単位における法的・制度的な統治であることは稀である。しかも東南アジアは、古代日本などと同様に、ジェンダー史の世界で広く知られた「双系制」家族・親族原理のもとにあった。女性君主が多かったとはいえないが、父系・母系などの血筋がリーダーの地位を自動的に決めるしくみは定着せず、王座は広く王族や有力者のあいだで争奪されるのがつねであった。したがって、現代人が想像するような「(父系)世襲王朝」は厳密には成立しにくい。また、君主権力の理念はヒンドゥー・仏教やイスラーム、儒教に由来する宇宙的原理のもとに土着信仰を取りこむかたちで普遍性を主張する(その点は東洋的専制論に合致しなくもない)。各国家は一般に、その宇宙的原理を生み出した文明中心との対等性を主張するのだが、権力の実態は支配者のカリスマと利益分配、パトロン・クライアント的な二者関係の連鎖にほぼ

193

完全に依存する。つまり「首長制」や「初期国家」の特徴が存在し続けており、脱植民地化以降の現代東南アジアの諸国家をみても、「独立の父」たちの時代はもちろん、強権的な開発主義が成果をあげて工業化・近代化が大きく進んだ後でも、ウェーバー的な意味での近代官僚制はなかなか機能しない。現代東南アジアの住民がグローバリズムや新自由主義の荒波に対して、冷戦時代のような強権体制によらずに自然に適応しているようにみえるのも、そうした非制度的な伝統のおかげかもしれない。

世界史のなかの「東南アジア国家」

　もっともそうした理解は、ヨーロッパ製の概念の当てはめや、インドないし中国の周辺・付録扱いから脱するために、東南アジアにしかない個性・独自性が追究された時代の産物でもあった。グローバル化や中華世界の見直し、その一方での東南アジアの国民統合などが進んだ21世紀には、世界史のなかでの東南アジアの位置、東南アジアからみた世界史などを語ることが求められるようになった。そこではむしろ、ユーラシアの中央部が遊牧民の恒常的な圧力・影響のもとで多民族帝国を成立・発展させたのに対し、東南アジアや日本・ヨーロッパなど遊牧民の侵攻を一時的にしか受けなかった周辺部で、中規模だが密度の高い政治・文化統合が西暦1000年紀の後半から19世紀初頭にかけてしだいに発展したこと（それは近代的なネイションではないが）を強調するリーバーマンのような考え方も出てくる。それが踏まえている世界史認識は、ヨーロッパ近世といえば主権国家や絶対主義による一元的支配などという古い考えをとっくに乗り越えているので、前近代には中国型の国家以外になかったような一元的支配を想定せずとも、地方支配の段階的強化や垂直（階層間）・水平（首都・地方間）の文化統合の進展などの平行性を語ることが可能なのである。東南アジアと他地域との関係・比較についての多面的・多角的な検討が期待されている。

参考文献

アンソニー・リード（太田淳ほか訳）『世界史のなかの東南アジア——歴史を変える交差路（上・下）』
　　名古屋大学出版会、2021年
桃木至朗『歴史世界としての東南アジア　第2版』山川出版社、2003年
Victor Lieberman, *Strange Parallels, Southeast Asia in Global Context, c. 800-1830*（2 vols.）,
　　New York: Cambridge University Press, 2003, 2009.

Column #08

明治維新──双頭連邦国家から単頭国民国家へ

三谷　博

　日本の近世・近代への移行過程を、ヨーロッパ史の「複合国家」という観点から眺めたら、どうみえるだろうか。逆に、その試みは、ヨーロッパの複合国家像にどんな寄与ができるだろうか。以下ではその簡単なスケッチを試みたい。

双頭・連邦の国家

　日本の近世国家は、260余りの大名の「国家」が江戸の公儀と京都の禁裏のもとに連合し、「日本」という政治的まとまりをつくっていた点で、たしかに「複合国家」の一種という政体をもっていた。私はこれを「双頭・複合国家」と名づけたが、その特徴は、第一に、二人の君主をもっていたこと、第二に、大名の国家が基本の単位で、「公儀」から領内の徴税・行政・裁判を委任されていたこと、第三に、大名の家臣たちは地方知行をしていた場合も多くは大名の官僚制に依存する存在であったことであった。また、近世の日本はヨーロッパと逆に、極めて薄い国際関係のなかにあり、これが二百数十年にのぼる長期安定の基礎条件となっていた。

　近世ヨーロッパの場合、第一の面はしばしば、ローマ教皇と世俗諸王権との関係に比定される。しかし、宗教改革後のヨーロッパではローマ教皇の権威は世界を包括する普遍的なものではなくなっていた。日本の禁裏は琉球や蝦夷地の大半を除くと、普遍的な神的権威をもっていた点で異なる。また、ローマ教皇は大規模領主でもあって、大きな決定権をもっていたが、禁裏の領地は中大名ほどしかなく、その存在は公儀に大きく依存するとともに、「日本」レベルの決定への発言権はなかった。これは中世後期以来の伝統であって、絶対的な高い威信をもつと同時に、国政上の権力はもたないという、世界史上稀な存在であった。

世俗権力内の階層

　つぎに、世俗的権力の構成に目を向けると、日本もヨーロッパも、おおまかには三階層であった。ただし、日本の場合、大名家臣の独立性は弱かったから、実際は、公儀と大名の二階層からなっていたとみなせる。これに対し、ヨーロッパでは、神聖ローマ帝国や各王権と中小領主とのあいだに地域的なまとまりの層があり、それが議会をつくって、課税への同意権などを通じ、王権に強い制約を課していた。日本の大名は、全員が個別に徳川の「公方」に臣従していて、その横の団結は禁止されていた。その領地は公儀から与えられた封地であったから、ヨーロッパのように、家産として他大名と授受しあったり、婚姻や相続で増減することはありえなかった。また、領地は公儀の意向しだいで増減封され、しばしば転封もされた。ただし、島

津・毛利・伊達など、関ヶ原以前からの大大名で存続を許された大名は転封をみず、その領民との関係はほかの大名と比べて強かった。

　こうした近世日本の特徴は、明治維新による解体と再編成に深い関わりをもった。元来が鎖国のなかにあったゆえ、西洋による開国強制は大きなショックを与え、それが国内の構造的欠陥を明るみに出した。泰平を保証していた分権とチェック・アンド・バランスのシステムは、危機の時代には不都合となったのである。

単頭・国民国家への転換

　これが爆発したのは安政5（1858）年であった。将軍の跡継ぎと条約の勅許の二問題が複合して、幕府と大大名、幕府と朝廷の対立が発生し、その悪循環のなかで、大名のみならず、民間からも幕政矯正の運動が一気に拡大したのである。この秩序崩壊のなかで、幕府が大大名の政治参加の要求を退け（64年）、京都の武力制圧をはかった長州の懲罰に失敗する（66年）と、天皇のもとに日本政府を統合し、そこに大名を参加させることが不可避となり、徳川家は政権を朝廷に譲った（67年）。しかし、王政復古政府では徳川の地位をめぐって対立が発生し、小規模の戦争の結果、徳川を排除した政府が成立した（68年）。この政府は全国から身分を問わず人材を集め、大名の代表への諮問をへたうえで、成立後3年半の後に大名国家の解体もおこなった。それは、武士の総失業ともなった。

　このように、明治維新では、まず天皇への政権一本化、ついで大名国家の解体、さらに武士身分の解体がおこなわれ、近世の双頭・連邦国家は単頭、かつ皇族・華族約500家を除く、すべての男性に等しい権利を認める国民国家に変わったのである。

　天皇への政権一本化はその普遍的権威を下地として、大名や志士が政治参加に利用したことによる。大名の多くは公方との主従関係を天皇に付け替えることを躊躇わなかった。また、国家の統治権も生計と名誉の保証を代償に放棄した。官僚化していた武士たちは国家の解体に抵抗する術がなく、唯々諾々として従った。

　ただし、国民の政治参加が制度として実現したのは、大名国家解体の約20年後、国会の開設と官吏の試験任用とによる。庶民のあいだに日本国家への帰属、国民意識が浸透したのはその後、日清戦争の最中（1894～95年）であった。

参考文献

三谷博『維新史再考――公議・王政から集権・脱身分化へ』NHK出版、2017年

ルーク・S・ロバーツ（三谷博監訳・友田健太郎訳）『泰平を演じる』岩波書店、2022年

第V部
近現代の複合政体

ウィーン会議後のヨーロッパ（1815年）

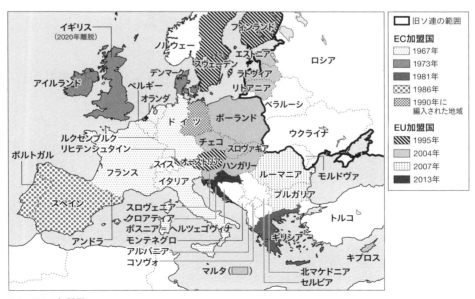

EC・EU の加盟国

第**13**章
ドイツの連邦国家
国民国家の実態

衣笠太朗

1 ｜ ドイツ帝国——複合国家と国民国家の狭間で

　1871年 4 月16日に認証されたドイツ帝国憲法は、以下のような前文で始まる。

　　プロイセン国王陛下、バイエルン国王陛下、ヴュルテンブルク国王陛下、バーデン大公陛下、並びにヘッセン及びヘッセン大公領のうちライン河流域のマイン川以南に位置する部分を治めるヘッセン大公殿下は、北ドイツ連邦の名において、連邦の領域及びそこに妥当する法を保護し、かつドイツ国民の福祉を向上させるため、永久の同盟を締結した。この連邦は、ドイツ帝国の名を冠し、以下のような憲法を有するものである(1)。

　この史上初のドイツ統一国家の誕生を高らかに宣言した文章は、まさに近世から近代への移行に向けて、もしくは複合国家と国民国家の狭間で格闘するドイツ帝国指導部の姿を映し出しているといえる。
　まず、プロイセン国王だけでなく、帝国を構成する主要な王侯が列挙されている点は、「ドイツ」領域の旧体制的な複合性を示している。バイエルン王国、ヴュルテンブルク王国、バーデン大公領、ヘッセン大公領の支配者はいずれも中世もしくは近世以来の長い歴史と伝統を有する中央ヨーロッパ有数の大貴族であり、神聖ローマ帝国においては数多くの特権を享受する地位にあった。それらの領邦はとりわけ近世後期より排他的な国家主権が適用される領域を確立し、独自の法体系を有するようになった。そうしたプロセスは主権国家の成立過程ともいえるが、神聖ローマ帝国という枠組みにおいては大公領、公領、伯領、諸都市などの多様な領邦が群雄割拠するなかで、それぞれの法体系と租税制度、慣習や文化を維持したまま、皇帝と帝国議会

198　　第Ⅴ部　近現代の複合政体

を紐帯とする複合君主政が成立していた。

　それに対して、前文後半の「ドイツ国民（フォルク）の福祉を向上させるため、永久の同盟を締結した」という部分は、「ドイツ人の国民国家」を志向するドイツ帝国という別の側面を明確に示したものといえよう。ただし、これは1866年の北ドイツ連邦憲法から引き継がれた文言である。神聖ローマ帝国崩壊以降のドイツ国民運動（ナショナル・ムーヴメント）には、19世紀前半のブルシェンシャフトや1848年革命という大衆的な運動のなかで幾度かの高揚期を見出せるが、最終的にその運動を継承したのは、軍事面で卓越した力を発揮したプロイセン王国であった。とりわけ1860年代以降は国王ヴィルヘルム１世（在位1861〜88）と宰相ビスマルクのもとで、プロイセン主導によるドイツ国民の統一国家建設が力強く推進されていくのであり、「ドイツ国民の福祉向上」を謳う1866、71年の憲法制定はその画期でもあったのである。

　なおドイツ帝国憲法の前文の後には第１条が続くが、そこでは連邦を構成するプロイセンやバイエルンなどの各邦（シュタート）の名称が列挙されており、近代的な連邦国家としての外形はそちらで確保されている。

　本章は、ドイツ帝国は「旧い」複合的な体制と新しい国民国家的な体制の狭間に位置した国家であり、ビスマルクはそれぞれの体制を支持する政治勢力のどちらも無視できなかったために、その併存を内包する国家秩序を憲法によって確立しようとしたとみなす(2)。本章では、そうしたドイツ帝国国制の移行期的な実態を、憲法で定められた分権的な様相および地域的な多様性に留意しつつ、この分権的で多様性ある帝国を一体の国民国家へと再編しようとした帝国指導部の政策に焦点をあてながら論述する。

2 ｜ 神聖ローマ帝国の崩壊からドイツ統一まで

家産制国家とドイツ国民運動

　1648年のウェストファリア条約以来、神聖ローマ帝国内の諸邦は、長らく主権を有する独立国家群となっていたとされてきたが、そうした「ウェストファリア神話」は現在厳しい批判にさらされている。ここでいう主権は、明確に示された境界線のなかで、相互に排他的な法体系を維持する状態を指す。さらにそのなかでも近代的な主権は、私有財産権、公と私の領域の分離、暴力の合法的使用の独占という要素をすべて兼ね備えた状態であるとされる。

第13章　ドイツの連邦国家　199

しかし、ウェストファリア条約から18世紀頃までの中央ヨーロッパにおける国家のあり方はこれらの要素を完備していたとは言い難いものであった。近世史家テシィケは著書『近代国家体系の形成』のなかで以下のように述べる。

　　領土性は領土的な蓄積や流動という王朝による私的な慣習のもとで機能し、国家と領土とのあいだの包括的な同一性もしくは固定性を妨げていたのである。絶対主義的な主権が不完全なもので、いまだに封建的・世襲的な慣習が生き残っていたため、領土は排他的ではなく、行政も統一されていなかった。世襲や選立の君主国、商人共和国、連邦国家、貴族共和国、立憲君主国、都市国家、等族国家といった近世主権国家の多様性は、機能的な類似性を不可能にし、すべてが対等なままだったのだ。その結果、近代国家体系の形成は19世紀まで待たなければならなかった[3]。

　要するに、この時期の国家は域内の法的・行政的な均質性を保持しておらず、王権や特権身分による私的で野放図な統治を許容しうる体制となっていた。

　領土そのものも主権の構成要素ではなく王侯の家産の一部とみなされ、経済的な資産として相続・賠償・交換・割譲・寄進・分割・売却の対象となった。また、ある王侯によって統治されている領土は必ずしも隣接＝連続したものとして存在しているわけではなかった。ブランデンブルク＝プロイセンが好例であるが、ブランデンブルク選帝侯領とプロイセン公国（1701年以降は王国）の領域はポーランド王国の領土によって分断されていたのである。そして神聖ローマ帝国もブランデンブルク＝プロイセンも、その域内には多様な文化・言語を有する民族集団やそれらが多数派を占める地域をかかえており、民族的もしくは地域的な多様性も明らかであった。

　この近世的な国家秩序を一部破壊する契機となったのが、ナポレオンによるドイツ支配と1806年の神聖ローマ帝国の崩壊、翌年のプロイセンの対ナポレオン戦争敗北という一連の大事件であった。ドイツ史の大家ニッパーダイが「出発点はナポレオンだった」[4]、すなわち「ドイツにおける近代」とそれに付随する近代的なドイツのナショナリズムがそこから始まったと述べることは、今なお妥当な解釈といえるだろう。フランスという他者による征服と統治は、政治において指導的な人々や知識人層にドイツ人としての一体性

の強化が急務であることを強く印象づけた。1814年に始まるナポレオン戦争の戦後処理会議であるウィーン会議における基本理念の一つは、フランス革命以前への「原状回復」をめざす正統主義であったものの、もはや神聖ローマ帝国は復活することはなく、またナポレオンによって取り潰された1750程度の中小領邦は有力諸邦に併合されたままとなった。とはいえ、領域の面では旧帝国の版図がそのまま新しい体制へと引き継がれた。その新体制の名をドイツ連邦（ドイツ同盟とも）といったが、これは中央政府を有する連邦国家ではなく、多様な法体系や権利を有する諸邦の連合体であった。その意味で、神聖ローマ帝国の複合的秩序の延長線上に位置する国家連合であったともみなせる。

　ウィーン体制下のドイツ連邦では、ドイツ語話者やドイツとみなされる領域の居住者のあいだで十分に共有されていなかったドイツ国民意識の醸成が呼びかけられ、自由や平等の名のもとに「ドイツ人」による統一国家の建設が主張されるようになる。こうした主張は「自由と統一」と呼ばれ、その運動は中央ヨーロッパにおける自由主義・立憲主義運動の一つの結集点となった。このドイツの国家統一を求める立場に対しては、ドイツ連邦の盟主であるオーストリアの宰相メッテルニヒが直接的介入をおこない、運動を弾圧した。メッテルニヒは運動の革命的性格を嫌うとともに、オーストリアの多民族帝国としての秩序を維持する必要があったことから、ドイツ国民国家の成立をそもそも望んでいなかったという背景が指摘できる。ドイツ人の国民国家創設の暁には、オーストリアはボヘミアやハンガリーなどの非ドイツ系住民が多数派を占める広大な所領を手放さざるをえなくなる危険性があったのである。

　19世紀の中央ヨーロッパにおいて今一つ重要な歴史的変化は、旧来の身分制社会が徐々に市民社会へと移行していったという事実である。身分制社会とは、貴族や聖職者といった特権身分と農民や商人のような非特権身分の法的不平等を前提とした社会であり、他方の市民社会はそうした法的不平等を撤廃し、能力や財力に基づいて社会的な地位の上昇と下降を認めようという広く大衆に開かれた社会を指す。市民層そのものは19世紀前半の農奴解放や営業の自由化といった諸政策によって大規模に形成されつつあり、その経済的上昇や生活実態に即した政治的権利を要求するようになっていた。こうした市民社会への移行をめぐっては、旧帝国以来の諸身分（等族）やプロイセ

ンのユンカー（土地貴族）層が旧体制の守護者となった。こうした人々は、神聖ローマ帝国の崩壊や近代化をめざしたプロイセン改革によっても特権を喪失せず、依然として所領内での領主裁判権・行政権・警察権などの諸権利を保持しており、当然それを易々と手放そうとはしなかった。19世紀の中央ヨーロッパの工業化のなかで、農業経営に依存していた中小の貴族やユンカーの一部には領地や特権を売却する者も現れてはいたが、王侯などのヒエラルキーの最上位に位置する大貴族たちの権力基盤は依然として盤石であった(5)。こうした身分制社会と市民社会の相克が19世紀半ば以降のドイツ連邦の政治社会を特徴づけていた。

ドイツ統一戦争とハプスブルク帝国

　1848年革命とフランクフルト国民議会の失敗で一度は潰えたかにみえたドイツ統一であったが、1860年代における宰相ビスマルクの政治的な台頭のもと、連邦の盟主オーストリアにかわってプロイセン王国が統一に向けた主導的な役割を果たした。デンマーク戦争からドイツ＝フランス（独仏）戦争（プロイセン＝フランス戦争）までの一連の戦争はドイツ統一戦争と呼ばれる。デンマーク戦争（1864年）ではプロイセンとオーストリアが連合を組んでデンマークと戦ったが、デンマークから奪取したシュレースヴィヒ＝ホルシュタインの処遇をめぐって対立し、プロイセン＝オーストリア（普墺）戦争（1866年）へといたった。この戦争ではオーストリアおよびドイツ連邦の連合軍がプロイセンと戦ったが、ケーニヒグレーツの決戦で勝利するなど、ここでもプロイセンは勝者となり、ドイツ統一問題の小ドイツ的な解決は決定的となった。プロイセンは北ドイツ連邦の解体とドイツ統一問題へのオーストリアの不干渉を定め、新たに北ドイツ連邦と呼ばれる国家連合を結成した。22カ国から構成されるこの組織は、北ドイツ連邦憲法を有し、また連邦主席と連邦宰相からなる指導部を擁しており、のちのドイツ帝国の大枠がこの時点でほとんど整備されたといえる。

　一方、敗者となったオーストリアは北ドイツ連邦から除外される結果となり、そのドナウ川流域の所領内における権力基盤も盤石なものではなくなった。ハプスブルク家は国内の一大勢力であったハンガリー貴族と妥協せざるをえなくなり、アウスグライヒと呼ばれる国制改革のもとでオーストリア側領域とハンガリー王国からなる二重君主政を採用してドイツ国民国家とは決

202　　第Ⅴ部　近現代の複合政体

別した(6)。

　最終的に、プロイセンを中心とする北ドイツ連邦および南ドイツ諸邦は1870年にフランスとの戦争（ドイツ＝フランス戦争）で勝利を手中におさめ、71年1月7日にヴェルサイユ宮殿鏡の間でプロイセン王ヴィルヘルム1世がドイツ皇帝としてドイツ帝国の成立を宣言した。

3 ｜ プロイセンの覇権と複合的な帝国

プロイセンの覇権

　1871年4月に制定・公布されたドイツ帝国憲法の前文については冒頭でみたとおりである。この憲法には、多くの箇所で近世的・複合的な秩序からの継承や影響がみられる。近世の典型的な複合君主政では、非常に雑多な構成の政体や諸地域を王や皇帝、そして身分制の代表議会がつなぎとめるかたちで集塊が成立していた。そうした特徴を、ドイツ帝国も引き継いでいたのである。

　じつはドイツ帝国憲法は北ドイツ連邦憲法に加筆・修正が加えられて成立したものであった。例えば連邦主席の地位は、北ドイツ連邦憲法では「プロイセン王位に帰属する」とされていたが、ドイツ帝国憲法ではそれに加えて「プロイセン国王はドイツ皇帝の名を称する」(7)と明記され、これによってヴィルヘルム1世は法的にも皇帝の座に就いた。また帝国宰相職はそのまま維持されて唯一の国家中央における大臣職となったが、この地位は帝国参議院や帝国議会による任命承認を必要とせず、ただ皇帝にのみ責任を負うとされた。この宰相職には、ビスマルクが北ドイツ連邦宰相職からスライドするかたちでおさまっている。

　ドイツ帝国憲法には中央政府に関する規定がなく、またその実態ももたなかった。それゆえにドイツ帝国の権力機構は皇帝と宰相を軸とした非常に簡素なものとなり、この皇帝と宰相のみが帝国の最中枢といえる場所を陣取ることになったのである。神聖ローマ帝国以来の皇帝位に加えて帝国宰相のポストも増設され、それが複合的な帝国全体を束ねる紐帯の役割を果たした。とくにビスマルク期においては、君臨する皇帝ヴィルヘルム1世と実際の政務を取り仕切るビスマルクという権力の役割分担が貫徹され、それがうまく機能していたといえる。

第13章　ドイツの連邦国家　　203

しかしそれでも、この二人のみが帝国全土を統治しえる存在というわけではなかった。複合的国制の第二の要素である代表議会が、形態と名称を変えて継承されており、多種多様な地域と集団をつなぎとめる役割を果たしていたからである。神聖ローマ帝国期には諸身分の代表議会として帝国議会、ドイツ連邦期には各邦の代表者によって構成される連邦議会がそれぞれ存在していたが、それを継承するかたちで北ドイツ連邦発足時に連邦参議院が設置され、それがドイツ帝国憲法にも引き継がれた。ここで連邦議会という名称が連邦参議院に改められたのは、1848年革命以降においてほとんど機能不全に陥っていた連邦議会の実態から想起される悪評が、新しい議会制度にもついて回るのを避けるためであった(8)。

　プロイセンによって独占された皇帝位と宰相職とは異なり、立法を司る連邦参議院は各連邦構成体の利害が反映されるべき場所となった。この参議院へと代表を送りこむことができた諸邦および諸都市は、憲法前文で列挙されたプロイセン、バイエルン、ザクセン、ヴュルテンブルク、バーデン、ヘッセンに加えて、メクレンブルク＝シュヴェリーン、ザクセン＝ヴァイマル、ブラウンシュヴァイク、リューベック、ブレーメン、ハンブルクなどであった。ただし全構成主体が平等の票数をもつわけではなく、全58票のうち、人口・領域ともに最大であったプロイセンが17票を有し、さらにバイエルン8票、ザクセンとヴュルテンブルクが4票をもつ一方、ザクセン＝ヴァイマルなどの中小諸邦や諸都市は1票のみを保持するなど、明確な優劣がつけられていた。とくに統一を指導したプロイセンの17票は、帝国憲法の修正提案や陸海軍・関税・消費税関係の立法の変更提案の際に14票以上でもって発動可能な拒否権を行使しうる票数であり、その圧倒的な優位性を示していた。ドイツ帝国がプロイセン邦の覇権的地位によって秩序づけられていたことは、ここで強調しておくべきだろう。

複合的な帝国

　さらに、ドイツ連邦期にはそれぞれの邦や都市は立法権や外交権などの明確な主権を有していたが、それも帝国憲法のもとでは否定されることとなった。とりわけプロイセンに対して距離を保とうと北ドイツ連邦に加わらなかったが、対フランス戦争に際してプロイセンに与したバイエルンやバーデンなどの有力な南ドイツ諸邦は、こうした主権剝奪に強い不満をいだいていた。

もちろんそうした実力ある諸邦の動向をビスマルクも無視することはできず、冒頭の憲法前文のようにプロイセンと対等の地位にある邦として列挙することになったのである。また、じつは国制面においても一部の南ドイツ諸邦は従来の特権的地位＝主権の一部を維持したともみなせる(9)。いずれもバイエルン、バーデン、ヴュルテンブルクを対象とする、「国産の火酒と麦酒の課税権の留保」という租税制度、帝国憲法の適用範囲外とする（＝独自の立法権を認める）鉄道・郵便・電信制度、帝国憲法ではなく当該諸邦との個別の条約において定められた規定に基づいて運用されるとされた軍事制度(10)は、近世以来中央ヨーロッパにおいて温存されてきた複合的秩序に対するビスマルクの譲歩を示したものであった。

　帝国の中枢はたしかに皇帝と宰相が担っていたが、しかし国家の主権者が誰であるのかは判然としなかった。憲法にはその規定はなく、そこでの皇帝の地位も前述したように、列挙された権勢あるドイツ王侯のなかでまずあげられるべき第一人者であるという以上の意味をもたなかった。皇帝を主権者として明示しないという方策もまた、おそらくは長期的にみれば反プロイセン勢力となりうる一部の連邦構成体への配慮から編み出されたものと考えられる。

　このようにドイツ帝国の国制は、ドイツ統一戦争におけるプロイセンの強力な指導力やドイツ帝国における圧倒的な人口および領域面積に由来するプロイセンの覇権的地位と、プロイセンと距離をとろうとする、南ドイツ諸邦に代表される諸邦への配慮という、二つの相反する政治的方向性を組み合わせた体制となっていた。たしかにプロイセンはドイツの統一という目的は果たすことができたものの、前近代より継承されてきた古い政治秩序を完全に打破するには、まだ長い時間を要した。

4 ｜ 地域的・言語的多様性と国民国家への渇望

地域的・言語的多様性

　国制面での複合的・分権的側面とは別に、ドイツ帝国は地域的もしくは民族的な多様性も内包していた。とはいえこれは、ドイツ帝国全体の多様性をプロイセン邦内部の多様性が体現していたといえる。18世紀のポーランド分割以来、東西と北に領土拡張を続けてきたプロイセンは、ドイツ語を話す

人々だけから構成されない多言語・多民族的な様相を呈していたのである。

　よく指摘されることではあるが、ドイツ帝国はその国境の外側に数百万の
オーストリア・ドイツ人を除外しており、同時に新規獲得領土である北部の
シュレースヴィヒのデンマーク系住民および西部のエルザス＝ロートリンゲ
ン（アルザス・ロレーヌ）のフランス系住民、さらに東部諸地域のポーランド
系住民を包摂するものであった。また宗派的には３分の２程度のプロテスタ
ントと３分の１程度のカトリック信徒、さらにユダヤ系少数派も居住してい
た点も見逃せない。

　ここでは帝国東部に着目することとし、まずはプロイセン邦内のプロイセ
ン州を構成するオストプロイセン地方からみていこう。オストプロイセンは
ドイツ帝国およびプロイセン邦の東北部に位置する地域で、ロシア帝国と接
する国境地帯でもあった。その起源は13世紀に成立したドイツ騎士団の所領
にあり、近世にはホーエンツォラーン（ホーエンツォレルン）家の支配のもと
複合国家ブランデンブルク＝プロイセンの一角となった。1701年のプロイセ
ンの王国昇格にあたっては、あくまで「選帝侯領」であったブランデンブル
クとは異なり、オストプロイセン地域のみが「王国」としての地位を占め、
形式的ではあるが王国の首都もケーニヒスベルクにおかれるなど、長らくプ
ロイセンの重要な構成領域であり続けた。言語的には19世紀前半時点で、
150万の人口のうち３分の２がドイツ語話者、３分の１がリトアニア語もし
くはポーランド語の話者であった。リトアニア語話者はプロイセン・リトア
ニア（小リトアニア）と呼ばれる地域に集中し、そこではとりわけブリシュカ
イという、リトアニア語にドイツ語が入り混じった地方言語が話されていた。
また、ポーランド語話者は多くがロシア領ポーランド王国との境界に位置す
る南部のマズーレン（マズーリィ）地方に居住していた。このオストプロイセ
ンの言語的少数派は19世紀を通じて相当程度ドイツ語話者へと変化し、その
多様性は失われたとされる(11)。

　帝国東部ではシレジア（シュレージエン）州も複合的な構成要素の一部とい
える。シレジアは、中世以来ポーランド王国、ボヘミア王国、そしてハプス
ブルク君主国の一部となったが、18世紀半ばの一連のシレジア戦争（1740年
勃発のオーストリア継承戦争から63年終結の七年戦争までを指す）で大部分がプ
ロイセン領へと併合されたのち、ドイツ帝国の東南端のシレジア州となった。
帝政期において、西部の下シレジア（ニーダーシュレージエン）では住民の大

多数がドイツ語話者であったが、南東部の上シレジア(オーバーシュレージエン)においてはドイツ語話者が4割程度、ポーランド語話者が6割と、ポーランド語を話す住民が多数派であった[12]。ドイツ語とポーランド語の両方を解する二言語話者も一定数いたとされ、さらにポーランド語もヴァッサーポルニッシュと呼ばれるドイツ語の入り混じった地域特有の言語であった。またプロテスタントが優勢なプロイセン邦の大半の地域とは異なり、上シレジアにおいてはカトリック信徒が9割程度の比率で存在するなど、宗派面でも際立った特徴を有していた。

　シレジア州の北隣に位置するポーゼン州に目を向けると、また異なる様相がみえてくる。ポーゼン州の領域は10世紀に成立したポーランド王国の中核地域ヴィエルコポルスカに起源があり、この地域はポーゼン(ポズナニ)やグネーゼン(グニェズノ)といった歴代ポーランド王朝の中心都市を擁していた。ポーランドの建国以来長らく同国に属していたヴィエルコポルスカ地方であったが、1793年の第2次ポーランド分割によりプロイセンへと併合されてドイツ帝国の一部となる。しかし長らくポーランド王国の内部に位置していたことからもわかるように、このポーゼンではポーランド語を話す住民の数がドイツ語話者の数を大きく上回るなど、ポーランド系住民がはるかに優勢な状況にあった。例えば、プロイセン王国期の1810年の統計では「ポーランド人」が79%であるのに対して、「ドイツ人」はわずか6％にすぎなかった[13]。シレジアにおいては世紀転換期にいたるまでポーランド国民運動はそれほど大きな影響力をもたなかったが、このポーゼンではまったく異なる状況が展開された。プロイセン統治期の1830年頃からポーランド人意識を有する住民がみずからの政治的権利を求めて運動を展開するようになるが、1848年革命の際にはポーランド国民主義団体「ポーランド国民委員会」によってポーゼン州の「国民的再編」と「自治」の要求が出され、さらにポーランド系住民による大規模蜂起も発生するなど、ドイツ系住民との対立を深めていった。こうした要求や蜂起は革命の退潮とともに失敗に終わるものの、対立の火種は燻り続けた。

国民国家への渇望

　ドイツ帝国初代宰相(プロイセン邦宰相も兼任)のビスマルクは、こうした多様性ある国内の状況をよしとしなかった。言語的にも宗派的にも多様な住

民構成を均質で単一の「ドイツ国民」へと作り変えることを夢見ていたのである。ビスマルクの指導のもとに、まず言語的多様性を抑圧することを目的としたドイツ化政策が展開されていった。とくにオストプロイセンを含むプロイセン州では他の地域に先んじてドイツ化政策が打ち出された。1873年に州総督であったカール・フォン・ホルンの主導で公共空間でのポーランド語およびリトアニア語の使用を禁止する法令が発布され、その法令に基づいてとりわけ学校教育における両言語の不使用とドイツ語使用の強制が求められた。そして、こうした政策がプロイセン全土におよぶまでにはそれほど時間はかからなかった。1876年、プロイセン邦政府は公用語法と呼ばれる法律を公布したが、それはドイツ語をプロイセン邦の官庁や官吏の使用できる唯一の言語とするというものであった。このように、まず行政における言語的多様性を否定することで、ドイツ語がドイツ帝国における唯一の公的な言語となる方向性が示されたのである。さらにこの公用語法と並行して、学校教育におけるドイツ語教育の強制とポーランド語教育の縮小もプロイセン邦全体を対象とした政策として実現され、そのことを定めた諸法は「例外法」と呼ばれて帝国東部の住民からは激しい嫌悪の対象となった[14]。

　こうして集中的に攻撃を受けることとなったポーランド語話者はポーランド国民運動へとますます結集し、帝国指導部に抵抗を示していくこととなった。そうした抵抗のなかで最大のものは1901年に発生した「学校ストライキ」であろう。このときすでに帝国＝プロイセン邦宰相はベルンハルト・フォン・ビューローにかわっていたが、一時的にポーランド語での授業を認めることもあったものの、ドイツ化政策に関して大きな変更はなかった。学校ストライキは、例外法に耐えかねたポーゼン州の住民が学校教育におけるポーランド語使用の復活を求めて起こした大規模な抗議運動であった。発端はポーゼン州の都市ヴレッシェン（ヴジェシニャ）の民衆学校で、1894年にいったん認められた宗教授業でのポーランド語での読み書きが排除され、ドイツ語での授業が強制されたことに対する抗議であり、児童は授業のボイコットなどを通じて抵抗の意思を示した。この抗議運動は地域的な広がりをみせ、ポーゼン州だけでなくヴェストプロイセン州や上シレジアでも学校ストライキへの参加がおこなわれた。1600以上の学校で、9万3000人の児童がストライキに参加した[15]。この運動そのものは1年程度で瓦解するものの、そうしたできごとによってドイツ化を追求するプロイセン＝ドイツ政府と民族的

208　第Ⅴ部　近現代の複合政体

少数派とのあいだの亀裂がより明確なものとなった。

　他方で、民族的少数派を攻撃対象とした政策は別の側面からも実施された。おもにカトリック信徒の排撃を目的とした文化闘争である。ドイツの文化のための戦い、すなわち文化闘争と総称された諸政策はビスマルクの指導のもと帝国創設直後から展開され、ドイツ帝国東部においてはポーランド系住民とほぼ重なり合うように存在していたカトリック信徒を攻撃の対象としていた。ここでは防衛すべき「文化」に、プロイセンで優勢であった「プロテスタンティズム」や諸領域におけるカトリック教会の影響力排除をめざす「自由主義」が並置されていたといえる。ただし帝国全域でみると、先述したように人口の3分の1がカトリック信徒であり、またバイエルンやラインラントなどポーランド系住民と無関係にカトリック信徒が多数派を占める地域もあるように、「プロテスタント国家ドイツ」というのはあくまでプロイセンとブランデンブルクを中心にすえた世界観でしかなかった。

　当時のドイツでは、政治と社会の多様な領域においてカトリック教会の介入や支配が主権国家内部の法的な枠組みを飛び越えておこなわれており、多くのカトリック信徒もそれを当然のこととして受け入れていた。こうしたポーランド系住民との重なり合い、そして主権国家を脅かす超国家的な権力に対する忌避感から、帝国指導部は政治と社会へのカトリック教会の影響力を排除しようとしたのである。

　この文化闘争に対しては、帝国指導部の楽観的な目論見とは異なり、カトリック勢力が一致団結して徹底的な抵抗をみせた。とくにその利益政党である中央党は、1870年頃の結党以来、カトリック信徒のみならず広く反プロイセン的な諸邦のあいだでも勢力を伸長させ、1874年にはすでに帝国議会において91議席、プロイセン下院でも1873年に88議席を獲得するなど大きな躍進を遂げた。先にみたとおり、バイエルンやバーデンといった諸邦はプロイセンに対して反感をかかえており、それがこうした状況で顕在化することとなった。文化闘争と中央党を中心としたカトリック勢力の抵抗という観点で重要なのは、上シレジアであろう。この地域はバイエルンと並んで帝国内でも有数の中央党の牙城となり、文化闘争への強い団結力をみせた。それを物語るのが1874年から1912年までの帝国議会における政党別の議員輩出数であるが、累計144人の当選者のうち119人までもが中央党からの立候補者であった(16)。こうした状況のなかで、上シレジアの住民のあいだでは、反プロイ

第13章　ドイツの連邦国家　209

セン意識やポーランド国民運動が燃え盛った。こうした抵抗運動は上シレジアに限らず帝国の多くの地域で、程度の差こそあれ巻き起こったのであり、対応に苦慮したビスマルクも1880年代半ばには政策を放棄せざるをえなくなった。文化闘争の最終的な終結は1887年とされる。

5 ｜ ヴァイマル共和国へ

　実態として、世紀転換期にいたってもなおドイツ帝国はドイツ人としての国民的一体性を有しているとは言い難い状況にあった。帝国創設時以来の、一体的なドイツ国民という内実をともなった国民国家実現の夢は帝政期においては失敗に終わったといえるだろう。

　皮肉にも、こうした国内の不均質な状態はドイツ帝国の敗北と解体によってある程度低減されることとなる。第一次世界大戦での敗戦をへたドイツはヴァイマル共和国と呼ばれる新国家へと移行するが、そこではドイツ帝国周縁部の切り離しによって多数の言語的・民族的少数派が、膨大な数のドイツ系住民とともにではあるものの、国境の外側へと排除されることとなった。ヴェルサイユ条約およびその後の住民投票により、北部のシュレースヴィヒはデンマークへ、西部のエルザス＝ロートリンゲンはフランスへと割譲され、東部でもポーゼン州とヴェストプロイセン州の大部分、そして上シレジアの東部がポーランド領となった。このような措置の結果、ドイツは第一次世界大戦以前と比べて領土を約13％（約７万平方キロメートル）、人口を約９％（約647万人）も喪失したのであるが、同時に国内の言語的・民族的な均質化も進行し、皮肉にも均質な国民からなるドイツ国家という目標に近づくことになったのである。

　そうした方向性は1919年８月成立の憲法にも示されている。ドイツ国（ヴァイマル）憲法の前文では、「ドイツ国民は、それぞれの出自において団結し…（中略）…、ここにこの憲法を制定した」と述べられており、諸邦の集合体としての性格を示した帝国憲法と比べても国民国家としての性質が前面に押し出されている。さらに第１条では「ドイツ国は共和国である。国家権力は国民に由来する」とあり、帝国憲法で曖昧であった主権者も国民であると明記された。加えて、複合的・分権的な旧国制では邦とされていた各地域も、新憲法では州へと格下げされて、中世以来のその独立性をほぼ完全に喪失す

210　第Ⅴ部　近現代の複合政体

ることとなった。プロイセン王国、バイエルン王国、バーデン大公国などの諸邦も、その君主が敗戦によって退位したこともあり、プロイセン州、バイエルン州、バーデン州といった単なる地方自治体となったのである。この貴族の特権を示す国号の廃止とともに、租税制度、鉄道・郵便・電信制度、軍事制度での旧来の特権的地位も消滅した(17)。

　敗戦によってドイツはようやく法的に平等で、より均質な国民国家となったのである。しかしそれでもヴァイマル共和国にも民族的少数派は依然として多数居住していたこと、また複合的秩序の残滓もなお残されていたことに注意を促しながら、本章の結びとしたい(18)。

註

（１）　原文については Schuster[1983, S. 71]、翻訳文については高田・初宿［2020年，85頁］を参照。また、本章においては出典をすべて示すことは困難であるので、以下では文献案内も兼ねて参照すべき文献の情報を日本語文献中心に註であげる。

（２）　ドイツ帝国の国制については膨大な研究の蓄積があり、学説もそれだけ多様である。とはいえ、その国制が旧体制から国民国家への移行期における暫定的な性格を有していたという点については一定の合意があるといえる。とりわけ、ディーター・ランゲヴィーシェ（飯田芳弘訳）『統一国家なき国民――もう一つのドイツ史』みすず書房、2023年は重要。そのほかに日本語で読める参考文献としては、木村他［2014年，とくに138-139頁］、C・シュミット他（初宿正典編訳）『第二帝政の国家構造とビスマルクの遺産』風行社、2020年、F・ハルトゥング（成瀬治・坂井栄八郎訳）『ドイツ国制史』岩波書店、1980年がある。

（３）　ウェストファリア神話については、ベンノ・テシィケ（君塚直隆訳）『近代国家体系の形成――ウェストファリアの神話』桜井書店、2008年、引用部は310頁を参照。

（４）　ニッパーダイ［2021年（上），９頁］。"Am Anfang war Napoleon" は「はじめにナポレオンありき」と訳される場合が多いが、ここでは大内訳に準拠した。

（５）　営業の自由の法的容認などの市民社会への移行については田熊文雄『近代ドイツの国制と市民――地域・コルポラツィオンと集権国家』岡山大学文学部、2003年、近代ドイツの貴族については南直人・谷口健治・北村昌史・進藤修一『はじめて学ぶドイツの歴史と文化』ミネルヴァ書房、2020年、285～311頁を参照。

（６）　ハプスブルク史の最新の概説書としては、岩﨑周一『ハプスブルク帝国』講談社、2017年がある。アウスグライヒについては293～298頁を参照。

（７）　Schuster[1983, S. 76]; 高田・初宿［2020年，91頁］。

（８）　ハルトゥング［1980年，247，379頁］。

（９）　ただしハルトゥングは、「〔諸邦は〕北ドイツ連邦ないしドイツ帝国の創建とともにその個別主権を喪失したということ、この点でも名のある国法学者は一致している」と述べている。ハルトゥング［1980年，384頁］。

（10）　Schuster[1983, S. 79-90]; 高田・初宿［2020年，96-109頁］。

（11）　オストプロイセン史に関しては Andreas Kossert, *Ostpreußen: Geschichte und*

Mythos, München: Siedler, 2009（E-Book），ここではとくに S. 165-177を参照。また帝国東部の各地域史に関しては、衣笠太朗『旧ドイツ領全史──「国民史」において分断されてきた「境界地域」を読み解く』パブリブ、2020年を参照。

(12) Weber［1913，S.60-61］．

(13) 割田［2012年，22頁］．

(14) プロイセン＝ドイツの東部領土政策に関しては、伊藤［2017年］を参照。

(15) 伊藤［2017年，108-111頁］．

(16) 上シレジアの歴史に関しては、Joachim Bahlcke, Dan Gawrecki, Ryszard Kaczma-rek（Hg.）, *Geschichte Oberschlesiens: Politik, Wirtschaft und Kultur von den Anfängen bis zur Gegenwart*, Oldenburg: De Gruyter, 2015, ここではとくに S. 264を参照。

(17) Schuster［1983, S. 97-103］; 高田・初宿［2020年，113-118頁］．ヴァイマル共和国の国制をめぐる議論については、権左武志編『ドイツ連邦主義の崩壊と再建──ヴァイマル共和国から戦後ドイツへ』岩波書店、2015年も参照。

(18) 関連して、シレジアの地域的秩序に焦点をあてて、帝政期からヴァイマル期初期までのドイツ統一国家の複合性について衣笠［2021年，79-92頁］で論じている。

参考文献

伊藤定良『近代ドイツの歴史とナショナリズム・マイノリティ』有志舎、2017年

衣笠太朗「複合国家の近現代──シュレージエン／シロンスク／スレスコの歴史的経験から」岩井淳・竹澤祐丈編『ヨーロッパ複合国家論の可能性──歴史学と思想史の対話』ミネルヴァ書房、2021年

木村靖二・千葉敏之・西山暁義編『ドイツ史研究入門』山川出版社、2014年

高田敏・初宿正典編訳『ドイツ憲法集［第8版］』信山社、2020年

トーマス・ニッパーダイ（大内宏一訳）『ドイツ史 1800-1866──市民世界と強力な国家（上・下）』白水社、2021年

F・ハルトゥング（成瀬治・坂井栄八郎訳）『ドイツ国制史──15世紀から現代まで』岩波書店、1980年

割田聖史『プロイセンの国家・国民・地域──一九世紀前半のポーゼン州・ドイツ・ポーランド』有志舎、2012年

Rudolf Schuster（Hg.）, *Deutsche Verfassungen*, München: Wilhelm Goldmann, 1983.

Paul Weber, *Die Polen in Oberschlesien. Eine statistische Untersuchung*, Berlin: Springer, 1913.

第14章
ロシア帝国
19世紀から第一次革命へ

池田嘉郎

1 | 複合国家ロシア帝国

帝国の構造

　1905年に始まる第一次革命では、ロシア帝国の国制の改編をめざして活発な議論が繰り広げられた。自治や連邦制といった複合国家にかかわる問題も、重要な論点となった。本章は、はじめに19世紀中のロシア帝国の状況を、多様な住民集団の統治という観点から概観する。ついで、第一次革命のなかでこの状況にいかなる変化が起こったのか、帝国の複合国家化をめぐっていかなる議論がなされたのかを検討する。

　1832年に編纂されたロシア帝国の国家基本法は、「皇帝の全ロシアの玉座と、ポーランド王国およびフィンランド大公国の玉座は不可分である」と定めた（第4条）[1]。後者の二つの政体のうち、ウィーン会議の結果1815年に成立したポーランド王国は、国家基本法が成立したのと同じ1832年に事実上廃止され、国王称号は歴史的なものとなった。対照的に、1809年にスウェーデンからロシア帝国にフィンランドが割譲された際に成立したフィンランド大公国は、1917年に帝国が倒れるまで存在し続けた。

　加えて、19世紀後半に中央アジアを併合していく過程で、ロシア帝国はブハラ・エミール国（1868年）とヒヴァ・ハン国（1873年）を勢力下においた。ただし両政体は保護国となり、国家としての個別性は維持した。したがって、ポーランド王国が廃止されてから、1917年の二月革命にいたるまで、ロシア帝国はフィンランド大公国を唯一の自治領域とする複合国家であった。

　フィンランド大公国を除けば、ロシア帝国は単一国家的に編成されていた。地方統治の基本的な単位である県は、内務省直属の県知事によって統括された。周縁部では県ではなく州がおかれることもあり、しばしば総督府も設置された。だが、県であれ州であれ、自治（オートノミー）を享受することはな

213

かった。ヨーロッパ・ロシア部の県は地方自治体ゼムストヴォを有したが、これはセルフ・ガヴァメントとしての自治であり、オートノミーとしての自治とは関係がない。

　単一国家的な原理が優勢であったとはいえ、ロシア帝国はその広大な版図に、民族・信仰・生活習慣などにおいて多様な構成をもつ臣民を擁した。『ロシア統計年鑑』1912年版によると、ロシア帝国の領土の面積は2079万平方キロメートルで、イギリス帝国（2894万平方キロメートル）につぐ第2位であった。さらに、フィンランド大公国も含む人口は1億7105万人であった［Статистический 1913, p. 58］。

　民族構成は、以下のようであった（単位は％、表記は『ロシア統計年鑑』1912年版に基づく）。ロシア人65.5、テュルク＝タタール人10.6、ポーランド人6.2、フィン人4.5、ユダヤ人3.9、リトアニア人2.4、ドイツ人1.6、カルトヴェリ（グルジア）人1.1、山岳人0.9、アルメニア人0.9、モンゴル人0.4、その他2.0。ここでの「ロシア人」は、今日のウクライナ人とベラルーシ人を含んでいる［Статистический 1913, p. 65］。

　信仰についての数字は、以下のようであった（単位は％、表記は同上）。正教徒69.90、ムスリム10.83、カトリック8.91、プロテスタント4.85、ユダヤ教徒4.05、「その他のキリスト教徒」0.96、「その他の非キリスト教徒」（仏教徒とラマ教徒）0.50。ここで「正教徒」とされている人々は、「エディノヴェルツィ」と古儀式派を含んだ［Статистический 1913, p. 71］。いずれも17世紀半ばの典礼改革に反発して、二本指で十字を切るなど、旧来の典礼を維持した人々である。ただし、エディノヴェルツィはモスクワ総主教座の権威を認めたが(2)、古儀式派はそれを否定したために、長く迫害された。

統治のしくみ

　ロシア帝国政府は、多様な臣民が暮らす領土の安寧を保持することに日々腐心した。全臣民は一律の扱いを受けるのではなく、民族と信仰、それに身分を基準として区分され、個別に処遇された。身分制はエカチェリーナ2世（在位1762〜96）によって導入されたもので、貴族・僧侶・都市民・農民を基本4身分（サスローヴィエ）としたが、多くの下位区分があった。とりわけシベリアの遊牧・半遊牧の先住民、中央アジアの遊牧民、それにユダヤ人などは、「異族人」という身分（サスタヤーニエ）で一括された［Slocum 1998, p. 182］。

民族・信仰・身分は別個のカテゴリーであるが、重なる部分が多かった。民族ないし国民アイデンティティが政治的意義をもつのは（ポーランド人を別格として）おおむね19世紀後半以降であり、それまでは身分と信仰が人々の生活を律する基本的な範疇であった。エカチェリーナ2世が信仰上の寛容を方針として以降、帝国政府はロシア正教に優位を与えつつも、イスラーム教、カトリック、プロテスタント、ユダヤ教、仏教をも公認宗教として保護し、聖職者ヒエラルキーを行政体系に組み込んだ（各宗教にとっての異端は取り締まった）。研究者によって「宗派国家」とも呼ばれるこの統治体制は、帝国の安定を維持するうえで有効に機能した［長縄 2017年．5-7頁］。

　だが、19世紀後半以降、帝国の統治には不安定要因が増えた。クリミア戦争（1853～56年）の敗戦をきっかけにアレクサンドル2世（在位1855～81）のもとで始まった「大改革」は、農奴解放や司法改革を実行するとともに、ゼムストヴォと呼ばれる全身分参加の地方自治体を開設した。ゼムストヴォの扱う領域は農村インフラの整備などに限定されていたが、いくつかの県では自由主義的改革を求める地主貴族が活動拠点とした。また、「大改革」で都市の成長が促された結果、弁護士・大学教員・文筆業者・医師などの自由業に就くものや、企業家も増えた。彼らのなかからも、自由主義的改革を求める人々が現れた。そうした改革としては、言論の自由などの市民的自由の拡大に加えて、なんらかのかたちでの全国規模の代表機関の設置が求められた。

　ペテルブルグやモスクワをはじめとする大ロシアでは、自由主義的要求は帝国一律の改革としてもっぱら考えられた。これに対して、ポーランドやウクライナなど、いわゆる「周縁」諸地方では、各民族あるいは地域の権利を拡大することが、より重要な要求として意識された。とくにポーランド人は、「大改革」が自治の回復をもたらすとの期待がかなわなかったことで失望し、1863年に反乱を起こした［Weeks 1996, pp. 94-96］。反乱鎮圧後のロシア政府は、ポーランドを抑圧する一方、ウクライナ人やベラルーシ人がロシア文化から自立して、ポーランド側に引きつけられることがないように留意した。そのためにウクライナ語やベラルーシ語のラテン語表記を禁じ、さらには公的空間でのウクライナ語の利用を厳しく制限した［Миллер 2008, pp. 84-91］。アレクサンドル2世がナロードニキに暗殺された後、アレクサンドル3世（在位1881～94）は「大改革」の自由主義的特徴を修正するとともに（例えばゼムストヴォにおける貴族の役割を強化した）、周縁部の自立傾向の取り締まりも強

化した［Weeks 1996, pp. 105-106］。ニコライ2世（在位1894〜1917）もこの方針を引き継いだ。とくにフィンランド大公国に対しては、1898年に就任したボブリコフ総督のもとで、ロシア本国の徴兵令を強要するといった自治の侵害が進んだ(3)。

2 ｜ 第一次ロシア革命と自治運動

自由主義運動と諸民族

　1904年1月（露暦。グレゴリオ暦より13日遅れる）に日露戦争が始まった時点で、おもに大ロシアの自由主義者が議会開設を含む国制改革を希求していたほか、周縁部では「ロシア化」の圧力に対する不満が蓄積されていた。労働者は厳しい生活・労働条件に苦しみ、有産層に比して二級臣民的な扱いを受けていることにも憤りを覚えていたし、農民も土地不足に悩んでいた。敗戦の報が続くなかで社会不安が高まりはじめた(4)。1905年1月9日、皇帝に窮乏を訴えるために冬宮前にやってきた民衆が軍隊に発砲され、多くの死傷者が出た。この「血の日曜日事件」によって自由主義運動、民族運動、労働運動、農民運動が一気に高揚し、帝国全土が革命的情勢に飲みこまれた。この情勢に押されて政府内では内相ブルイギンを責任者にして、議会設置の検討が始まった。ゼムストヴォ活動家と都市自由業の活動家からなる自由主義運動は、この議会を諮問機関に終わらせず、立法権力をもった議会とするように求めた。7月6日にはモスクワの新聞『ルスキエ・ヴェドモスチ（ロシア報知）』に、自由主義運動の指導者ムウロムツェフが作成した憲法草案が掲載された。そこでは法治主義、市民の平等、立法権をもつ議会などが規定されていたが、民族（領域）自治についての記載はなかった(5)。これは大ロシアの自由主義者に特徴的な、単一国家的な原理に基づく国制構想であった。なお社会主義者の多くも同様の国家原理に立脚しており、社会主義者＝革命家党（エスエル）だけが連邦制を支持していた(6)。

　これに対して、帝国周縁部の民族活動家は、自治の導入を国制改革の重要な課題であると考えた。ポーランド人たちは、ムウロムツェフ草案に対して、「ポーランド王国は、皇帝および国王としての君主を通じて、個別のセイム〔地方議会〕をもつ自治憲法を通じて、ポーランド王国代議員が全国共通代表制に参加することを通じて、帝国と結びつけられる」との条項を付け加える

ことを提案した。カフカースでは1905年6月15日の時点でクタイシ市議会が、グルジアの自治は普通選挙によるセイムをチフリス（現トビリシ）におき、地方憲法制定会議が策定する規約に基づくべきであるとの意見を支持した。

ウクライナ民主党もその政綱において、民族＝領域原理に基づく連邦制を国家秩序の基礎として、中央行政は二院制の議会に集中すると記した。二院制の一方は人民代表院であり、もう一方は各自治部分から同一数の議員が選ばれる連邦院とした。中央議会の権能は戦争と講和、共通国家目的の予算、外交、交易に限定し、ウクライナにはウクライナ人民ラーダ（セイム）とその執行機関をおくとした。ムウロムツェフ草案を協議したチェルニゴフ県（ウクライナ）からも、民族的・経済的・習俗的独自性をもつ地方に自治権を認め、上院は連邦院とすべきとの意見がゼムストヴォ大会（後述）に寄せられた[7]。

ゼムストヴォ・都市活動家9月大会

1905年9月12日から15日にモスクワで開かれたゼムストヴォ・都市活動家大会では、こうした地方からの声を踏まえて、将来のロシア国家における民族の権利と行政・立法の分権化が討議された。モスクワ県の貴族で国法学の専門家であるココシキンが、大会組織ビューローを代表して報告に立った。民族問題と領域自治問題を同一視してはならないというのが彼の見解であった。たしかにポーランドのように同一の民族が集中的に居住している地方であれば、領域自治は民族問題を解決する手段となる。だが、民族的差異と関係なく、中央から遠隔である、あるいは特別な習俗をもつといった理由で領域自治を志向する場合もある。イギリスの自治領やシベリアの自治運動がその例である。その一方で、諸種族が混住している地域では、自治はそれ自体では民族問題を解決しないし、民族対立を緊迫させることすらありうる。まずは帝国全体に共通の市民的自由を確立し、その後で個別に領域自治のための地理的境界線を確定していくのがよい、と彼は述べた[8]。

大会での討議では、領域自治に基づく連邦制を支持する者も、領域自治を分離主義として警戒する者もいたが、いずれも少数意見であった。出席者たちはココシキン報告にそって、帝国全体で立憲制が確立された後、自治を認めるべき地域の地理的境界線の確定を個別におこなうとの決議をとおした。唯一ポーランドのみは、帝国全体で議会が導入されしだいすぐに、地方議会を擁する自治単位とするとされた。ポーランド自治に関するこの決定に対し

て、モスクワの企業家グチコフだけは、ロシアの連邦化の端緒になるとして
反対票を投じた(9)。ポーランド自治問題をめぐる見解の相違は、自由主義
運動を分裂させる一因となった。

　保守系新聞『ノーヴォエ・ヴレーミャ(新時代)』で評論家メニシコフは、
民族・自治問題に関するこの大会決定について、つぎのように論評した。
「異族人〔非ロシア人が広く含意されている〕は、自分たちの小さな問題を、偉
大な国家改革における支配的な問題として提起することを試みている。だが、
われわれロシア人はこれに同意できない」。ロシア人自身が公正と自由の原
則に立てば、異族人の政治的権利も調整されるに違いないのだが、「彼らは
より大きなものを求めている——、西方においてさえ被征服種族が享受して
いないような権利をである。「民族自決」の権利という言葉のもとに、平等
ばかりかロシア市民に対する若干の優位もが理解されている、——国家のな
かの特別な国家へと自分たちを区分すること」が求められている(10)。

　1905年10月12日から18日までモスクワで立憲民主党(略称カデット)の創立
大会が開かれた。これはゼムストヴォと都市自由業の自由主義者が結集した
もので、ムウロムツェフやココシキンのほか、歴史家ミリュコーフやユダヤ
人運動の活動家ヴィナヴェルらが指導的メンバーであった。民族・自治問題
については9月大会の決議が引き継がれ、ポーランドに自治を認めること、
フィンランド大公国憲法を完全に復活させることが党綱領に記された
[Съезды 1997, pp. 35-37]。グチコフとその同調者は立憲民主党に参加しなかっ
た。

　この間1905年8月6日には、代議機関として国家ドゥーマ(以下、ドゥー
マ)を開設するとの詔書が出ていた。だが、ドゥーマはあくまで諮問機関と
され、立法権をもたず、その選挙法も多段階で財産資格があるなど、普通選
挙からはほど遠かった。そのためこの詔書ではロシア社会を覆う革命情勢を
鎮めることはできなかった。労働者のゼネストにより政府に圧力がかかるな
か、立憲民主党の創立大会の最中の10月17日に新たな詔書が出た。この「十
月詔書」は、市民的自由を実現すること、ドゥーマに立法権を与えること、
8月の選挙法で選挙資格を認められなかった広範な層に選挙権を拡大するこ
となどを謳った。カデットは「十月詔書」を歓迎しつつも、普通選挙および
「多数派代表からなる内閣」の実現に向けて、政府への要求を続けると決め
た[Съезды 1997, pp. 31-33]。他方、グチコフたちのグループは「十月詔書」を

218　　第Ⅴ部　近現代の複合政体

もって自分たちの要求は満たされたと考え、「10月17日同盟」(オクチャブリスト)という右派自由主義政党を結成し、左派自由主義政党たるカデットと対立した。

　カデット綱領がフィンランド大公国の自治の完全復活とポーランドへの自治の付与を掲げたこと、さらに将来の自治領域の創出も否定しなかったことは、メニシコフのような保守派ばかりでなくオクチャブリストからも攻撃の対象となった。これに反論するためにカデットの法学者たちはいくつかの文章を発表したが、ここでは1906年1月頃に刊行されたココシキンの冊子『州自治とロシアの統一』について検討する(11)。ココシキンはまず、連邦制と自治を峻別した。連邦制をとるアメリカ合衆国の州、スイスのカントン、ドイツ帝国の諸王国は、「中央権力から独立した独自の政府をもつ」。これに対して自治地方、例えばオーストリアのプロヴィンツィアは独自の政府をもたない。そこでの政府権力の最高代表は、国家全体の長により任命され、それに従う総督である。また、自治領域が行使する立法権に関していえば、それは「同一国家の立法活動の一部を中央から地方に移すだけ」である。つまりココシキンは、自治をあくまで中央権力の分権化として捉えていた。

　ココシキンにとって自治は、つまるところ国家の統一を維持するための制度であった。彼によれば、国家の統一のために必要であるのは、全住民が「その政治的利害の共通性」を意識していることである。そうした意識が発展するために求められることは、国家の「一部の利害が別の一部の利害を犠牲にしないことであり、統一が全員にとって有利なことであり、それ〔統一〕が地方の要求の広範な満足を阻止しないことである」。「地方の要求が地方立法を通じてのみ満足させられるような場所においては、国家とその部分の正しい関係は自治の確立によってのみ達成しうる」[Кокошкин 1906, pp. 6-7, 14]。

　各部分の利害の集積としての国家という見解を、ココシキンは1896年の論文ですでに打ち出していた。そこで彼は、「権利とは何よりもまず利害である」と記した。これは彼の師であるハイデルベルク大学の法学者イェリネックの見解を引き継いだものである[Кокошкин 1896, p. 8; Ikeda 2018, p. 121]。ココシキンにとっては、相互の利害が防衛される秩序が、各人の権利が守られる秩序である。こうしてココシキンは、国家を構成する社会関係を利害・権利に還元し、自治もこの図式に組みこんだ。これがココシキンの自由主義的国家観・自治観であった。

3 ｜ ドゥーマと自治

ドゥーマ召集まで

「十月詔書」を出したのち、政府は徐々に態勢を立て直した。1905年8月23日にポーツマス講和条約が締結されて日露戦争が終わっていたため、極東から戻ってくる軍隊を秩序回復に投入できるようになったのである。12月3日にはトロツキー率いるペテルブルグ労働者代表ソヴィエトが逮捕され、モスクワのプレスニャ地区で起こった労働者蜂起（9～18日）も鎮圧された。他方で政府は改革を停止したわけではなく、12月11日には参政権をもつ層を小経営農民や工場労働者・鉱山労働者に拡大した選挙法が公示された[Законодательные 1909, pp. 790-940]。1906年1月5日から11日にかけてカデットはペテルブルグで第2回党大会を開き、共和政ではなく立憲君主政をめざす方針を固めた。立憲君主政といっても、政府が議会に責任を負わない体制（デュアリズム）ではなく、責任内閣制（議院内閣制）を追求するというのがカデットの立場であった。普通選挙権の実現も当面の目標として掲げられた[Съезды 1997, p. 190]。

2月20日、皇帝は新たな勅令を出し、従来は諮問機関であった国家評議会を上院に改組し、ドゥーマは下院とすることを定めた。上院議員の半数は勅撰、残り半数は団体単位で選挙されることになった[Законодательные 1909, pp. 253-256]。上院が、ドゥーマによる改革にブレーキをかけるためのものであることは明らかであった（法案の成立には両院と皇帝の承認を必要とする）。

同年春に帝国の各地でドゥーマ選挙がおこなわれた（フィンランド大公国は関係しない）。社会主義政党がボイコットしたこともあり、選挙結果はカデットが優勢となった。カデットは、ドゥーマで憲法を成立させるのが正当であると考えていたが、政府は先手を打ってドゥーマ開会の4日前の4月23日に国家基本法を発布した。これは1832年の旧国家基本法を継承しつつ、立憲君主政という新たな原理を組みこんだものである。しかし、国家基本法の改定を発意できるのは皇帝だけ（第8条）とされるなど、君主は強力な権限を保持した。なお、複合国家的構造に関しては、皇帝の玉座とポーランド王国・フィンランド大公国の玉座が不可分であることに関する1832年版規定が残った（第26条）ほか、フィンランド大公国が内政に関して特別立法によって統治されることが新たに記された（第2条）[Законодательные 1909, pp. 615-616, 619]。

220　第Ⅴ部　近現代の複合政体

これは、ロシアが立憲制になった以上、フィンランド大公国の地位もまた、ペテルブルグの議会によってあらためて確定されることを意味した。

第一ドゥーマにおける諸民族

「十月詔書」発布以降のこうした経緯から、1906年に成立したロシアの立憲制に対して多くの研究者は低い評価をくだしてきた。他方、近年のロシアの研究者は、帝国周縁部の多様な民族にもドゥーマの選挙権が与えられたことを重視している。同時代のほかの帝国の多く、例えばイギリス帝国や日本帝国においてそのようなことがなかったことを考えるならば、1906年のドゥーマは先進的だったというのである[Semyonov 2020]。この指摘には頷けるところがある。

選挙の先進性は、ドゥーマ（1906年4月に開かれた最初のドゥーマを「第一ドゥーマ」と呼ぶ）議員の民族構成に反映された。カデットの論集によれば、その内訳は以下のとおりである。大ロシア人265人（59.1％）、小ロシア〔ウクライナ〕人62人（13.1％）、ポーランド人51人（11.3％）、ユダヤ人13人（2.8％）、ベラルーシ人12人（2.9％）、リトアニア人10人（2.2％）、タタール人8人（1.8％）、エストニア人4人（0.9％）、バシキール人4人（0.9％）、モルドヴァ人2人（0.4％）、キルギス〔カザフ〕人1人（0.2％）、チェチェン人1人（0.2％）、ヴォチャーク人1人（0.2％）、ブルガリア人1人（0.2％）、チュヴァシ人1人（0.2％）、モルダヴィア人1人（0.2％）、カルムィク人1人（0.2％）。総計438人[12]。

政党組織が未発達であったため、議員の党派所属はドゥーマ開会期間中にも変動したし、無所属も多かった。それでも1906年5月10〜15日時点でのアンケート結果から、各会派の勢力配置をある程度知ることができる。それによれば、カデット153人（34.1％）、トルドヴィキ107人（23.8％）、自治主義者63人（14.0％）、オクチャブリスト13人（2.9％）など総計448人であった。トルドヴィキは農民議員が社会主義知識人に糾合されて成立した会派である。本章の文脈で重要なのは自治主義者で、周縁諸地域から選ばれた議員の多くが結集していた。ここであげた自治主義者の数字は、他党派に所属していない者だけを数えている。というのは、カデットの党員であり、かつ自治主義者を名乗る者が40人いたし、トルドヴィキにもそうした者はいた[13]。

自治主義者会派の成立に先立ち、当初はポーランドとリトアニアの代表だ

けのグループがつくられた。それがポーランド系カデット議員レドニツキの
発意で、諸民族代表の参加する会派に変わった。1906年5月11日にドゥーマ
内で会議があり、「自治主義者同盟」会派の創出が決められた。以下の民
族・地域グループの代表がそこに参加した。ポーランド、リトアニア、大ロ
シア、ウクライナ、バシキリア、タタール、ベラルーシ、ラトヴィア、エス
トニア、コサック諸州、ベッサラビア州、ノヴォロシア地方。カフカースと
シベリアの代表も参加予定とされた。会派には150人にのぼる議員が参加し
た。会派設置のための基本条項によれば、この会派は「州ないし民族領域原
則」によって統合され、「民主主義原則に基づく自治理念の実現」を目的と
した。同時に「ロシア国家の不可分原則」に立つことも明記された。「個々
の州民族領域単位の自治の地理的境界および限界は、その地の住民の要望に
従って定められる」とされた(14)。

　カデットは「自治主義者同盟」会派の設立に懐疑的であった。無署名の一
論説によれば、自治問題を最優先する会派が成立することは、社会問題や憲
法問題の解決にとって有利には働かないのであった(15)。

　それでも、カデットと「自治主義者同盟」はケース・バイ・ケースで協力
した(16)。そもそも前述のとおり、カデット議員団のなかにも自治主義者を
名乗る者が40人いた。市民的自由を綱領に掲げるカデットと、民族差別の廃
止を追求する自治主義者のあいだには、共通点が多かったのである。自治主
義者同盟に属する者やそれ以外の議員たちは、ドゥーマを自治、また総じて
複合国家の制度化をめぐる多様な発言がなされる場とした。とりわけポーラ
ンド人はポーランド王国の自治を要求した［加納 2001年, 267-268頁］。議会外
からもシベリア自治主義者が、自治主義者同盟会派に大きな期待を寄せ
た(17)。

　ドゥーマにロシア帝国の多様な民族構成が反映される状況は、長くは続か
なかった。反政府的な第一ドゥーマを1906年7月に解散し、同様の第二ドゥー
マ（1907年2月召集）を07年6月に解散した直後、ストルイピン首相率いる
政府は、選挙法をロシア人および有産層に有利になるように改正した。ポー
ランドとカフカースの議員定数は削減され、中央アジアの遊牧民は選挙権を
剝奪された(18)。フィンランドへの締めつけは第一次革命で弱まっていたが、
政府および第三ドゥーマで主要勢力となったオクチャブリストは、大公国の
自治を再び制限した(19)。

222　　第Ⅴ部　近現代の複合政体

それでも、ドゥーマの内外でカデット、そしてとりわけ周縁部の活動家は、自治に関する議論を続けた。第一次革命をへて、帝国の複合国家的再編をめぐる議論がやむことは、最早なかったのである。

註

（1）　*Свод законов Российской империи. Сводный текст за 1832-1917 годы*, СПб.: Аврора, 2007, p. 4.

（2）　*Энциклопедический словарь Брокгауза и Ефрона*. Т. 11a, СПб.: Типо-Литография И. А. Ефрона, 1894, pp. 553-554.

（3）　ドミニク・リーベン（小泉摩耶訳）『ニコライ II 世——帝政ロシア崩壊の真実』日本経済新聞社、1993年、138〜140頁。

（4）　以下、政治的展開については К. Ф. Шацилло, *Русский либерализм накануне революции 1905-1907 гг. Организация, программы, тактика*, М.: Наука, 1985; Peter Enticott, *The Russian Liberals and the 1905 Revolution*, London: Routledge, 2016 を参照。

（5）　*Русские ведомости*, 6 июля 1905, pp. 2-3.

（6）　*Программы российских политических партий*, Пг.: Петроградское книгоиздательство, 1917.

（7）　"Доклад организационного бюро съезду земских и городских деятелей по вопросу о правах и национальностей и о децентрализации управления и законодательства", *Право*. No. 40. 9 октября 1905, Col. 3323-3327.

（8）　*Ibid.*, Col. 3329-3342.

（9）　*Право*. No. 37. 18 сентября 1905, Col. 3059-3064; *Право*. No. 38. 25 сентября 1905, Col. 3170-3176.

（10）　М. Меньшиков. "Земское единение", *Новое время*, 17 сентября 1905, p. 3.

（11）　Протоколы Центрального Комитета конституционно-демократической партии. Т. 1. 1905-1911 г., М.: Прогресс-Академия, 1994, p. 50.

（12）　А. Ледницкий, "Национальный вопрос в государственной думе", in *Первая государственная дума. Выпуск первый. Политическое значение первой думы. Сборник статей*, СПб.: Общественная Польза, 1907, p. 156. ％の間違いは修正した。議員数は統計をとった時期によって変動するので（遠隔地の議員は到着が遅れた）、この数字が確定的なものではない。

（13）　Н. Бородин, "Личный состав первой государственной думы, ее организация и статистические сведения о членах", in *Первая государственная дума*, pp. 23-24.

（14）　И. Р. "Союз автономистов", *Речь*, 13 мая 1906, p. 4.

（15）　"Новая парламентская фракция", *Речь*, 13 мая 1906, pp. 1-2.

（16）　政府の農業法案を批判する、住民宛てのドゥーマの呼びかけを、ロシア語だけでなく現地語でも出すという自治主義者同盟の提案は、カデットの支持によって可決された。Ледницкий, "Национальный вопрос", p. 161.

（17）　И. Попов, "Союз автономистов и Сибирь", *Речь*, 13 мая 1906, p. 2.

（18）　*Речь*, 6 июня 1907, pp. 3-5.

（19）　Ф. Ф. Кокошкин, "Одна из современных попыток разрешения финляндского вопроса", *Русская мысль.* Кн. 6. 1909, 参照。

参考文献

加納格『ロシア帝国の民主化と国家統合──二十世紀初頭の改革と革命』御茶の水書房、2001年

長縄宣博『イスラームのロシア──帝国・宗教・公共圏　1905-1917』名古屋大学出版会、2017年

Ikeda Yoshiro, "Toward an Empire of Republics: Transformation of Russia in the Age of Total War, Revolution, and Nationalism", in Tomohiko Uyama(ed.), *Comparing Modern Empires: Imperial Rule and Decolonization in the Changing World Order*, Sapporo: Slavic-Eurasian Research Center, 2018.

Alexander M. Semyonov, "Imperial Parliament for a Hybrid Empire: Representative Experiments in the Early 20th-century Russian Empire", *Journal of Eurasian Studies*, 11-1, 2020.

John W. Slocum, "Who, and When, Were the Inorodtsy? The Evolution of the Category of "Aliens" in Imperial Russia", *The Russian Review*, 57-2, 1998.

Theodore R. Weeks, *Nation and State in Late Imperial Russia: Nationalism and Russification on the Western Frontier, 1863-1914*, DeKalb: Northern Illinois University Press, 1996.

Законодательные акты переходного времени. 1904–1908 гг., Изд. 3-е, СПб.: Право, 1909.

Ф. Ф. Кокошкин, *К вопросу о юридической природе государства и органов государственной власти*, М.: Университетская типография, 1896.

─────, *Областная автономия и единство России*, М.: Народное право, 1906.

Алексей Миллер, *Империя Романовых и национализм. Эссе по методологии исторического исследования*, М.: Новое Литературное Обозрение, 2008.

Статистический ежегодник России. 1912 г. (год девятый). СПб.: Изд. Центрального статистического комитета МВД, 1913.

Съезды и конференции конституционно-демократической партии. Т. 1. 1905-1907 гг., М.: РОССПЭН, 1997.

第15章

現代の複合的広域秩序

英連邦と欧州統合

小川浩之

1 │ 英連邦とは何か

56カ国の加盟国

英連邦は、現在の英語での正式名称が「コモンウェルス・オブ・ネイションズ」（一般的には、「コモンウェルス」という略称で呼ばれる）で、イギリスとイギリス帝国から独立した国々を中心とする56カ国（2024年時点）で構成される国際機関である。日本語でも、「英連邦」という訳語だけでなく、しばしばカタカナで「コモンウェルス」と表記される。なお、英語での「コモンウェルス」という語──「公共の利益」や「共通善」という意味をもつラテン語の res publica を英語に翻訳し、15世紀頃に成立した言葉──の歴史的な用法の変遷と、それが現代の英連邦にどのようにつながっているかは、岩井淳による研究で明らかにされている［岩井 2014年］。

現代のコモンウェルスの事務局は、ロンドン中心部のマールバラ・ハウスにおかれ、2016年からは、カリブ海の旧イギリス領の島国であるドミニカ国出身のパトリシア・スコットランドが第6代事務局長を務めている。同じくマールバラ・ハウスに本部がある英連邦基金は、英連邦諸国間のトランスナショナルな非政府組織（職業別組織、ボランティア組織、文化・学術・スポーツの交流組織など）の設立や運営を支えている。英連邦加盟国の一つであるカナダのバンクーバー郊外のバーナビーに本部があるコモンウェルス・オブ・ラーニングは、世界各地に散らばる英連邦諸国間での遠隔教育や情報通信技術（ICT）の教育への応用を推進している。

英連邦加盟国の大部分は、歴史的にイギリス帝国の一部であったり、イギリス以外の英連邦諸国の統治下におかれたりしたことのある国々だが、近年では、それら以外の国が加盟することも増えてきた。1995年に加盟したモザンビーク（旧ポルトガル領）、2009年に加盟したルワンダ（旧ドイツ領で、第一

225

次世界大戦後はベルギー委任統治領、第二次世界大戦後は1962年の独立までベルギー信託統治領)、2022年に加盟したトーゴ(旧ドイツ領で、第一次世界大戦後はフランス委任統治領、第二次世界大戦後は1960年の独立までフランス信託統治領)とガボン(旧フランス領)といった国々である。1995年に加盟したカメルーンも、領土の一部(ナイジェリアとの国境沿いの地域)に旧ドイツ領・イギリス委任統治領・イギリス信託統治領であった地域を含むが、大部分は旧ドイツ領・フランス委任統治領・フランス信託統治領である。カメルーンの公用語はフランス語と英語だが、それぞれの話者は人口の約70％と約30％で、言語面でもフランス語が優勢である。2022年6月にルワンダの首都キガリで開催された英連邦首脳会議において、トーゴとガボン2カ国の新規加盟が承認されたことは、こうした近年の動きを象徴するといえる。そのことは、英連邦が、かつて第三世界と呼ばれたグローバル・サウスの国々(とくにアフリカ諸国)から、(1)先進国から開発途上国へのさまざまな援助、(2)グローバルな規模での国家間およびトランスナショナルなネットワークへの参加の機会、(3)地域機構が十分には整備されていない地域(とくにアフリカ)での地域的な対話や協力への参加の機会などを提供する存在として重視されていることを示していると考えられる。

3 種類の国制

56カ国の英連邦加盟国はすべて主権国家で、国連にも加盟しており、国連加盟国(2024年時点で193カ国)の約29％を占めている。他方で、4年に一度、さまざまな英連邦加盟国で開催される英連邦競技大会(コモンウェルス・ゲームズ)には、より多くの代表チームが参加する。2022年7～8月にイギリスのバーミンガムで開催された英連邦競技大会には、英連邦加盟国だけでなく、イギリスからイングランド、スコットランド、ウェールズ、北アイルランドという4つの「ネイション」が個別に選手団を派遣したことに加えて、一部のイギリス海外領土(ジブラルタル、フォークランド諸島、英領ヴァージン諸島などで、合計で14ある海外領土のうち9つ)、英王室属領(マン島、ジャージー島、ガーンジー島)、ニュージーランドと自由連合を結んで内政の自治権をもつクック諸島とニウエ、南太平洋に浮かぶオーストラリア領のノーフォーク島からも選手が送られ、合計で72の選手団が参加した。これは、夏季および冬季のオリンピックへの参加が原則として主権国家に限定され、イギリスからも

226　第Ⅴ部　近現代の複合政体

「チーム GB」の愛称をもつグレート・ブリテン——つまり連合王国全体——としての選手団が派遣されることと対照的である。

　英連邦には、3種類の国制をもつ国々が加盟している。第一に、イギリス国王を国家元首として共有する「英連邦王国」と呼ばれる国々が15カ国（イギリスを含む）ある。イギリスを除く14カ国の「英連邦王国」では、イギリス君主の代理人として総督がおかれ、形式的には国内の最高権威となっている。なお、現在のイギリス国王のチャールズ3世は、カナダでは「カナダ国王」、オーストラリアでは「オーストラリア国王」であり、チャールズ3世がそれらの英連邦加盟国で、「イギリス国王」として国家元首を務めているわけではないことには注意が必要である。第二に、独自の大統領を国家元首とする「共和国」が英連邦加盟国の過半数を占める35カ国あり、インド、パキスタン、南アフリカ、ケニア、シンガポールなどが含まれる。第三に、世襲制に基づく独自の国家元首（国王やスルタンなど）をもつ国が6カ国ある。マレーシア、ブルネイ、エスワティニ（2018年に国名をスワジランドから変更）、レソト、トンガ、サモアである。

　イギリス国王は、英連邦において、限定的ではあるが特徴的な役割をもっている。まず、イギリス国王は、英連邦の「独立した加盟国の自由な連合の象徴」であり、その意味で「英連邦の首長」であるとされている。そうした立場から、さまざまな英連邦諸国を訪問し、イギリスを含む英連邦各国で英連邦首脳会議が開催される際には、みずから開会演説をおこない、英連邦加盟国の首脳らと積極的に個別ないし複数で会談することが一般的である。なお、英連邦の「首長」の地位は世襲ではなく、イギリスの国王が交代するたびに、英連邦加盟国間での承認が必要となる。実際に、エリザベス2世の在位期間（1952〜2022年）中の2018年4月にロンドンとロンドン郊外のウィンザーで開催された英連邦首脳会議では、女王自身の強い希望もあり、加盟国首脳らによって、当時は皇太子であったチャールズが、イギリスの王位を継承する際に英連邦の「首長」の座も引き継ぐことが承認されている（イギリス国王と英連邦については、［君塚 2008年，第2章］）。

第15章　現代の複合的広域秩序　　227

2 │ イギリス帝国から英連邦へ

英連邦の発足

　すでにみたように、英連邦加盟国の大部分が過去にイギリス帝国の一部（植民地、保護領、自治植民地、自治領、委任統治領、信託統治領など）であったか、イギリス以外の英連邦諸国（オーストラリア、ニュージーランド、南アフリカなど）の統治下におかれたことがある国々であることは、イギリス帝国と英連邦とのあいだに歴史的に強いつながりがあることを示している。

　英連邦の起源として重要なのは、19世紀後半から20世紀前半にかけて、カナダ（1867年）、オーストラリア（1901年）、ニュージーランド（1907年）、ニューファンドランド（1907年）、南アフリカ（1910年）、アイルランド（1922年）が、イギリス帝国内で内政の自治を獲得した自治領（ドミニオン）になったことである。そして、それら6つの自治領が、1926年のバルフォア報告書とそれに法的な効力を与える31年のウェストミンスター憲章によって、「王冠への共通の忠誠」で結ばれるという条件のもとで、対外関係においてもイギリスと対等な地位を獲得したことにともない、英連邦（ブリティッシュ・コモンウェルス・オブ・ネイションズ）が発足したのである。

　ただし、それらの国々がイギリスからいつ「独立」したのかを特定するのは、往々にして容易ではない。例えば、カナダは、1867年に内政の自治を得た自治領となり、1931年のウェストミンスター憲章によって対外関係でもイギリスと対等の地位を獲得し、ほぼ完全な主権を獲得するとともに、英連邦の原加盟国となった。しかし、その後も、限定的ではあるがイギリス側に特権が残され、それらは段階的にしか廃止されなかった。1949年にイギリス枢密院司法委員会の管轄権が廃止され、カナダの首都オタワにおかれたカナダ最高裁判所が最終控訴院となったこと、82年にカナダが独自の憲法を制定したこと（それまでは、1867年にイギリス議会で制定された英領北アメリカ法がカナダの憲法に相当し、形式的にはイギリス議会がその修正権を保持していた）が代表的である。他の旧自治領諸国でイギリス枢密院の最終控訴院としての権限が廃止されたのは、南アフリカでは1961年、オーストラリアでは68年・75年・86年の一連の法令によって、そして、ニュージーランドにいたっては2004年のことであった［Hopkins 2008, pp. 220, 229］。しかし、それらの変化をへても、カナダ、オーストラリア、ニュージーランドを含む14カ国の「英連邦王国」

228　第Ⅴ部　近現代の複合政体

は、イギリスと国家元首を共有しており、依然としてイギリスから完全に「独立」したとはいえないと考えることも可能であろう。

「現代英連邦」への道

　なお、前述したようにイギリスと6つの自治領が英連邦の原加盟国となったが、ニューファンドランドは1948年の住民投票の結果、翌年にカナダの一州となり（2001年にはニューファンドランド・ラブラドール州に名称変更）、アイルランドは1949年に共和国に移行するとともに英連邦から脱退したため、2024年時点の英連邦加盟56カ国に含まれる原加盟国は、イギリス、カナダ、オーストラリア、ニュージーランド、南アフリカ5カ国のみとなっている。しかも、南アフリカは、英連邦から脱退していた時期が長かった。同国は、人種隔離政策（アパルトヘイト）への厳しい非難を受けて、1961年に英連邦から脱退した後、約30年をへて、91年にアパルトヘイト法制が全廃され、94年にマンデラがアフリカ人として初の大統領に就任した直後に英連邦に復帰したのである。英連邦の起源として、いわゆる白人定住植民地における植民地から自治領への移行が重要であることはすでに述べたとおりだが、現在の英連邦加盟国のなかでそうした国々が占める割合は10分の1以下にすぎないことには留意する必要がある。今日の英連邦加盟国の大半は、第二次世界大戦後に独立したアジア、アフリカ、カリブ海、南太平洋、地中海などの国々となっているのである。

　1948年10月におこなわれた英連邦首相会議（現在、原則として2年に一度開催されている英連邦首脳会議の前身で、1944～69年のあいだ、不定期だが約2～3年に一度開催されていた）では、戦後イギリスから独立して英連邦加盟国となったインド、パキスタン、セイロンの参加を受けて、非公式の慣行の変化として、英連邦の名称から「ブリティッシュ」を除くことが合意された。これを受けて、英連邦の正式名称は「コモンウェルス・オブ・ネイションズ」となり、一般にはその略称の「コモンウェルス」と呼ばれるようになって現在にいたっている。また、1948年の英連邦首相会議のコミュニケでは、少なからず従属的な印象をともなう「自治領」という表現も用いられなくなり、その点でも、インド、パキスタン、セイロンの立場への配慮がうかがわれた［小川 2012年，122-123頁］。さらに1949年4月の英連邦首相会議では、インド初代首相ネルーが、インドが共和政に移行する一方で、英連邦に残留したい

という希望を表明したことを受けて、インドに関しては「王冠への忠誠」を加盟条件から外し、イギリス国王を英連邦の「独立した加盟国の自由な連合の象徴」、その意味で英連邦の「首長」として認めることで合意がなされた。その時点では、他の加盟国は「王冠への忠誠」を維持したが、のちにはパキスタンやセイロンも共和政に移行した。さらに、このことにより、君主政以外の国制をもつ国々も英連邦に加盟できるようになり、その後の英連邦の加盟国数の飛躍的な増加の基礎が築かれた。こうした変化が念頭におかれ、英連邦は1949年に「現代英連邦（モダン・コモンウェルス）」に移行したとされる［小川 2012年，124-128頁］。

3 ｜ 英連邦の「独特さ」

どのような点で「独特」なのか

　英連邦は、1931年の発足時には憲章も事務局ももたず、ウェストミンスター憲章は法的には条約や国際協定ではなくイギリス議会制定法にすぎなかったため、国際機関としての体裁を整えていたとは言い難かった。しかしその後、1965年に英連邦事務局が設立され、それにともない英連邦は事務局長を筆頭とする独自の職員や予算などをもつようになり、2013年には英連邦憲章も定められた。つまり、現代の英連邦は、多くの点で通常の国際機関として理解することができ、以前と比べれば「独特な」存在といえる度合いは減少している。とはいえ、旧宗主国と旧植民地・保護領などが共存する英連邦のあり方は、東アジアからみれば、かなり「独特」に思われるかもしれない。しかし、フランス語圏の88の「国と政府」で構成されるフランコフォニー（フランコフォニーには、主権国家だけでなく、カナダのケベック州やニューブランズウィック州なども加盟している）［平野 2014年，本書コラム11も参照］、ポルトガル語圏の９カ国が加盟するポルトガル語圏諸国共同体（CPLP）など、フランス語やポルトガル語という言語がより前面に打ち出されてはいるが、旧宗主国と旧植民地・保護領などを包摂する国際機関はほかにも存在する。また、英連邦の会議や文書で用いられる言語は通常英語だけであり、英連邦にも同じ言語を共有する（あるいは共有させられた）共同体という側面がある。

　しかし他方で、英連邦は依然として「独特な」側面を少なからず保っている。例えば、英連邦諸国間では、大使（特命全権大使）ではなく高等弁務官が

相互に派遣され、互いの首都には大使館ではなく高等弁務官事務所がおかれている。現在、英連邦加盟国が相互に交換している高等弁務官の最初の例は、1880年にカナダ（当時は自治領）からイギリスに派遣されたものである。その後、他の自治領もカナダの例に続き、イギリス側からも1928年のカナダを皮切りに、自治領に高等弁務官が派遣されるようになった。こうした実践が重ねられ、また1931年には英連邦が成立するといった過程をへて、英連邦加盟国間で高等弁務官を相互に派遣する慣行・制度が定着していくことになる。

英連邦における求心力と遠心力

　現在、英連邦に加盟する56カ国のうち、イギリスを除く14カ国の「英連邦王国」に君主の代理人としておかれ、形式的には国内の最高権威となっている総督も、英連邦に特徴的なものである。もちろん、総督自体は、イギリスに限らず、植民地支配をおこなった国々（フランスや日本など）が植民地で現地の統治を委ねるためにおいた官職であり、イギリス帝国や英連邦に「独特な」ものではない。過去には、カナダやオーストラリアの植民地でも、イギリスから送りこまれた総督が、しばしば独裁的なかたちで統治をおこなっていた。しかし、イギリス帝国内で植民地が自治領となり、さらに、第二次世界大戦後にイギリス帝国からの独立があいつぎ、帝国から英連邦への大規模な移行が生じる過程で、「英連邦王国」における総督の権限は象徴的なものとなり、人選の面でもイギリスからイギリス人が派遣されるのではなく、現地の政府が現地の人物を選ぶようになっていった。また、総督が現地の人物から選ばれるようになったことは、イギリスにとっては自治領とのコミュニケーション手段が失われることを意味し、その結果、既述のように、1928年以降、イギリスからも自治領に対して高等弁務官が順次派遣されることにつながった[Lloyd 2007, pp. 2-3]。

　英連邦諸国間の関係においては、求心力と遠心力の双方が働いている。そのことをよく示しているのが、英連邦では加盟国の「出入り」が目立つことである。すでにみたように、南アフリカはアパルトヘイトへの厳しい批判を受けて1961年に脱退し、アパルトヘイト終結後の94年に33年ぶりに再加盟した。ほかにも、英連邦からいったん脱退し、その後再加盟した国として、パキスタン（1972年脱退、89年再加盟）、フィジー（1987年脱退、97年再加盟）、ガンビア（2013年脱退、18年再加盟）、モルディブ（2016年脱退、20年再加盟）がある。

それらの国々とは異なり、英連邦から脱退し、その後も再加盟していないのは、1949年に脱退したアイルランド、2003年に脱退したジンバブエだけである。英連邦から脱退した国々の多くがのちに再加盟しているという事実は、英連邦が現代の複合的広域秩序として一定の求心力を維持しており、柔軟性や強靭性ももつことを示していると評価できるのではないだろうか。

4 ｜ 欧州統合とは何か

27カ国の加盟国

　2024年時点で、欧州連合(EU)は27カ国のヨーロッパ諸国で構成されている。イギリスが2016年の国民投票の結果を受けて、2020年に EU から離脱した——イギリス(Britain)と出口(exit)をあわせた造語で、「ブレグジット(Brexit)」と呼ばれる——ことは記憶に新しいが、イギリスは EU とその前身の欧州共同体(EC)、さらにはそれに先行する三つの共同体(詳しくは後述)の歴史をとおしてはじめて脱退した国である。むしろ、加盟国の脱退や再加盟が目立つ英連邦とは異なり、欧州統合は、1952年に欧州石炭鉄鋼共同体(ECSC)が6カ国(フランス、西ドイツ、イタリア、ベルギー、オランダ、ルクセンブルク)で発足して以来、ブレグジットを唯一の例外として、一貫して加盟国を拡大してきた。1973年の第1次拡大(イギリス、アイルランド、デンマーク)、81年の第2次拡大(ギリシア)、86年の第3次拡大(スペイン、ポルトガル)、95年の第4次拡大(スウェーデン、フィンランド、オーストリア)、2004年の第5次拡大(ポーランド、チェコ、スロヴァキア、ハンガリー、スロヴェニア、エストニア、ラトヴィア、リトアニア、キプロス、マルタ)、07年の第6次拡大(ルーマニア、ブルガリア)、13年の第7次拡大(クロアティア)である。とくに2004年に一度に10カ国(そのうち中・東欧諸国と旧ソ連のバルト三国をあわせて8カ国)が加盟し、加盟国が15カ国から25カ国に拡大したことは大きな変化であり、冷戦後の EU の東方拡大を象徴するものとなった。

欧州統合の意義

　それでは、こうして大幅な加盟国の拡大を遂げてきた欧州統合にはどのような意義や加盟の利点があるのだろうか。まず、それまで戦争を繰り返してきたヨーロッパ諸国間の関係を平和的なものに移行させるのに大きく貢献し

たことがあげられる。もちろん、欧州統合だけがその変化を促したわけではないが、日本において1970年代という早い時期から欧州統合研究を牽引してきた田中俊郎は、EC／EU は不戦共同体を構築することに成功したとして、つぎのように論じている［田中 1998年, 3頁］。

　　EC／EU は、国家間の問題解決にあたって、軍事力ではなく、平和的な
　　手段を用いることをルール化し、結果として、2度にわたって世界大戦の
　　震源地であったヨーロッパに平和をもたらした。とくにその中心的な原因
　　であったドイツとフランスの間の戦争を不可能にしたことは、きわめて重
　　要である。

　さらに、EU27カ国の総人口は2023年時点で約4億4920万人に達し、そうした巨大な EU 域内で物、人、サービス、資本の自由な移動を保証する単一市場を実現することで、大きな経済的メリットを生んでいる。また、EU 加盟国のうち20カ国（人口は2023年時点で約3億4900万）では、単一通貨のユーロが用いられている。それら20カ国で構成されるユーロ圏（ユーロゾーン）内では、物やサービスの貿易をおこなう際や、国境をこえて人々が移動する際に通貨を両替する必要がなく、為替変動のリスクも生じないなど、より円滑に経済取引や人的交流をおこなうことが可能となっている。
　EU はまた、一体となって貿易や環境問題などに関する国際的な会議や交渉の場に臨むことで、それぞれの加盟国が単独ではもつことが難しい影響力や交渉力を発揮することを可能にしている。安全保障など EU の役割が限定されている分野もあるが、世界貿易機関（WTO）でのグローバルな貿易交渉や国連気候変動枠組条約締約国会議（COP）といった環境保護のための国際会議などでは、EU は、アメリカや中国といった世界的な大国に比肩する交渉力をもつようになっている。そのほかにも EU は域内でさまざまな規制をおこなう主体であるが、そうした規制は、EU 域内で効力をもつだけでなく、巨大な EU 市場へのアクセス確保をめざす域外企業の製品やサービスにも影響をおよぼし、さらには国際的な会議や交渉の場での EU の影響力をとおしてグローバル・スタンダードの形成にもつながりうるものである［遠藤・鈴木編 2012年］。

5 | ECSC から EU へ

超国家的統合の始動

　現在の EU に直接つながる超国家的な欧州統合の起源は、フランス外相シューマンが、1950年5月の演説で、フランスとドイツの石炭・鉄鋼生産の超国家機関による共同管理の提案をおこなったことである。このシューマン・プランでは、フランスとドイツのあいだの戦争を「考えられないばかりか、物質的に不可能にする」ことが目標の一つとして打ち出され、その計画には他の欧州諸国も参加することが可能だとされた。実際に、フランス、西ドイツに加えて、イタリア、ベルギー、オランダ、ルクセンブルクが交渉に参加し、1951年4月に ECSC を設立するパリ条約にそれら6カ国の代表が署名し、翌年8月に ECSC が発足した。ECSC が実際に加盟各国の石炭・鉄鋼産業を管理できた程度は限定的であったことなど、さまざまな限界はありつつも、超国家的な欧州統合を体現する組織がはじめて成立したことの意義は大きかった。

　その後、超国家的な欧州軍の創設をとおして西ドイツの再軍備を達成することをめざした欧州防衛共同体(EDC)の試みは挫折し、国家主権やナショナリズムと強く結びついた軍隊を超国家的に統合することの困難さが浮き彫りになった。しかし、1957年には、ECSC と同じ6カ国間で二つのローマ条約が署名され、翌年には共同市場の設立をめざす欧州経済共同体(EEC)と「原子力の平和利用」分野での統合を掲げる欧州原子力共同体(EURATOM)が発足し、50年代後半までに、ECSC、EEC、EURATOM という三つの共同体が並び立つ状況が現れた。とくに、EEC はそれら三つの共同体の中心的な存在となり、EEC をとおして、60年代末までに、6カ国間での工業製品の関税同盟と農産物の共通農業政策が確立されることになる。

　さらに、1967年には三つの共同体の委員会と閣僚理事会を合併する機関融合条約が発効し、EC が成立した(現在の EU にもつながる欧州統合の諸共同体・連合内の4つの主要機関のうち、欧州司法裁判所と欧州議会は、1958年に EEC と EURATOM が発足した時点で三つの共同体に共通の機関として発足していた)。ただし、1970年代は二度の石油危機が起きた経済不況の時代であり、EC 加盟各国でも自国産業を優先する傾向が強まり、統合の進展は停滞を余儀なくされた。だが、そうしたなかでも、1975年以降、EC 諸国の定例化さ

234　第Ⅴ部　近現代の複合政体

れた首脳会議である欧州理事会が加盟国間の持ち回りで開催されるようになり、70年代末にはのちの単一通貨ユーロ創設の前段階として必須となる欧州通貨制度(EMS)が発足するなど、経済不況のもとで統合が停滞するなかでも、のちの時代につながる重要な変化もみられた。

単一市場の成立と EU の発足

1980年代半ばから90年代前半にかけて、EEC を設立したローマ条約で目標とされていた共同市場の設立が、単一欧州議定書(ローマ条約がはじめて改正されたもので、86年に署名され、翌年に発効)で打ち出された単一市場(域内市場)の形成というかたちで現実のものとなる。単一欧州議定書では、1992年末までに、EC 加盟国間での物、人、サービス、資本の国境をこえた自由な移動——「４つの自由」とも呼ばれた——を実現するとされ、実際にそれが達成されたのである。

さらに、1989年の東欧諸国での共産主義体制の崩壊(東欧革命)とベルリンの壁の崩壊、90年の東西ドイツ再統一、91年のソ連解体などによって、ヨーロッパでの冷戦が終焉を迎えるなかで、再統一されたドイツをどのようにして安定的にヨーロッパの国際秩序に組み込むかという課題が急浮上した。この課題に応えるための重要な手段の一つが、欧州統合をより深化させ、そのなかにドイツをより深く組みこむことであった。その際にはとくに通貨統合が重視され、1992年に署名され、翌年発効したマーストリヒト条約では、EC を EU へと移行させるとともに、単一通貨の導入までのスケジュールが明記された。ヨーロッパ最強の通貨であったドイツ・マルクを放棄し、単一通貨を採用することにはドイツ国内で反発が強かった。しかし、ドイツ首相コールは、フランス大統領ミッテランらとの協調と、欧州統合の枠組みをとおして再統一されたドイツへの周辺諸国の警戒感を緩和することを優先し、マーストリヒト条約による EU の創設と通貨統合を受け入れた。

他方、イギリスのサッチャー政権は、単一欧州議定書で打ち出された単一市場の形成には積極的だったが、「４つの自由」のうち人の自由移動には否定的であった。また、サッチャーは国家主権に強く固執する立場から、通貨統合や欧州統合の超国家性を強化する動きには徹底的に反対した。1990年にサッチャー政権の後を継いだメージャー政権は、マーストリヒト条約に署名し、EU の発足には同調したものの、通貨統合と社会憲章に関して「選択的

第15章　現代の複合的広域秩序　235

離脱」の権利を確保し、統合の深化から一定の距離をおく姿勢をとった。さらに、サッチャー政権期から、イギリスでは欧州統合に懐疑的・批判的な立場をとる欧州懐疑派が力を増すようになり、そのことが、のちのブレグジットの動きにつながったことも重要である。

6 ｜ 超国家的統合の試み

EUの超国家性

　現在のEUにいたる欧州統合は、国家主権をヨーロッパ・レベルの諸機関に部分的に委譲し、共有することをともなう超国家的統合の試みをおこなってきた。それは、近代以降成立・発展してきた——ただし、現実をそのまま反映したというよりは、理念型としての——主権国家とそうした主権国家で構成される国家体系のあり方を、部分的ではあれ、大胆に変化させる実験ともいえる。英連邦がいくつかの点で依然として「独特な」存在であるとすれば、ECSCからEUへと発展してきた欧州統合も、とりわけ超国家的統合をおこなう点において「独特な」存在である。

　たしかに、地域統合をおこなう国際機関は、「統合」の意味を広く捉えて、自由貿易協定や関税同盟なども含めるならば、ほかにも存在する。代表的なものを成立順に列挙すれば、東南アジア諸国連合(ASEAN)、アジア太平洋経済協力会議(APEC)、北米自由貿易協定(NAFTA)、南米南部共同市場(MERCOSUR)、西アフリカ諸国経済共同体(ECOWAS)、南アジア地域協力連合(SAARC)、環太平洋パートナーシップに関する包括的及び先進的な協定(CPTPP)などとなる。しかし、「統合」の意味を超国家的統合と狭く捉えれば、現時点で地域統合をおこなっている国際機関にあてはまるのはEUだけである。2002年にアフリカ統一機構(OAU)が発展改組するかたちで発足したアフリカ連合(AU)は、名称からもEUをモデルにしていることが強くうかがわれるが、やはり国家主権の委譲をともなう超国家的な統合をおこなっているわけではない。

　EUの超国家性は、具体的には、(1)各国の国内法に対するEU法の優越、(2)加盟国間の多数決制度で拘束力のある決定をおこなう加重特定多数決制度、(3)欧州委員会の発議・執行権限、(4)欧州司法裁判所の権限、(5)EU加盟国市民の直接選挙によって選ばれる議員で構成される欧州議会の権限拡大などに

表れている。そして、超国家的統合（主権の委譲と共有）は、とくに加盟国が合意から離脱する誘因が強いと予想される分野で、加盟国のコミットメントの信頼性を高める働きをすると指摘される［Moravcsik 1998, p. 9］。また、欧州統合に参加する国が ECSC、EEC、EURATOM の発足時の 6 カ国から現在の27カ国まで大きく拡大するなかで、EU を有効に機能させるためには、全会一致でしか決定をおこなえないという状況はもはや現実的でなくなっている点も重要である。

欧州統合の限界と模索

しかし他方で、欧州統合という超国家的統合の試みには、さまざまな限界も存在する。例えば、既述のように、超国家的な欧州軍の創設を掲げたEDC の試みが挫折したことは、軍事面での統合をおこなうことの難しさを示しており、現在の EU のもとでも、軍事・安全保障面での統合の進展は限定的なものにとどまっている。また、軍事面の統合にとどまらず、より一般的にも、超国家的統合を進めようとする動きは、加盟国の国家主権や「独立」に固執する立場からの批判や反発に何度も直面してきた。サッチャーや1959～69年にフランス大統領を務めたドゴールは、そうした批判を強硬かつ声高に主張した代表的な政治家である。さらに、イギリスでブレグジットを推進した政治家や活動家らが繰り返し強調したのも、自国の国家主権——イギリスではとくに「議会主権」の意義が強調される——を守り、「独立」を回復させるという主張であった。欧州統合という「独特な」試みは、これまでも進展と停滞（ときには部分的な後退）を繰り返しつつ進んできたが、今後もさまざまな困難や紆余曲折をへながらも、現代の複合的広域秩序の新しいあり方を模索しつつ展開していくと考えられる。

参考文献

池本大輔・板橋拓己・川嶋周一・佐藤俊輔『EU 政治論——国境を越えた統治のゆくえ』有斐閣、2020年

岩井淳「コモンウェルス概念の史的変遷」山本正・細川道久編著『コモンウェルスとは何か——ポスト帝国時代のソフトパワー』ミネルヴァ書房、2014年、19～41頁

遠藤乾『統合の終焉——EU の実像と論理』岩波書店、2013年

———『欧州複合危機——苦悶する EU、揺れる世界』（中公新書）中央公論新社、2016年

———・鈴木一人編『EU の規制力』日本経済評論社、2012年

小川浩之『英連邦——王冠への忠誠と自由な連合』中央公論新社、2012年

君塚直隆『女王陛下の外交戦略——エリザベス二世と「三つのサークル」』講談社、2008年

田中俊郎『EU の政治』岩波書店、1998年

平野千果子「フランス版コモンウェルスとしてのフランコフォニー——その構想と形成」山本正・細川道久編著『コモンウェルスとは何か——ポスト帝国時代のソフトパワー』ミネルヴァ書房、2014年、141～165頁

A. G. Hopkins, "Rethinking Decolonization", *Past & Present*, 200, 2008.

Lorna Lloyd, *Diplomacy with a Difference: The Commonwealth Office of High Commissioner, 1880-2006*, Leiden: Martinus Nijhoff, 2007.

Andrew Moravcsik, *The Choice for Europe: Social Purpose and State Power from Messina to Maastricht*, Ithaca: Cornell University Press, 1998.

Column #09

多人種・多文化社会ブラジルの国家形成

鈴木　茂

ブラジル君主政の起源

　ブラジルは、1822～89年までは皇帝を戴く君主国(帝国)であり、1889年11月の「共和革命」を境に連邦制の共和国となった。一方、ブラジルは西半球で最後まで黒人奴隷制を維持した国であり、奴隷制の維持には強力な中央集権を必要とした。

　たしかに、メキシコも君主国として同じ頃に独立した。民衆運動を抑圧し、スペインで成立した自由主義政府に対抗する保守派・王党派によって達成された独立であった。しかし、ヨーロッパから国王を招致する目論見が失敗し、軍事指導者アウグスティン・デ・イトゥルビデが、ナポレオン1世にならってアウグスティン1世を名乗ることになった。しかし、1年ももたずに帝政は崩壊した。

　ブラジルの場合は、ポルトガルのブラガンサ朝の王位継承者を君主(皇帝)にすえることができた。ナポレオン戦争で祖国を追われたポルトガルの王室は、植民地ブラジルのリオデジャネイロを新たな王都として国家の再建をはかろうとした。王室が移転したブラジルでは、1808年1月の開港令によってイギリスとの貿易が激増したのに加え、新首都建設によって経済ブームが起こった。ウィーン会議の最中の1815年12月、ブラジルは本国と同じ地位に引き上げられ、リオデジャネイロはポルトガルとブラジルの「連合王国」の首都となった。これに対し、ポルトガルに残留した商人は、かつての宗主国商人としての特権を取り戻そうとして、1820年に自由主義革命を起こし、国王にヨーロッパへの帰還を求めた。1821年4月、国王ジョアン6世はポルトガルに帰り、首都をリスボンに移す一方、ブラジルには王位継承者でもある息子のペドロ・デ・アルカンタラを残し、摂政として統治にあたらせた。

ペドロ1世とポルトガル王位継承問題

　ポルトガルの国民議会ではブラジルを再び植民地に戻し、ペドロもポルトガルへ帰還させることが画策された。反発したブラジルの支配層がペドロを引き止めて自治権を守ろうとし、最終的に1822年9月、連合王国から離脱する。ペドロは同年10月12日に「皇帝」ペドロ1世を宣言し、正式にブラジル帝国が成立した。

　1826年3月、ジョアン6世が死去すると、ポルトガルで王位継承問題が発生する。公式の王位継承者はペドロ1世であったが、ブラジルの支配層は再植民地化を恐れて、ポルトガル生まれのペドロ1世がポルトガル王位を兼ねることに反対した。ペドロ1世は短期間ポルトガル国王ペドロ4世を名乗るが、当時7歳のブラジル生まれの娘マリア・ダ・グロリアに王位を譲ろうとする。そこへ、ペドロの弟ミゲルがマリア・ダ・グロリアと結婚して王位を簒奪しようとはかった。ミゲル排除のため、

ペドロ 1 世は1831年 4 月、当時 5 歳の息子ペドロ 2 世に譲位し、ポルトガルへ帰国してしまう。ペドロ 2 世が成人して親政ができるようになる20歳まで摂政が設けられることになるが、この1831年からペドロ 2 世の成人が繰り上げられた1840年までの10年間に各地で反乱が頻発し、ブラジルは分裂の危機に直面した。

帝政の危機と奴隷制

　ブラジル国内では北東部などの地方にとって、首都リオデジャネイロを中心とする南東部はポルトガル本国にかわる新たな宗主国として立ち現れた。課税や徴兵などの点で南東部以外の地方が不利な立場となる、いわば「宗主国の内在化」が起きたのである。ペドロ 1 世の譲位と帰国を機に、皇帝の存在によって保たれていた中央集権体制が弱まり、地方の不満が一挙に噴出した。そうした地方反乱のなかには、民衆蜂起へ転化するものも少なくなかった。その背景にあったのが黒人奴隷制であり、抑圧された先住民の存在であった。

　1835年 1 月にアマゾン河口付近のベレンで始まったカバナージェン（カバーノス戦争）は、多くの先住民や逃亡奴隷が中心となった民衆反乱で、ベレンに臨時政府を樹立する。当時のアマゾン流域の人口約12万の大半は教化された先住民と黒人奴隷、混血の民衆で、白人は約 1 万5000人にすぎなかった。臨時政府が倒れた後も、先住民を中心に奥地での抵抗運動が続き、1840年に収束するまでに犠牲者はアマゾン流域の総人口の30〜40％におよんだとされる。

　旧都バイーアでは、1835年 1 月にムスリムのアフリカ人奴隷の反乱（マレー反乱）が発覚し、社会を震撼させていたが、37年11月、サビナーダと呼ばれる新たな反乱が勃発した。当初、指導者たちは共和主義政府の樹立をめざすとともに、反乱軍に加わるブラジル生まれの黒人奴隷に解放を約束した。しかし、まさに奴隷動員の試みが農園主層の離反を招き、翌38年 3 月に鎮圧された。

　1840年 7 月、ブラジルの支配層が一種のクーデタのかたちでペドロ 2 世の成人を宣言し、摂政を廃して親政を実現したのは、地方反乱を抑えて中央集権体制の回復を急いだためである。中央集権による政治秩序の安定は、奴隷制を維持するためにも必要であった。1840年代、地方反乱はほぼ収束し、ブラジルの奴隷制はさらに約半世紀続く。そして、解放民や先住民、さらには多様な混血の人々など「非白人」の国民への統合という課題は、1889年以降の共和政の時代に残されることになった。

参考文献

ボリス・ファウスト（鈴木茂訳）『ブラジル史』明石書店、2008年
古谷嘉章『異種混淆の近代と人類学』人文書院、2001年
山田睦男・鈴木茂『ブラジル史』山川出版社、2022年

Column #10

オーストラリアのコモンウェルス

岩井　淳

　オーストラリアの国名は、1900年に「Commonwealth of Australia」と決まった。そのオーストラリアは、1931年に発足した英連邦（Commonwealth of Nations）に当初から加盟し、現在でも主要な加盟国の一つになっている。「コモンウェルス」という名称の国が「コモンウェルス」に加盟しているのだから、非常に紛らわしい。なぜ、このような国名をとることになったのか。その理由を紐解くと、オーストラリアという国がイングランドの歴史と密接にかかわっており、その国名が「コモンウェルス」という言葉の変遷でも、重要な画期となったことが浮かび上がってくる。

「コモンウェルス」概念の変遷

　まずは、「コモンウェルス」概念の変遷をたどっておこう。「コモンウェルス」は、イングランドの14〜15世紀に「公共の福祉」や「公共善」という意味で用いられ、16世紀には「王が統治する国」という用法で使われた。17世紀のピューリタン革命期には、国王チャールズ１世が処刑され、王のいない「共和国」という意味が加わった。18世紀以降になると、この言葉は海を渡って北米の英領植民地で広がり、独立後も（そして今も）アメリカ合衆国の東部と中部の４州は、正式名称として、State ではなく Commonwealth を用いている。ここまでの用法は「共同体」や「国家」というような意味合いだった。しかし、オーストラリアでは、多様な地域を集めた「連邦」という意味で用いられた。なぜ、オーストラリアの「コモンウェルス」は、「国家」でなく「連邦」という意味をもったのか。その理由を尋ねると、「コモンウェルス」概念史でも、大きな画期がみえてくる。

植民地からオーストラリアの成立へ

　イギリスによるオーストラリア植民は、1786年１月のニューサウスウェールズ植民地の開拓から始まった。当初、流刑地だったこの地は、19世紀の経済発展とともに自治植民地の性格を強めていった。1852年には、本国政府がオーストラリアの各植民地に自治権を与えることを決め、各植民地はそれぞれ憲法を作成することになった。1863年以降、オーストラリアは、ニューサウスウェールズ、ヴィクトリア、南オーストラリア、クィーンズランド、タスマニア、西オーストラリアという６つの植民地からなっていた。その社会は、19世紀をとおして、ゴールドラッシュもあり、経済的に発展してきた。しかし、1890年代になると、一転して長期の経済不況にあえぐようになった。

　こうした背景のもと、オーストラリアの植民地政府は、本国の指導もあり、各植

241

民地を束ねる連邦の形成に向けて動き出した。1890年2月には、メルボルンで準備会議を開き、翌年、オーストラリアの6植民地とニュージーランドの代表が集まって、「コンヴェンション」と呼ばれる会議をシドニーで開催した。この会議では、三つの委員会が設けられたが、その一つが憲法制定委員会であった。この委員会の議長は、コンヴェンションに向けて「オーストラリアのコモンウェルスを形成する草案」を提出した。この草案が、公式文書での「コモンウェルス」の最初の出現だった。草案は、いくつかの修正をへたのち、連邦全体の憲法草案となり、1900年の帝国議会で国名とともに認められた。翌年成立した連邦は、オーストラリアの6つの州（のちに二つの準州が加わる）をまとめたが、ニュージーランドは除外された。

オーストラリア国名の由来

さて、「コモンウェルス」の名付け親は誰だったのだろうか。この名称を中心になって提唱したのは、ニューサウスウェールズ植民地の首相で、コンヴェンションの議長を務めたヘンリ・パークス（1815〜96）であった。彼は、イングランド中部に生まれ、象牙加工職人の徒弟となり、チャーティスト運動にも加わっていた。だが、生活に困窮し、1839年に妻とともにニューサウスウェールズ植民地に渡ってきた。また、ほぼ独学で母国イングランドの歴史を学び、ジョン・ミルトンやジョン・ロックの著作に親しんでいた。彼にとって、ピューリタン革命期の思想家が頻繁に用いた「コモンウェルス」は、とてもなじみのある言葉だった。

本来、この言葉は、「共同体」にしても「国家」にしても、下から積み上げる組織の集合体というような意味をもっていた。しかし、その語感は、6つの自立的な植民地を積み上げて形成される「連邦」と相通じるものを有していた。こうして、「共同体」や「国家」を意味していた「コモンウェルス」は、その語義を引き継ぎながら、1900年にオーストラリアの正式名称となったのである。20世紀前半に「連邦」としての「コモンウェルス」は、もう一度、脚光をあびることになった。それは、イギリス帝国を再編するかたちで、英連邦が1931年に成立したときである（第15章参照）。「コモンウェルス」は、今でも英米から英連邦におよぶ英語圏の国々や連邦を知るためのキーワードになるだろう。

参考文献

岩井淳「19世紀オーストラリアの「コモンウェルス」とアジア──歴史的紐帯と民族的障壁」静岡大学『アジア研究』10号、2015年

藤川隆男「オーストラリア史」山本真鳥編『オセアニア史』（新版世界各国史27）山川出版社、2000年

J.A. La Nauze, "The Name of the Commonwealth of Australia", *Historical Studies*, 15-57, 1971.

Column #11

フランス植民地帝国とフランコフォニー

帝国崩壊後の変遷をたどる

平野千果子

　今日、国連のオブザーバーとして認められた組織の一つに「フランコフォニー国際機関(Organisation internationale de la Francophonie)」(以下、OIF)がある。フランコフォニーは「フランス語圏」の意味で、フランス語を軸としたこの組織は2024年4月現在、88の国と地域を束ねるまでになっている(https://www.francophonie.org/)。誰が何をめざしてここに集ったのか、しばし追ってみよう。

設立への経緯

　OIFの出発点は、1970年3月20日、アフリカの旧フランス領ニジェールの首都ニアメで、文化・技術協力機構(Agence de coopération culturelle et technique、以下 ACCT)が設立されたことにある。このとき集まったのは21カ国。多くが旧フランス植民地だった。つまりこの組織は、独立した旧フランス領が、フランス語という共通(であるはずの)要素を軸に、おもに文化面で協力関係を深めることを目的に設立されたという性格をもつのである。

　フランス植民地帝国は、1962年のアルジェリア独立で実質的に崩壊する。その2年前の1960年には、アフリカ諸国がほぼ一斉に独立していた。しかし独立で終わりではない。旧植民地にとって重要だったのは、フランスとの結び付きを保つことである。独立してすぐに経済面での発展を遂げられるはずもなく、フランスから支援を受けることは至上命題となっていた。しかもフランスはといえば、各独立国との二国間で事を進めようとし、独立後のアフリカ諸国が束になってフランスと対峙することを避けようとした。それは国家の基盤がいまだ脆弱な旧植民地にとって、都合のよいものではない。アフリカの首脳たちは、一体となってフランスと連携できるあり方を模索する。そのなかでようやくかたちをとった一つが ACCT だった。

フランスの動き

　この組織は当初から、フランスはあまり関与せず、旧植民地が中心になって創設したといわれていた。フランスが過度にかかわると、第三世界主義が広まる時代において、「新植民地主義」と名指される恐れがあったからだ。実際、準備の会合はアフリカ主導で進められた。準備の過程で使われていた「フランコフォニー」が、成立した組織 ACCT の名称に残らなかったことにそうした状況をみてとるのは、深読みだろうか。

　しかし共通項がフランス語である以上、フランスが無関心でいるはずがない。事

実フランスは、背後では活発に動いていく。それを顕著に示すのが、カナダのケベック州の加盟問題である。ケベックはこの構想に当初から関心を示した。1763年までフランス領だったケベックは、イギリス領になってからもフランス語とカトリックを維持し、カナダのなかで独自の立場にあった。しかも1960年代から「静かな革命」と呼ばれる近代化が進むと、独自のナショナリズムも生まれていた。そうしたなかで官民双方から、フランコフォニーに注目する立場が出てくるのである。

　めざすのは国際機関であり、国家でないメンバーに本来は場がないわけだが、ケベックの動きに反応したのが、1960年代にフランス政治を担ったシャルル・ドゴールだった。英語圏の北米大陸に、フランスと連携する地域が存在することを重視したためである。ドゴール引退後はジョルジュ・ポンピドゥもその路線を引き継ぐ。カナダ政府はそれに介入し阻止しようとするが、結局交渉の最終段階で、カナダ政府はケベックが「州」としてこの組織に参加するのを認めるにいたった。ケベックは設立時の加盟こそはたせなかったが、設立から一年後の1971年には晴れてACCTの仲間となるのである。

　こうした動きをアフリカ諸国が歓迎したわけではない。アフリカ諸国の結束が第一の課題だった彼らにとって、ケベックの存在は厄介だった。ケベックの加盟を呑んだのは、フランスがケベック問題の帰趨いかんによっては、この組織から身を引くとまで、いわば脅しをかけたからである。要するに表には立たなくても、結局フランス語を軸とする組織は、フランスの意向に反することはできなかったのである。

多極化の波のなかで

　時代が移り、グローバル化が進むと、世界は英語一色に染まるかのような印象を与えるようになった。フランス語を掲げる組織が、かつてのような新植民地主義の批判を懸念する時代ではなくなり、ACCTはむしろ英語に対抗する組織との期待すら担うようになる。1997年11月にベトナムのハノイで開催された会議では、名称もフランコフォニーを含むOIFとなった。フランス語にかかわる組織であることが、明確に示されたといえる。

　さらに21世紀には世界の多極化が加速し、フランスが援助の対象を旧植民地の外にも拡大する一方で、旧植民地自身はフランス以外の大国との連携強化に向かっている。植民地時代の有機的結び付きは、植民地帝国崩壊後60年ほどをへて、ゆるやかに、しかし根底的に変わりつつあるのだろうか。

参考文献

平野千果子「フランス版コモンウェルスとしてのフランコフォニー――その構想と形成」山本正・細川道久編『コモンウェルスとは何か――ポスト帝国時代のソフトパワー』ミネルヴァ書房、2014年

平野千果子『フランス植民地主義と歴史認識』岩波書店、2014年

あとがき

　本書は、「国民国家史観」の再考を掲げて、16世紀以降の世界史を複合国家の視点から探究したものである。本書の企画は、2021年から始まった。ある出版社から「これまでとは異なる種類の教科書をつくりませんか」というようなお誘いがあったのが契機であった。ちょうど日本や世界では、2020年からコロナ禍が続いており、国家や地方自治体の方針に従って、厳しい社会統制が実施されていた。日本では、その期間中、根拠がないままに特定の業種が感染症と関連づけられたり、いくつかの県で他県からの流入者が排除されたり、海外への渡航が厳しく制限されたりした。今から振り返ると、特定の集団への偏見や差別、偏狭なナショナリズムが横行した、とても異常な時代だったといえるだろう。親切なふりをして、特定の人々を差別・排除する「国民国家の装置」が作動していることを心底感じ取った人も、少なからず存在しただろう。私も、その一人だった。

　日本国内では、ようやく重苦しいコロナ禍の時代が明けたものの、国際社会では、2022年2月以降のロシアによるウクライナへの侵攻、23年10月からはイスラエルによるガザ地区への侵攻が始まった。ロシアもイスラエルも、民族の共存をめざすのではなく、むき出しの暴力に訴える領土侵攻を展開している。交戦中の国々では、厳しい「戦時体制」が敷かれる。これらは、19世紀以来、繰り返された国民国家による統制や暴力の現代的形態にほかならないが、それにしても社会的弱者が犠牲になる痛ましい状況は耐え難い。このように、国家の内側でも外側でも、国民国家は統制を強め、暴力を行使している。もちろん、すべての国家を同列に扱うことはできないが、理想的な国民国家像を描くことは、歴史学をはじめとする人文・社会科学にとって、ますます困難になっている。

　そんな思いに駆られながら、国民国家ではなく、複合国家を基軸として世界史を捉え直すという企画を立ち上げ、執筆者の皆さんにお声かけし、寄稿をお願いした。執筆者の皆さんは、じつに誠実に原稿執筆に取り組んでくださって、2023年には、ほぼ完成原稿が集まったように記憶している。ただ、当初予定していたハプスブルク帝国史やオスマン帝国史の原稿を収録できなかったのは、残念な点である。また、帝国主義時代以降の現代史の記述が少ないことは、当然ながら本書の反省点となろう。他方で、複合国家論の観点

からアジア史と日本史の論考をおさめることができたのは、特筆すべきであろう。

　こうして出版に向けて動き出していた矢先、思いがけないことが起こった。諸般の事情により、当初予定していた出版社から本書を出版できなくなったのである。2023年7月のことであった。ここから、本書の前途には暗雲が垂れ込め、一寸先も見通せない「産みの苦しみ」の時期に入った。そのなかで、本書の企画をぜひ実現させたいという執筆者の想いを受け止めてくださったのが、山川出版社だった。山川出版社には、すでに2022年に出版した岩井淳・山﨑耕一編『比較革命史の新地平』でお世話になっていて、その時の誠実なお仕事ぶりが印象に残っていたこともあり、藁にもすがる思いで企画の実現をお願いしたしだいである。2023年の秋になって、企画会議がとおったと編集部の友水拓也さんから連絡をいただいたときには、一条の光が差し込み、救われた気持ちであった。このように本書の出版までにはさまざまな紆余曲折があり、難産ではあったが、なんとか本書を世に送り出すことができるのは大きな喜びである。本書を救い出してくれた山川出版社と友水さんには、心より御礼申し上げたい。

　2022年からは、高等学校地理歴史科の必履修科目として「歴史総合」が導入された。これまで、日本の歴史教育では「世界史」と「日本史」が別々に教えられていたが、「歴史総合」では、近現代の世界史と日本史を統合することが不可欠の課題となっている。その際、欧米が先進的に国民国家を発達させ、日本も遅れて国民国家を形成したという展開では、あまりに一面的ではないだろうか。この視点では、欧米と日本以外の多様な地域が新科目の主要な構成から抜け落ちてしまうのではないか。本書では、こうした懸念もあって、アジアや日本も組み込み、複合国家によって欧米史とアジア史・日本史を結びつけようとした。この試みは、歴史学や歴史教育の新地平を開くことができるだろうか。そうなる可能性があるならば、編者にとって、これにまさる幸せはない。

　2024年10月　岩井　淳

執筆者紹介

編者

岩井　淳　　いわい　じゅん

静岡大学名誉教授　　専門分野：イギリス近世・近代史

主要著書・業績：『ピューリタン革命と複合国家』（世界史リブレット 115）山川出版社、2010 年。『ピューリタン革命の世界史——国際関係のなかの千年王国論』ミネルヴァ書房、2015 年。『ヨーロッパ近世史』（ちくま新書）筑摩書房、2024 年。

章執筆者（執筆順）

藤井真生　　ふじい　まさお

静岡大学人文社会科学部教授　　専門分野：チェコ中世史

主要著書・業績：『中世チェコ国家の誕生——君主・貴族・共同体』昭和堂、2014 年。ヴァーツラフ・フサ編著（藤井真生訳）『中世仕事図絵——ヨーロッパ、〈働く人びとの原風景〉』八坂書房、2017 年。「帝国領チェコにみる中世「民族」の形成と変容」大黒俊二・林佳世子責任編集『岩波講座世界歴史 09　ヨーロッパと西アジアの変容——11 〜 15 世紀』岩波書店、2022 年。

野々瀬浩司　　ののせ　こうじ

慶應義塾大学文学部教授　　専門分野：16 世紀におけるドイツ語圏のスイス史

主要著書・業績：『ドイツ農民戦争と宗教改革——近世スイス史の一断面』慶應義塾大学出版会、2000 年。『宗教改革と農奴制——スイスと西南ドイツの人格的支配』慶應義塾大学出版会、2013 年。浅見雅一・野々瀬浩司編『キリスト教と寛容——中近世の日本とヨーロッパ』慶應義塾大学出版会、2019 年。

内村俊太　　うちむら　しゅんた

上智大学外国語学部教授　　専門分野：スペイン近世史

主要著書・業績：立石博高・内村俊太編著『スペインの歴史を知るための 50 章』明石書店、2016 年。「第 1 章　複合君主政論の射程——近世王権と政治社会の関係をてがかりとして」「第 2 章　スペイン複合君主政のなかのアラゴン王国——16 世紀後半の歴史的政体論をてがかりとして」立石博高編著『スペイン帝国と複合君主政』昭和堂、2018 年。阿部俊大・合田昌史・立石博高・武藤祥編『スペイン・ポルトガル史研究入門』山川出版社、2024 年。

仲松優子　　なかまつ　ゆうこ

北海学園大学人文学部教授　　専門分野：フランス近世・近代史

主要著書・業績：『アンシアン・レジーム期フランスの権力秩序——蜂起をめぐる地域社会と王権』有志舎、2017 年。「複合君主政と近世フランス——ヨーロッパ近世史研究とフランス近世史研究の接続の可能性」『北海学園大学人文論集』62 号、2017 年。「第 3 章　18 世紀フランスにおけるプロト工業化とジェンダー」浅田進史・榎一江・竹田泉編著『グローバル経済史にジェンダー視点を接続する』日本経済評論社、2020 年。

望月秀人　　もちづき　ひでと
日本福祉大学等非常勤講師　　専門分野：近世下ライン史
主要著書・業績：「近世都市における宗派意識の形成──16 世紀後半ヴェーゼル市の事例」『歴史学研究』846、2008 年。「改革派教会会議の記憶」若尾祐司・和田光弘編著『歴史の場──史跡・記念碑・記憶』ミネルヴァ書房、2010 年。「一旗本家の目から見た近世国家──一旗本日向家の事例」『現代と文化　日本福祉大学研究紀要』141、2020 年 9 月号より連載中。

石川敬史　　いしかわ　たかふみ
帝京大学文学部史学科教授　　専門分野：アメリカ革命史
主要著書・業績：『アメリカ連邦政府の思想的基礎──ジョン・アダムズの中央政府論』溪水社、2008 年。「ジョン・アダムズの混合政体論における近世と近代」『アメリカ研究』53 号、2019 年。「アメリカ独立革命史研究における帝国論」『思想』1203 号、2024 年。

山﨑耕一　　やまざき　こういち
一橋大学社会科学古典資料センター元教授　　専門分野：フランス近代史
主要著書・業績：『啓蒙運動とフランス革命──革命家バレールの誕生』刀水書房、2007 年。『フランス革命──「共和国」の誕生』刀水書房、2018 年。『シィエスのフランス革命──「過激中道派」の誕生』NHK ブックス、2023 年。

粟屋利江　　あわや　としえ
東京外国語大学名誉教授　　専門分野：南アジア近現代史
主要著書・業績：『イギリス支配とインド社会』（世界史リブレット 38）山川出版社、1998 年。粟屋利江・井坂理穂・井上貴子編『現代インド第 5 巻　周縁からの声』東京大学出版会、2015 年。井野瀬久美惠・粟屋利江・長志珠絵編『「世界」をどう問うか？──地域・紛争・科学』（〈ひと〉から問うジェンダーの世界史　第 3 巻）大阪大学出版会、2024 年。

杉山清彦　　すぎやま　きよひこ
東京大学大学院総合文化研究科・教養学部教授　　専門分野：大清帝国史
主要著書・業績：『大清帝国の形成と八旗制』名古屋大学出版会、2015 年。佐川英治・杉山清彦編著『中国と東部ユーラシアの歴史』放送大学教育振興会、2020 年。「大清帝国論──ユーラシアの帝国から中国の「清朝」へ」『思想』1203 号、2024 年。

杉本史子　　すぎもと　ふみこ
東京大学名誉教授、東洋文庫専任研究員　　専門分野：近世日本史、近世近代移行論、地図史料論
主要著書・業績：『領域支配の展開と近世』山川出版社、1999 年。『近世政治空間論──裁き・公・「日本」』東京大学出版会、2018 年。『絵図の史学──「国土」・海洋認識と近世社会』名古屋大学出版会、2022 年。

衣笠太朗　　きぬがさ　たろう
神戸大学大学院国際文化学研究科講師　　専門分野：ドイツと中東欧の近現代史
主要著書・業績：『旧ドイツ領全史──「国民史」において分断されてきた「境界地域」を読み解く』パブリブ、2020 年。「複合国家の近現代──シュレージエン／シロンスク／スレスコの歴史的経験から」岩井淳・竹澤祐丈編『ヨーロッパ複合国家論の可能性──歴史学と思想史の対話』ミネルヴァ書房、2021 年。『ドイツ帝国の解体と「未完」の中東欧──第一次世界大戦後のオーバーシュレージエン／グルヌィシロンスク』人文書院、2023 年。

池田嘉郎　　いけだ　よしろう
東京大学大学院人文社会系研究科教授　　専門分野：近現代ロシア史
主要著書・業績：『革命ロシアの共和国とネイション』山川出版社、2007 年。『ロシア革命──破局の 8 か月』（岩波新書）岩波書店、2017 年。『ロシアとは何ものか──過去が貫く現在』（中公選書）中央公論新社、2024 年。

小川浩之　　おがわ　ひろゆき
東京大学大学院情報学環教授　　専門分野：現代イギリス政治外交史
主要著書・業績：『イギリス帝国からヨーロッパ統合へ──戦後イギリス対外政策の転換と EEC 加盟申請』名古屋大学出版会、2008 年。『英連邦──王冠への忠誠と自由な連合』中央公論新社、2012 年。葛谷彩・小川浩之・春名展生編著『国際関係の系譜学──外交・思想・理論』晃洋書房、2022 年。

　コラム執筆者（執筆順）

竹澤祐丈　　たけざわ　ひろゆき
京都大学国際高等教育院（大学院経済学研究科併任）准教授　　専門分野：イギリス社会思想史
主要著書・業績：「「平等なコモンウェルス」としてのオシアナ共和国」田中秀夫・山脇直司編『共和主義の思想空間──シヴィック・ヒューマニズムの可能性』名古屋大学出版会、2006 年。岩井淳・竹澤祐丈編『ヨーロッパ複合国家論の可能性──歴史学と思想史の対話』ミネルヴァ書房、2021 年。「アイルランド統治論における服従の諸相──ジョン・デイヴィスの自発的服従論と共通の法益という紐帯の創出」岩井淳・道重一郎編『複合国家イギリスの地域と紐帯』刀水書房、2022 年。

伊藤宏二　　いとう　こうじ
静岡大学教育学部准教授　　専門分野：ドイツ近世史、世界史教育
主要著書・業績：『ヴェストファーレン条約と神聖ローマ帝国──ドイツ帝国諸侯としてのスウェーデン』九州大学出版会、2005 年。「ヴェストファーレン条約とスペイン──オランダ・ポルトガル・カタルーニャの反乱に対する処理をめぐって」『静岡大学教育学部研究報告（人文・社会自然科学篇）』69、2018 年。「世界史探究のためのウェストファリア条約」『静岡大学教育学部研究報告（教科教育学篇）』51、2019 年。

桑島秀樹　　くわじま　ひでき
広島大学大学院人間社会科学研究科（総合科学部併任）教授
専門分野：美学史、感性・芸術の文化史
主要著書・業績：『崇高の美学』（講談社選書メチエ）講談社、2008 年。『生と死のケルト美学——アイルランド映画に読むヨーロッパ文化の古層』法政大学出版局、2016 年。『司馬遼太郎——旅する感性』世界思想社、2020 年。

富田理恵　　とみた　りえ
東海学院大学人間関係学部准教授　　専門分野：スコットランド近世史・現代史
主要著書・業績：「『権利の要求』とスコットランド近現代」木畑洋一・秋田茂編『近代イギリスの歴史』ミネルヴァ書房、2011 年。「ブリテンの国制構想とスコットランド・イングランド——1647 年の転換」岩井淳編『複合国家イギリスの社会変動と宗教』ミネルヴァ書房、2012 年。「万人司祭の原理とスコットランド近世史」『思想』1122 号、2017 年。

桃木至朗　　ももき　しろう
大阪大学名誉教授、日越大学（ベトナム）教員　　専門分野：東南アジア史
主要著書・業績：『中世大越国家の成立と変容』大阪大学出版会、2011 年。『市民のための歴史学——テーマ・考え方・歴史像』大阪大学出版会、2022 年。『「近世」としての「東アジア近代」——地域のいまを問い直す』（講座 わたしたちの歴史総合 3）かもがわ出版、2023 年。

三谷　博　　みたに　ひろし
東京大学名誉教授、東洋文庫研究員　　専門分野：日本近世近代史、アジア地域史、比較史
主要著書・業績：三谷博・並木頼寿・月脚達彦編『大人のための近現代史——19 世紀編』東京大学出版会、2009 年。『維新史再考——公議・王政から集権・脱身分化へ』NHK 出版、2017 年。『日本史からの問い——比較革命史への道』白水社、2020 年。

鈴木　茂　　すずき　しげる
名古屋外国語大学世界共生学部教授　　専門分野：ブラジル史
主要著書・業績：ボリス・ファウスト著（鈴木茂訳）『ブラジル史』明石書店、2008 年。「「黒い積み荷の往還」——奴隷貿易から見る大西洋世界」歴史学研究会編『史料から考える　世界史 20 講』岩波書店、2014 年。鈴木茂・山田睦男編『ブラジル史』山川出版社、2022 年。

平野千果子　　ひらの　ちかこ
武蔵大学人文学部教授　　専門分野：フランス植民地史
主要著書・業績：『アフリカを活用する——フランス植民地からみた第一次世界大戦』人文書院、2014 年。平野千果子編著『新しく学ぶフランス史』ミネルヴァ書房、2019 年。『人種主義の歴史』（岩波新書）岩波書店、2022 年。

複合国家から読み解く世界史 「国民国家史観」再考

2024年12月20日　1版1刷　発行
2025年 4 月25日　1版2刷　発行

編　者　岩井　淳

発行者　野澤武史

発行所　株式会社　山川出版社

〒101-0047　東京都千代田区内神田1-13-13
電話　03(3293)8131(営業)　8134(編集)
https://www.yamakawa.co.jp/

印刷所　株式会社　太平印刷社

製本所　株式会社　ブロケード

装　幀　長田年伸

Printed in Japan　ISBN978-4-634-67264-2

・造本には十分注意しておりますが，万一，落丁本・乱丁本などがございましたら，小社営業部宛にお送り下さい。送料小社負担にてお取り替えいたします。
・定価はカバーに表示してあります。